智造广东

南方都市报 ◎著

中国·广州

图书在版编目（CIP）数据

智造广东 / 南方都市报著. --广州：南方日报出版社，2023.11
ISBN 978-7-5491-2775-7

Ⅰ.①智… Ⅱ.①南… Ⅲ.①制造工业－产业发展－概况－广东Ⅳ.①F426.4

中国国家版本馆CIP数据核字（2023）第211008号

ZHI ZAO GUANGDONG

智造广东

著　　者：南方都市报
出版发行：南方日报出版社
地　　址：广州市广州大道中289号
出 版 人：周山丹
出版统筹：刘志一
责任编辑：郭海珊　陈　宇
责任校对：朱晓娟
责任技编：王　兰
装帧设计：劳华义
经　　销：全国新华书店
印　　刷：广东信源文化科技有限公司
开　　本：787mm×1092mm　1/16
印　　张：18.75
字　　数：294千字
版　　次：2023年11月第1版
印　　次：2023年11月第1次印刷
定　　价：68.00元

投稿热线：（020）87360640　　读者热线：（020）87363865
发现印装质量问题，影响阅读，请与承印厂联系调换

《智造广东》主创团队

总策划
戎明昌　刘江涛

策　划
刘岸然

执行策划
田霜月　谢江涛

统　筹
李　平　郭锐川　陈　实　胡怀军　何永华　刘辉龙
唐建丰

执行统筹（排名不分先后）
何惠文　吴广宇　蔡　雯　杨　亮　曾育军　梁锦弟
关婉灵　吕　婧　周　全　易福红

主要撰稿（排名不分先后）
路漫漫　黄芳芳　孙振凌　胡嘉仪　李焕怡　莫晓东
唐国轩　曾奕静　李洁琼　赵雨琪　陈　栋　王靖豪
杨振华　郭秋成　张嘉培　黎秀敏　王诗媛　侯玉晓
刘贤沛　王　卫　严　亮　罗忠明　罗韵姿

主要摄影（排名不分先后）
郑俊彬　田　飞　刘　媚　吴　进
（本书图片均已刊载于《南方都市报》）

序　言

为制造业当家呐喊助威

没有强大的制造业，广东不可能成为全国经济第一大省。2023年4月，习近平总书记视察广东时强调："广东要始终坚持以制造业立省，更加重视发展实体经济。"2023年6月，广东正式出台"制造业当家22条"，更加明晰了广东省坚持制造业当家、加快制造强省建设工作的"路线图"和"施工图"。我们深刻感受到，南粤大地制造业风劲潮涌万象新，正在奋力谱写高质量发展的新篇章。

推动制造业高质量发展是一项伟大而艰巨的任务，需要发挥社会各方面力量的共同作用。其中，媒体扮演着不可或缺的角色，讲好新时代制造业故事，为高质量发展注入强大的舆论动力，是广东媒体的职责所在、使命所然。扎根广东26年，我们脚步不停、笔耕不辍，用文字、图片、影像等各种方式，记录着这片热土上经济腾飞的每一个关键时刻、每一次重要变革。为贯彻落实广东省制造业当家战略，助推全省经济高质量发展，南方都市报、N视频从2023年3月起隆重推出了《制造业当家·湾区会客厅》系列报道，通过人物访谈、深度调研等形式，聚焦制造业当家的新思路、新举措，总结制造业转型的新方向、新成就，展现制造业当家人的新担当、新作为。

这组报道从策划到推出历时大半年，南都记者深入珠三角各城市各镇区，重点走访电子信息产业、装备制造产业、新能源产业等领域，深蹲企业，深调产业，专访了一批地方主官、知名企业高管、行业协会会长等，真听、真看、真调研，感触良多。广东制造业数字化转型动手早、见效快，与数字技术的融合正催生"智造"新生态，今年第一季度，广东有7个先进制造业集群入选首批国家先进制造业集群名单，数量居全国前列，数据亮眼。数字化、网络化、智能化日益成为广东制造业的基本范式。我们之所以把此书命名为《智造广东》，正是源于此。

习近平总书记说过："经济工作有自身不可违背的客观规律，舆论引导不能说空话、说假话、说外行话。"最初思考谋划《制造业当家·湾区会客厅》这组报道时，我们希望能够达成三个愿景：

第一，在全省制造业转型升级的重要节点，"信心比黄金更重要"，我们希望引导传递积极前行的市场预期，为制造业高质量发展注入新的动力。我们要求报道必须实事求是，多方验证市场的客观预期，不能"自说自话"。为此，记者们查阅了大量政策文献资料，广泛采访政府、协会、企业里的代表性人物，立足大局，深挖细节，提炼主题，既推出了融会贯通政策精神、经济数据、行业分析的广东制造业全景素描，也有一个个奋勇求变的制造企业转型升级鲜活故事，全方位、多层次地讲述制造业高质量发展的火热当下和广阔前景，不断提升公众对制造业高质量发展的认识，从而激发社会的创新热情和创业活力。

第二，办好制造业高质量发展的事情千头万绪，我们希望能够以标杆企业为引领，助力实现产业的高质量发展。近年来，各地涌现出很多优秀的案例，有的传统制造业企业，搭上了数智化转型的快车，重新焕发了蓬勃的生命力；有的企业在降低能源消耗、提高投入产出比上狠下功夫，成为高质量发展的示范性企业；而更多政府部门、行业协会、金融机构，创新服务、完善配套、优化环境，成为"制造业当家"的保驾护航者。我们深入挖掘制造业各细分领域创新转型升级的新思路、新办法，充分发挥示范带动作用，努力为广东制造业高质量发展抓住关键问题并找准前行方向。

第三，推动制造业高质量发展并不是一朝一夕、一蹴而就的，需要滴水穿石、久久为功。在这个过程中，我们必须做到及时"回头看"，善于总结经验，做错了能够"吃一堑长一智"，做对了就"打一仗进一步"，始终坚持建言资政和凝聚共识双向发力，为广东制造业高质量发展行稳致远夯实基础。《制造业当家·湾区会客厅》35期融媒报道，是沉甸甸的经验梳理总结，但并不意味着"结束"。我们将一如既往关注广东智造故事，计划举办"粤港澳大湾区制造业高质量发展论坛"，集中展现制造业发展优秀案例，邀请各地主官、知名企业家、权威专家学者等共同为制造业高质量发展出谋划策。

本书编委会

目 录

第一章　广东制造全景扫描　/001

第一节　从"浅水小舟"到"深水大船"　/002
第二节　从内强根基到外强连通　/010
第三节　从"压舱石"到"顶梁柱"　/017

第二章　产业规划部署样本　/023

第一节　珠海：智造助力迈向"工业万亿俱乐部"　/024
第二节　佛山：促进数实融合，推动链式转型　/031
第三节　佛山禅城：重返"制造业主战场"　/038
第四节　惠州惠阳：中国吉他产业之都　/046
第五节　东莞：建立"开发者村"，破局数字化转型　/053
第六节　东莞大朗：引领毛织产业华丽转身　/061
第七节　东莞长安：全球不锈钢饰品，九成出自这里　/068
第八节　东莞大岭山：中国家具出口第一镇　/076
第九节　中山三角：做强工业"长板"，加快数智化转型　/083
第十节　清远佛冈：奔向千亿元级产值"工业强县"　/090

第三章　电子信息产业样本　/097

第一节　"珠海造"无稀土磁阻电机上市"破亿"　/098
第二节　东莞集成电路产业有一批"隐形冠军"　/105
第三节　东莞信息传输线缆产业逾百亿元规模　/112
第四节　惠州电子信息产业产值超5000亿元　/120
第五节　扎根江门"淘金"印制电路板　/127

第四章　装备制造产业样本　/133

第一节　机器人生产机器人，30分钟下线一台　/134
第二节　全球最大宽扁浅吃水型半潜驳船江门造　/142
第三节　"中国摩托车产业示范基地"发展密码　149
第四节　汽车零部件"链主"，车轴产销量世界领先　/156

第五章　新能源产业样本　/163

第一节　珠海5000亿元新能源产业群雄逐鹿　/164
第二节　惠州新能源电池千亿元产业集群呼之欲出　/172
第三节　扎根惠州25年，稳坐照明行业"头把交椅"　/180
第四节　中山"氢"装上阵，力争弯道超车　/188

第六章　其他制造业样本　/197

第一节　广东首个神经介入产品是如何炼成的　/198
第二节　做强做优泛家居，有家就有"佛山造"　/204
第三节　霸榜家电产业的"佛山造"越来越"聪明"　/211

第四节 "水都"绿色智造:节能节水也让世界解渴 /218
第五节 惠州向世界级绿色石化产业高地奋进 /225
第六节 "1+6"擦亮"中国女鞋生产基地"招牌 /233
第七节 "灯塔工厂"诞生,中山智造驶入快车道 /241
第八节 中山小榄企业铸造大国"基建之基" /248
第九节 "中山造"真空压缩袋18次进入太空 /255
第十节 这家中山美妆企业面膜产能全球第一 /262
第十一节 紧抓"双碳",续写江门造纸业新时代故事 /269
第十二节 实力"出圈",江门"小金属"锻造"大产业" /276

附录 2023年智造广东大事记 /284

第一章

广东制造全景扫描

第一节 从"浅水小舟"到"深水大船"

广东，这片沃土孕育着无数的工业奇迹。在制造业的浪潮中，广东勇立潮头，以其独特的魅力，成为中国制造业发展的排头兵。在这片土地上，产业集群如同繁星闪烁，照亮了广东制造业加速腾飞的道路。

广东，中国制造业的领军者。遍布全省的各类制造业，如同一颗颗明珠，串联起广东经济的辉煌篇章。

党的二十大报告指出，建设现代化产业体系，坚持把发展经济的着力点放在实体经济上，推进新型工业化，加快建设制造业强国。省委十三届二次全会也提出，把制造业这份厚实家当做优做强，在新的高度挺起广东现代化建设的产业"脊梁"。

在大亚湾畔，中海油惠州炼化二期项目、埃克森美孚惠州乙烯项目、恒力（惠州）PTA项目……一个世界级绿色石化产业集群正在加速崛起，蓝天碧海之间，绿色石化产业如同一颗璀璨的明珠，闪耀着光芒。

在珠江东岸，新一代电子信息产业当仁不让地成为"中流砥柱"，支撑起广东制造业的未来。

制造业的竞争重点，在于产业集群的博弈。在这场博弈中，广东制造业展现出了强大的实力与智慧。

昔日浅水小舟，今日深水大船。制造业，是广东经济的起点，更是广东经济的未来。在这里，每一个产业集群都在广东经济格局中不可或缺。

从"蛹变"到"蝶飞"

1978年，40多岁的香港信孚手袋厂老板张子弥只身来到东莞，签下了300万元的合同订单，成为内地改革开放引入"三来一补"（来料加工、来样加工、来件装配和补偿贸易）企业的第一人。让他始料未及的是，他创办的"太平手袋厂"竟成为一个符号，而与之相伴随的"三来一补"，更为东莞成为"世界工厂"埋下了伏笔。

正是无数个张子弥与无数个"太平手袋厂"，让广东成为中国制造业的发源地之一。20世纪80年代以来，广东经济实现了跨越式发展，从一个农业大省，逐渐转型为以制造业为主的现代化经济体，而制造业的发展，更是广东经济腾飞的"压舱石"。

过去的几十年里，广东制造业经历了从初创期到成熟期的转变。从最初的劳动密集型制造业，到如今的技术密集型、高附加值制造业，广东制造业的转型升级，为广东经济注入了强劲动力。

广东有着众多的产业集群，如珠三角电子信息产业集群、东莞家具产业集群、惠州新能源产业集群等。这些产业集群形成了完整的产业链和配套体系，提高了产业集中度和规模效应，推动了广东制造业的发展。特别是新一代电子信息产业，更是广东当仁不让的"中流砥柱"。

在珠三角地区，已经涌现出以华为、中兴、TCL、OPPO、vivo、大疆等为代表的一批电子信息企业，这些企业在全球范围内拥有着很高的知名度和影响力。同时，在电子信息产业链上下游，也形成了众多的配套企业，如光学、模具、

◇ 2022年6月8日，停泊于广州南部龙穴岛上广州南沙港集装箱码头边的多艘集装箱货轮，正紧张地进行装卸作业。遍布全省的各类制造业，串联起广东经济的辉煌篇章

PCB等企业，这些企业与主导企业形成了紧密的协同关系。

除了电子信息产业，广东还有着世界级绿色石化产业集群。集群由中国石化、中国海油等大型石油化工企业组成，它们在绿色化工转型方面已经成为全球石化行业中的佼佼者。

在制造业方面，广东将继续推进制造强省战略，加快传统产业转型升级，并积极发展新一代信息技术、高端装备制造、新材料等产业。

走过18年风雨的太平手袋厂，虽然早已在1996年12月结业，但它是广东制造业发端，开启了广东逐渐成为"世界工厂"的光辉历程。可以说，制造业隐藏着解读广东经济的"密码"。制造业的转型升级，也见证了广东经济的腾飞。

未来，广东经济将继续保持高速增长，从"蛹变"到"蝶飞"，不断迈向更高质量的发展。

从"磨砺"到"璀璨"

很多上了年纪的广东人都会记得，广东制造是从"村村点火"的"原始形态"开始的，20世纪90年代初，佛山顺德处处是"镇镇点火、村村冒烟"的繁荣景象。当时有一家顺德企业科龙，正准备扩建厂区，但镇上已经无地可征。为解决企业困难，当时镇里炸掉了镇内的一座小山，将之夷为平地，让企业建设新车间。由于政府对制造业的扶持，容声和格兰仕这样的家电巨头得以诞生在容桂。

曾经，广东制造也被诟病为"山寨工厂""假货泛滥"，这片土地上的制造业经历了一次次"磨砺"，但这些都转化为广东制造业发展的不竭动力，并最终迎来了"璀璨"时代。从智能制造到高端装备制造，从新能源汽车到5G通信，广东的制造业正在迈向更高的层次。

广东是全国经济和工业的领先省份，从传统的珠江水、广东粮、岭南衣、粤家电到现在的新能源汽车和工业机器人等高端制造业，一直坚持制造业当家的发展战略，成为现代化建设的产业脊梁，在新旧动能转换中，创新式发展正在推动传统产业"脱胎换骨"，迸发出强劲活力。

位于佛山顺德北滘的美的微波炉车间，20多种型号的产品零切换共线生产。作为入选世界经济论坛的"灯塔工厂"，美的微波炉工厂"5G+工业物联网示范园区"覆盖了全价值链的研发、仓储、物流等核心环节。同样在顺德的格兰仕，4条智能化生产线机器人挥舞着机械臂，生产线上的零件次第向前，从零件到成品，一台微波炉的诞生仅需6.7秒，整个格兰仕工业4.0基地具备年产1100万台健康家电的智能化生产能力。

除了智能制造，广东还在推进高端装备制造。给地球做CT扫描？这项听起来不可能完成的任务，却关系到工业"血液"——能源的开采。佛山市南海中南机械有限公司成功攻关钻探装备的关键零部件，使设备能够在180MPa强压、200℃高温的海底岩石内游走作业、采集信息。

"从成立开始，我们就着眼于高端国产化装备及其关键机械零部件的研制。"佛山市南海中南机械有限公司相关负责人介绍，该企业从为柴油发电机开发国产化零部件起步，如今已拥有强大的精密机械制造能力。创办20余年来，中南机械实现了与ABB集团、西门子等世界500强企业合作。中南机械是广东装备制造业发展的缩影。当下，放眼广东，广州、深圳、佛山、东莞四市已有超过1万家装备制造企业，超过4800家规模以上企业；年出口额超300亿美元，产品与服务覆盖100多个国家或地区，构成了全国规模最大、品类最多、产业链最完整的装备产业集聚区域。

5G通信也是广东制造业的重要板块之一。作为5G通信技术的重要应用场景之一，工业互联网正在成为广东制造业转型升级的重要抓手。在佛山，一家机器人企业采用5G技术实现了工厂内机器人的远程控制。这种技术的应用，不仅提高了生产效率，还大大降低了人工成本。

一个镇、一群人、一间厂，这些组成广东制造业的基础元素，曾见证了广东制造业的奋斗历程，更蕴含了中国制造业崛起的基因密码。高新技术的应用，让广东制造业在"磨砺"之后迎来了"璀璨"时代。未来，广东制造业将继续走在创新前沿，引领全国制造业的发展，这也将成为广东制造做优做强的必然路径。

从"跟跑"到"领跑"

广东，这片孕育了无数巨头的热土，制造业从"跟跑"到"领跑"的历程，也揭示了高质量发展的广东路径。

2023年6月1日，《中共广东省委　广东省人民政府关于高质量建设制造强省的意见》（以下简称"《意见》"）发布，《意见》主要包括涉及制造业当家的22条相关内容，被视为广东新时期制造业发展的纲领性文件。"制造业当家22条"紧紧围绕"大产业""大平台""大项目""大企业""大环境"，聚焦重

智造广东

◇ 2022年5月，正在建设中的深中通道。广东把制造业这份厚实家当做优做强

点产业和领域持续发力，着力实施制造业当家"大产业"立柱架梁行动、"大平台"提级赋能行动、"大项目"扩容增量行动、"大企业"培优增效行动、"大环境"生态优化行动等五大提升行动，统筹推进坚持制造业当家、建设制造强省各项工作。

《意见》提出，2022年起到2027年的5年内，广东制造业增加值占地区生产总值比重须达到35%，制造业及生产性服务业增加值占比达到65%，高技术制造业增加值占规模以上工业增加值比重达到33%，规模以上制造业全员劳动生产率达到37万元/人，工业投资年均同比新增超过1000亿元，培育形成10个以上产值超万亿元的战略性产业集群，超过10家制造业企业进入世界500强，初步形成一批具有较强国际竞争力的龙头企业和产业集群，在全球产业分工和价值链中的地位明显提升。到2035年，全面建成制造强省，制造业及生产性服务业增加值占地区生产总值比重稳定在70%左右，现代化产业体系基本建立。

《意见》还提出，巩固提升支柱产业，培育壮大新兴产业，前瞻谋划未来产业，开展传统产业改造升级专项行动，大力发展新能源汽车、以储能电池为代表的新型储能、海洋工程装备、农业机械、食品工业等，培育新增3—4个万亿元级战略性产业集群和4—5个超五千亿元级战略性新兴产业集群；优化重大项目，建设全流程服务，推动工业投资跃增、招商引资增量倍增，工业投资年均同比新增超过1000亿元，每年推动9000家以上工业企业开展技术改造；高起点、高标准推进7个大型产业集聚区和15个承接产业有序转移主平台建设，打造30个具有鲜明产业特色、产业核心竞争力的"万亩千亿"产业发展平台。

与过去单纯强调制造业比重相比，广东"制造业当家22条"将制造业及生产性服务业增加值占地区生产总值比重列入核心目标，这是任何一个城市和地区迈向产业链高端必然产生的结果，也符合经济高质量发展的方向。

从"成长"到"成熟"

大亚湾畔，一个世界级的绿色石化产业集群正加速崛起。中海油惠州炼化二期项目、埃克森美孚惠州乙烯项目、恒力（惠州）PTA项目加紧建设，广东逐步形成从上游炼油、乙烯生产到下游精细化工的产业体系。2021年，全省7000多家规模以上石化企业实现营收1.81万亿元，占全省工业经济的13.2%，万亿级产业支撑作用明显。

东莞大岭山镇，电子屏幕模组企业德普特的柔性屏生产线上，智能检测系统将产品合格率提升至92%，企业创下"全球每14台手机屏幕模组就有1台来自德普特"的纪录。这背后的"推手"，是华为的制造执行系统。目前，华为工业互联网平台服务企业用户超10万家，连接设备超过240万台套。

深圳坪山区，比亚迪的"头雁效应"带动形成集研发、生产及销售于一体的国家级新能源汽车产业基地；肇庆高新区，小鹏汽车智能网联科技产业园、宁德时代华南锂电池制造基地先后落户于此。

制造业当家，产业集群就是"家"的"四梁八柱"。目前，广东拥有新一代电子信息、现代轻工纺织、先进材料、绿色石化、现代农业与食品、智能家电、软件与信息服务、汽车等8个万亿级产业集群；新能源、超高清视频显示、数字创意等3个5000亿至万亿级产业集群；生物医药与健康、安全应急与环保、高端装备制造、半导体与集成电路、精密仪器设备、激光与增材制造、前沿新材料等7个1000亿至5000亿级产业集群和智能机器人、区块链与量子信息2个百亿级产业集群，已成为广东坚持制造业当家，高质量建设制造强省的有力支撑。2023年第一季度，上述"8372"合计20个战略性产业集群实现营收4.61万亿元，实现增加值1.14万亿元，同比增长3.1%。

从"培育"到"再造"

在广州,广汽埃安旗下总投资109亿元的因湃电池项目正加快建设。这是广州目前最大的动力电池+储能电池项目。而融捷集团在南沙投资建设的两期项目也已全面开工,总投资逾150亿元。

在佛山,2023年第一季度有4个超百亿元的新能源及储能相关项目签约落户。2022年以来,佛山新型储能产业链上下游项目签约投资额已近1000亿元。

在惠州,亿纬锂能、德赛电池、欣旺达、比亚迪电池等"明星企业"集中布局。全市新能源电池产业产值2022年达866.7亿元,2023年预计突破1000亿元。

眼下,在大力促进制造业当家的广东,20个战略性集群增加值占国内生产总值比重已经超过40%。广东制造业未来向战略性产业要动能,已经是"未来已来"。全省各地纷纷抢滩布局新兴产业,打响了新赛道的"卡位战"。2023年第一季度,广东先进制造业、高技术制造业投资增幅均超过30%。同时,一场数字变革正在全省各地上演,以数字化再造产业发展新路径成为广东制造业创新发展的内生动力。走进美的集团厨热事业部顺德工厂:一排排机器人在车间高效作业;AI视觉替代人工质检,工人远程轻松操作……广东首座5G全连接智能制造示范工厂由美的、联通、华为三方携手打造。

2022年,华为全国首个开发者村落地松山湖,建成东莞市工业数字大厦及其数字化转型推广中心,62家数字化转型服务企业签约入驻;持续推进产业云项目,新增113家企业上云用云,松山湖数字经济产业初显规模。

广东制造业还在开启未来产业的征程:深圳成为最早出台培育未来产业专项文件的城市,明确提出前瞻布局合成生物、区块链、细胞与基因、空天技术、脑科学与类脑智能、深地深海、可见光通信与光计算、量子信息8个未来产业。广州、惠州、东莞以及中山等地也陆续提出未来产业的详细规划。2022年12月,广州生物医药与新型移动出行未来产业科技园成功入选全国首批"未来产业科技园建设试点及培育名单"。

从"突围"到"突破"

在广东这片沃土上,制造业如同一棵参天大树,根深叶茂。产业集群,则是这棵大树的枝干。正是因为有了产业集群的支撑与滋养,广东制造业才能从"压舱石"到"顶梁柱",从"突围"到"突破",腾飞于世界制造业的舞台。在广东这片沃土上,制造业的脚步永不停歇。每一个产业集群都在为广东制造业的发展添砖加瓦,共同谱写着属于广东制造业的辉煌篇章。

未来,广东将围绕高质量发展的整体要求,继续引领中国制造业的发展,书写新时代的壮美画卷;在广东这片热土上,制造业必将绽放出更加绚丽的花朵。

第二节　从内强根基到外强连通

2023年以来，国际政治格局加速演进，全球化遭遇逆流，产业格局面临重构，中国第一经济大省广东将高质量发展作为首要任务和总抓手，坚持将制造业这一份厚实家当做大做强，在新的高度挺起广东现代化建设的产业"脊梁"。

在全省层面，《中共广东省委　广东省人民政府关于新时代广东高质量发展的若干意见》《中共广东省委　广东省人民政府关于高质量建设制造强省的意见》等相关文件相继出台，为制造业发展指明方向。

在省内，各城市坚持制造业当家，根据地方特色，各显神通，内部强根基——稳支柱、立新柱，对外强连通——招商热潮、抢订单。

具体效果且等统计数据出炉，而比数据更有参考意义的是它们如何积极应对，为制造业这一份家当做大做强贡献哪些有价值的举措。

稳支柱立新柱　建设战略性产业集群

2022年广东制造业总产值突破16万亿元，全部制造业增加值4.4万亿元，占全国的八分之一强，还拥有70余万户制造业企业法人和一大批优质企业、8个万亿级战略性产业集群。

未来，广东将加快加力构建现代产业体系的立柱架梁，着力推动20个战略产业集群的建设，争取2023年全省工业投资增长率达到10%，发挥工业投资对工业经济发展的放大叠加和倍增作用。

毫无疑问，制造业是广东的底色，也是珠三角城市的底色。

2023年以来，佛山、东莞、珠海、惠州、中山、江门六大地市，在坚持制造业当家的背景下，进一步强化制造业的地位，如珠海锚定"产业第一"，东莞强调聚焦"科技创新+先进制造"，江门大力推进"工业振兴"工程；推出不同举措，如佛山出台30条举措，为制造业高质量发展提供动力支撑，惠州坚持发展"2+1"现代产业集群，中山主打十大主题产业园。

具体反映到产业上，总投资约521亿元，中海壳牌惠州三期乙烯项目开工；投资近60亿元，珠海鸿钧异质结新型高效太阳能电池项目奠基；投资约50亿元，赣锋锂电东莞项目成功摘牌；总投资50亿元的佛山天心天思智能装备产业项目动工……一个个重大项目落地。

从这些行动不难看出这些珠三角城市制造业当家的思路，一方面是稳支柱，另一方面是立新柱，在优化存量产业的同时，在战略性新兴产业上寻找新的增量。

总投资200亿元的中创新航江门基地项目（以下简称"中创新航项目"），是江门近年来投资额最大的实体项目，首条生产线已进行安装调试。它是江门打造千亿元级新能源电池产业链的"领头羊"，中创新航项目的快速建设，大大加快了产业集聚，带动了投资额合计达100亿元的多个新能源电池产业关联项目落户，其中包括总投资10亿元的深圳科达利新能源动力电池结构件项目，以及总投资12亿元的广州天赐锂电池电解液项目。

同样的思路在惠州也得到体现：打造一流"链主"企业群，推动TCL、德赛西威、亿纬锂能等企业延伸产业链项目落地，做大做强电子信息产业集群；依托中海油、中海壳牌、埃克森美孚、恒力等项目，带动产业链上下游项目落地建设，打造高端精细化工和新材料产业集群。这一批"链主"企业成为惠州地区生产总值迈过5000亿元，未来冲刺万亿地区生产总值的有力支撑。

制造布局全球化　提高产业链安全性

外贸高质量发展是促进双循环、增强现代产业竞争力的必由之路，也是珠三角制造业当家的重要支撑。今年以来，以外贸见长的"世界工厂"珠三角格外忙碌。深圳、佛山、东莞、中山等地铆足干劲稳外贸、拼经济。

2023年1月5—8日（当地时间），美国拉斯维加斯国际消费电子产品展览会（CES）举行。30家东莞企业39名外贸代表在东莞市商务局组织下，参加这一属于他们的2023年第一场海外展。

东莞市拓也电子科技有限公司有关负责人向靖表示，2023年的首次海外展，给了企业大大的信心。公司已经在规划日、韩等地的海外展会。更重要的是，近期参展的成果，让公司有了扩产的规划，公司厂房将从原来的4000平方米扩大到8000平方米，"预计今年业绩会比2022年翻一番"。

2023年2月6日，内地与港澳人员往来全面恢复。制造业大市佛山当天便组织外贸企业代表赴香港。佛山市高明英皇卫浴有限公司总裁秘书庞子钧为政府此举点赞，"今年公司预计出口业务至少翻一番"。

企业主的信心比黄金重要。各地出炉相关的鼓励政策，如佛山的《佛山市进一步促进外贸稳定增长若干措施》，东莞出炉《东莞市商务局关于实施2023年新一轮稳增长措施的通知》等，系列措施的目的不仅在于要引导企业"走出去"，还在于鼓励企业积极发力外贸新业态、新模式，不断做强优势产品的全球供应链。

事实上，近年来"逆全球化"趋势不断抬头，我国企业的全球化步伐遇到新挑战、新问题，需要新方向、新思路。

TCL创始人、董事长李东生就在2023年全国两会期间提出，中国制造业的全球化应开始思考从输出产品转变为输出工业能力，通过更高水平的全球化布局，真正实现"国内国际双循环相互促进"。目前TCL已在全球拥有43个研发中心和32个制造基地。

佛山企业美的也在做相关的尝试。"坚持扎根广东，走向全球。"美的集团股份有限公司董事长兼总裁方洪波出席全省高质量发展大会时介绍，2023

◇惠州大亚湾石化区，绿色石化产业如同一颗璀璨明珠闪耀着光芒

年，美的集团将加快美的总部三期、数字科技产业园、智能科技创新园、机电工业4.0基地、库卡科技园、南海小塘基地、顺德储能产业基地等先进制造和新产业项目的建设和拓展，助力广东产业体系升级发展，"将大胆走向全世界的每一个角落，实现全球突破"。

大招商招大商　注入新鲜血液

"招商是东莞维持基本盘的重要手段。"中山大学岭南学院教授林江曾表示。事实上，这不仅是东莞维持基本盘的重要手段，也是不少城市的重要手段。

第一，从稳增长的角度来看，面对复杂国际环境、供应链全球变化，部分城市资本正在减少，亟须补充新的资本。第二，产业结构优化需求，城市要高质量发展，必然要引入更多先进制造项目，更多高附加值的项目，进而优化资本和产业机构。第三，区域竞争的压力，在城市内生动力培育尚需时日的背景下，大湾区各城竞争激烈程度不断提升，一个城市不进则退，各大城市急需通过招引新项目，为城市注入新鲜血液。

因此2023年开年以来，珠三角六市纷纷开启招商模式，其中又以东莞、佛山最为突出。

东莞宣布2023年为招商年，开启全员招商。2月6日，东莞市石龙镇党委书记陈庆松率领石龙镇招商代表团一行5人，启程赴日本和新加坡开展为期8天的招商活动，成为东莞首批"走出去"到海外招商、抢抓海外新机遇的镇街。

据不完全统计，2月初至3月中旬，短短40余天，东莞各镇街（园区）组成的招商队伍主动"出击"，足迹遍布香港、深圳、北京、上海、天津、澳门、杭州、广州、杭州、苏州、合肥、佛山、河源等地，还有镇街前往海外招商。

4月，东莞还选定株式会社JC COMMONS、欧美工商会、世邦魏理仕、中国国际跨国公司促进会、戴德梁行等5家机构分别作为东莞市驻日本、德国、新加坡、韩国、美国经贸代表处合作机构，进一步布局全球招商网络。6月中旬，东莞市委副书记、市长吕成蹊就带队到日本开启经贸合作交流。

东莞全市上下，正朝着力争"2023年实际投资1600亿元以上"这个目标全速推进。而同属万亿元生产总值俱乐部的佛山，也在全速开启招商步伐，毕竟今日的招商引资，或许就是明日的项目与产业。

2023年初，"走进大湾区·中德下一站——2023佛山营商机遇推介会（柏林站）"在德国柏林举行，超70家企业参与，其中包含世界500强企业及各行业知名企业。现场，佛山还发布了"大湾区中德市场合伙人计划"。3月底，"2023德企湾区行——佛山机遇交流会"在佛山三龙湾举办，超30家德企来访，包括西门子、思爱普、德铁等世界500强企业。这也是2023年以来德企访佛数量最多、质量最高的一次交流活动。

"大湾区在全球范围内非常具有竞争力、创新力和关联性，而佛山正处于其中。佛山为德国企业提供了很好的环境，期待未来能有更多的合作。"德国工商大会广州代表处首席代表、中国德国商会•华南及西南地区执行董事Martin Klose表示。

公开数据显示，2023年第一季度，佛山全市共签约引进1亿元人民币或者1000万美元以上项目107个，签约总投资额1 437.04亿元，同比增长60.57%。佛山跑出了招商引资的"加速度"。

用好港澳资源　打造最佳搭档

珠三角城市在用好自身优势资源的同时，也在最大限度用好港澳资源，借助它们与国际城市的交流，进而开拓更广阔的市场。

2023年初以来，东莞从官方到民间，多批次主动到香港进行交流。4月23日，香港特区行政长官李家超率领的香港特区政府及立法会大湾区访问团到达东莞，双方互动进一步增强。

毕马威中国华南区咨询服务首席合伙人彭富强分析认为，东莞去香港招商，一来是需要香港本土企业前来投资，更重要的是要用好香港作为国际金融中心这个平台，从外部再招进来。也就是说，要打造的不仅是与香港的关系，更要借香港的关系与国际接轨。

同样的道理，珠海也可以用好横琴粤澳深度合作区独特的区位优势和不断叠加的政策优势，增添招商"权重"。

珠海市招商署署长刘高路表示："珠海将携手横琴粤澳深度合作区，面向全球开展联合招商，以更加开阔的视野、更大的招商格局，吸引国内外优质产业项目落地。"琴澳产业联动展现出广阔的想象空间。

2023年3月，横琴粤澳深度合作区执行委员会、澳门贸易投资促进局、合作区经济发展局组建了招商推介代表团，先后到访印度尼西亚、新加坡、马来

第一章 广东制造全景扫描

◇位于广东佛山的库卡机器人制造基地

西亚，促成了6项合作意向落实为签约文书。

正因为效果显著，有相关专家建议，横琴粤澳深度合作区可以携手澳门聚焦"招引国际、招大引优、培育生态"，细化"联合出海"路径。

虽然江门距离香港澳门有一定的空间距离，但这里却有着海内海外"两个江门"的独特优势，"侨"资源是江门重要的战略资源。江门乡亲、香港艺人刘德华就在多个场合向全球推介江门：中国的侨都、世界的江门欢迎您。这个传播力可比做广告强多了。

众多江门籍乡亲也是江门外向型经济发展的重要参与者、推动者，像雅图仕、无限极、大长江集团、建滔集团、维达纸业、李锦记食品等一批知名企业植根江门、壮大发展。

为了承接用好这些资源，江门加快建设大广海湾经济区、银湖湾滨海新区、中国—欧盟（江门）中小企业国际合作区，建设1395平方公里的大型产业集聚区，抢占新能源、硅能源、新型储能、海工装备等特色产业新赛道，致力成为大湾区新一轮制造业高质量发展的主力军、主战场。

从湾区走向世界，江门推动"中国侨都"赋能升级，在联系服务全球6000万华侨华人中彰显担当，奋力打造国内国际双循环重要交汇点。

优化营商环境　增强资源黏性

"好的营商环境就像阳光、水和空气，须臾不能缺少。"

不管是跳出湾区，还是走向世界，最终资源要为城市所用，如何将资源价值最大化，增强与城市的"黏性"？这就需要城市营商环境的持续优化，一流的营商环境，能为城市发展、为"制造业当家"加足底气。

2022年，广东发布的《2022年广东省营商环境评价报告》中，佛山位列全省第三。作为广东制造业城市"排头兵"，佛山较早意识到营商环境对制造业转型升级的重要意义，把打造一流营商环境作为"一号改革工程"，从空间重构、土地供给、园区建设、政务服务、法治环境、招商机制六个方面推进改革，构建"益晒你"企业服务体系，推动制造业高质量发展取得新成效。

如人才方面，佛山坚持科技创新和人才引领，组建市人才发展集团，在全省首设"企业家日"及"人才日"，已吸引领军人才300多名，科技创新团队240多个。2023年佛山营商环境持续优化，推出《构建佛山"益晒你"企业服务体系　打造一流营商环境的行动方案（2023年度版）》，包括深化商事制度"1时代"改革、深化工程项目高效审批改革、深化办税服务"零上门"改革等。

从某种程度上说，留住人，才能留住企业。现如今，城市招商的同时也谋划招人。珠海作为我国经济特区之一，这里有多所高校，在人才方面较珠三角其他制造业城市有一定的优势，但是仍需要考虑如何留住这些大学生。而一座城市对人才的吸引力，一方面是产业，另一方面则是城市配套，须兼顾工作和生活。

为了提升对人才的吸引力，早在2018年珠海便出台了被誉为"珠三角地区最优人才政策"的"珠海英才计划"。2023年，珠海进一步提出，要深化实施年轻人、产业工人、新市民"有业有住有家"计划，加快构建与城市发展相适应的就业体系、住房保障体系和公共服务体系。一系列事关居住、生活、教育、医疗等方面的真招实策正陆续出台。

第一章 广东制造全景扫描

第三节 从"压舱石"到"顶梁柱"

从"制造业起家"到"制造业当家",从"三来一补"到"岭南衣、粤家电",现如今,无人机、5G技术、新能源汽车、先进装备制造等现代产业突飞猛进乃至领跑世界,广东制造不断在全球产业阵列中跃升。

作为制造业大省,广东在过去40多年间形成了完备的工业体系,并由此铸造了强大产业链。2022年,广东制造业总产值突破16万亿元,全部制造业增加值4.4万亿元,占全国的八分之一。制造业既是广东深厚的"家当",也是广东高质量发展的"利器"。

2022年底,省委十三届二次全会提出要突出制造业当家,在新的高度挺起广东现代化建设的产业"脊梁"。2023年6月初,广东发布"制造业当家22条",敲定全省加快制造强省建设的总"路线图"和"施工图",广东坚定制造业当家战略,在中国式现代化建设中走在前列。

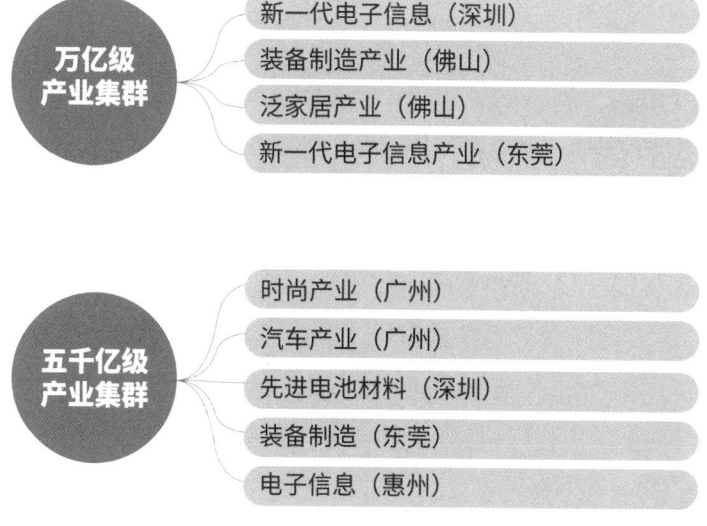

017

智造广东

一千亿级产业集群
- 智能装备（广州）
- 石油化工（广州）
- 生物医药（广州）
- 超高清视频显示产业（广州）
- 新一代电子信息技术（广州）
- 生物医药（深圳）
- 车及零部件制造（佛山）
- 金属制品（佛山）
- 化工制品（佛山）
- 橡胶和塑料制品（佛山）
- 非金属矿物质制品（佛山）
- 电气机械和器材制造（佛山）
- 石化能源新材料（惠州）
- 智能家电（珠海）
- 新一代信息技术（中山）
- 高端装备产业（中山）
- 智能家电（中山）

五百亿级产业集群
- 新能源产业（佛山）
- 食品饮料产业（佛山）
- 新能源产业（东莞）
- 新一代信息技术产业（珠海）
- 新能源产业（珠海）
- 精细化工（珠海）
- 新能源产业（中山）
- 美居产业（中山）
- 金属制品（江门）
- 食品（江门）
- 家电（江门）
- 石化新材料（江门）

◇产业集群是广东支撑"制造业当家"的核心力量

"十四五"期间,广东高起点培育20个战略性产业集群,2021年20个产业集群实现增加值为49 069.97亿元,占全省生产总值的比重约为40%。同时,广东已形成新一代电子信息、现代轻工纺织、先进材料、绿色石化、现代农业与食品、智能家电、软件与信息服务、汽车等8个万亿级产业集群。7个先进制造业集群入选首批国家先进制造业集群名单,集中在深圳、广州、佛山、东莞、惠州5市。

集群聚力,积厚成势,支柱产业"稳住",新兴产业"求进",广东制造正从经济的"压舱石"跃升为高质量发展的"顶梁柱",推动广东加快实现由制造大省向制造强省跨越。

广州

拥有41个工业大类中的35个,已形成6个产值超千亿元的先进制造业集群、6个增加值超千亿元的服务行业。目前已经形成"三大支柱产业、八大战略性新兴产业、五大未来产业"的产业格局。

汽车制造业:坐拥广汽集团等整车制造龙头企业,2022年汽车产量连续三年在全国城市中位居第一。

电子产品制造业:超高清显示面板产能全国第一,集成电路技术综合应用水平居国内前列,达到国际先进水平。

石油化工制造业:中石化广州分公司是华南地区最大的现代化石油化工企业之一,辐射周边区域有色金属、化工原材料制造业发展。

深圳

在中国高新技术产业、金融服务、外贸出口、海洋运输、创意文化等多方面占有重要地位。2022年6月,深圳提出发展以先进制造业为主体的20个战略性新兴产业集群,前瞻布局八大未来产业。

20个产业集群:网络与通信、半导体与集成电路、超高清视频显示、智能终端、智能传感器、软件与信息服务、数字创意、现代时尚、工业母机、智能机器人、激光与增材制造、精密仪器设备、新能源、安全节能环保、智能网联汽车、新材料、高端医疗器械、生物医药、大健康、海洋产业集群。

8个未来产业：合成生物、区块链、细胞与基因、空天技术、脑科学与类脑智能、深地深海、可见光通信与光计算、量子信息。

珠海

正努力打造"4+3"产业集群，即新一代信息技术、新能源、集成电路、生物医药与健康4大主导产业，以及智能家电、装备制造、精细化工三大优势产业。

新一代信息技术：2022年总产值达901亿元，正围绕智能终端、高端打印、软件服务、PCB电路板等领域打造特色产业集群。

新能源：2022年实现产值502亿元，主要抢抓光伏产业、新型储能、智能电网三个领域。

智能家电：2022年完成总产值1109亿元，以格力电器为引领在空调领域领跑26年。

高端装备制造：2022年完成产值416亿元，形成了工业机器人、海洋工程、智能电网等高端装备产业。

佛山

全国唯一的制造业转型升级综合改革试点城市，已形成"三五成群、十有八九"的产业格局。"三五成群"是指佛山拥有8个超千亿元的产业集群，其中3个是新兴产业、5个是传统产业。"十有八九"是指制造业大类中，佛山应有尽有、十全十美，其中八成的产品会走进千家万户，九成的产业可以实现自我配套。2022年，规模以上工业总产值2.87万亿元，位列全国城市前5位。

装备制造：产值规模突破万亿，已布局形成完整的产业链条。拥有工业泵、机床、激光设备等细分领域"隐形冠军"，陶瓷、塑料等专用设备国际国内领先。

泛家居：万亿级产业集群，拥有"有家就有佛山造"的产业IP。陶瓷、冰箱、空调、酱油等产量世界第一，全球48%的微波炉、43%的热水器、33%的抽油烟机、25%的电饭煲产自佛山。

汽车制造：广东三大整车制造基地之一，形成了以整车生产、关键零配件生产、市场服务及相关行业完备的完整汽车产业链。

智能机器人：全球工业机器人四大家族均在佛山布局，全国每销售11台机器人，就有一台来自佛山。

惠州

2022年规模以上工业完成工业总产值达11 122.22亿元。目前，惠州正全力打造"2+1"现代产业集群和"3+7"产业园区，奋力打造广东高质量发展新增长极。

石化能源新材料：产业规模达3450亿元，中海油、中海壳牌、埃克森美孚等世界500强石化龙头企业密集落户。大亚湾石化区集聚了13家世界500强企业，连续四年全国石化园区综合竞争力排名第一。

电子信息：产业规模突破5000亿元，总量居全省第三位，主要来自5G及智能终端、超高清视频显示、智能网联汽车、新能源电池、核心基础电子等5大优势产业。惠州是全国乃至全球重要的智能终端生产基地。

东莞

构建起从源头创新到技术创新再到产业化应用的科技创新体系，集聚超20万家工业企业、1.29万家规模以上工业企业、110家"专精特新"（专业化、精细化、特色化、新颖化）小巨人企业、14家超百亿元工业企业、3家超千亿元工业企业，形成了制造业集群发展梯队。

新一代电子信息：营收达万亿元级规模，产值约占全省四分之一。代表企业有华为、OPPO、vivo等。

装备制造：营收近4500亿元，形成从研发设计、零部件生产、设备制造、运营服务的全产业链条。

泛家居：家具产业是东莞传统优势产业之一，全国首个"世界级家具产业集群"落户厚街镇。

新能源：在新能源汽车、电动轻型车、储能及光伏、氢能及应用领域重点发力。

中山

拥有38个国家级产业基地和18个省级专业镇，已形成了新一代电子信息、高端装备制造、生物医药与健康、智能家电四大支柱产业。目前正打造现代产业集群"十大舰队"。

智能家电：2022年产值达2000亿元，电视机、空调、冰箱、厨房电器等产品规模在全国位居前列。

新一代信息技术：2022年产值超1000亿元，重点发展半导体与集成电路、智能终端、新一代网络与通信技术、超高清视频显示等细分产业。

高端装备：2022年产值达1100亿元，拥有国家火炬计划中山电梯特色产业基地等4个国家级产业基地。

新能源产业：2022年实现工业产值近500亿元，培育和引进了明阳集团等行业重点企业。

江门

百年工业城，培育了纺织、家电、造纸、食品等多个优势产业集群。2022年，江门金属制品、食品、家电、石化新材料等4条产业链产值规模均超500亿元。

金属制品：江门作为广东省三大不锈钢生产基地之一，已形成以五金不锈钢、五金卫浴、集装箱为主导，金属包装容器、金属工具、建筑用金属配件等为辅的金属制品产业体系。

食品：在农副食品加工、食品制造，以及酒、饮料和精制茶制造等领域有良好的制造基础。

家电：家电产业门类较为齐全，涵盖白色家电、黑色家电、小家电和照明电器等多个领域。

石化新材料：在合成纤维、涂料、塑料制品等产品领域有较好的基础，其中涂料、化学纤维分别约占全省14%和18%。

（备注：以上数据截至2023年6月30日）

第二章

产业规划部署样本

第一节 珠海：智造助力迈向"工业万亿俱乐部"

2023年第一季度新开工项目186个，总投资916亿元，全年计划实施重大项目510个，总投资7708亿元；打造大平台，首个5.0产业新空间实现"开园即投产"……冲刺"工业总产值万亿俱乐部"，珠海制造业2023年开年跑出"加速度"。

按照《珠海市制造业高质量发展"十四五"规划》，未来三年，珠海要力争打造新能源、新一代信息技术两大"二千亿元级"产业集群，打造集成电路、智能家电、精细化工、高端装备四个"一千亿元级"产业集群；同时力争培育壮大生物医药与健康产业，力争到2025年产值规模突破600亿元。

"特区速度" 2023年工业投资有望达"千亿元级"

迈向"工业万亿俱乐部"，珠海制造业应如何发力？

自2022年4月珠海召开产业发展大会，宣布"力争到2025年，全市工业总产值突破1万亿元"的目标后，留给珠海的时间只剩下3年，"快""拼"成为这座特区城市在新时代"赶考"路上书写频率最高的两个热词。

刚刚过去的2022年，珠海交出了一份精彩的"产业答卷"，"快"是最醒目的关键词：地区生产总值突破4000亿元大关，全市规模以上工业实现增加值1 480.82亿元，同比增长6.9%，在上一年8.8%的高基数背景下继续保持较快增长，增速排名全省第一；工业投资593.8亿元，增长56.4%，排名全省第一；制造业投资522亿元，增长81.6%，排名全省第一。

面对疫情反复、国际环境复杂影响等巨大考验，珠海着力打造的"4+3"产业集群表现尤为抢眼，2022年实现产值4182亿元，同比增长13.5%。其中，新能源增长81.8%，高端装备制造增长13.1%，精细化工增长11.3%。

在招商引资方面，产业同样为珠海贡献了最大亮点，2022年新签约亿元以上产业项目578个、增长307%，计划投资2689亿元、增长122%；新开工亿元以上产业项目363个，计划投资1522亿元。

进入2023年，珠海将制造业当家作为头号工程，全面开展"产业项目落地攻坚年"行动，推动制造业以"开年即开跑、开局即冲刺"的拼劲跑出新的"特区速度"：1月29日，元宵佳节未过，珠海举行高质量发展现场会，第一季度新开工项目186个，总投资916亿元，全年计划实施项目510个，总投资7708亿元，年度计划投资1035亿元。珠海制造业有望在年内加快跃升，实现工业投资千亿元级的历史一跃。

园区是制造业发展的核心要素，珠海着力建设"拎包入住""拎机投产"的5.0产业新空间，2022年1月初建成港湾7号·智造超级工厂一期、二期项目，距开工仅用时不到半年，实现"开工即签约、封顶即招满、开园即投产"。

进入2023年，珠海还将进一步加快5.0产业新空间建设进度，计划整备土地8000亩以上，其中千亩以上连片土地不少于3块，持续拓展产业发展空间，希冀栽下梧桐引来凤凰。

◇珠海金湾区高景太阳能生产车间

"珠海芯" 2023年珠海芯片产业发展进一步提速

翻开中国芯片产业版图，在这一全球智能制造的尖端领域，珠海已然占据一席之地。

数据显示，早在2020年，珠海集成电路设计产业产值就已位列珠三角地区第二，全国城市排名第八，目前已汇聚起全志科技、炬芯科技、博雅科技、炬力、建荣、杰理、艾派克微电子、亿智电子、英诺赛科、极海、纳思达等多家知名半导体企业。从智能平板、智能音箱到蓝牙耳机，这些当下流行的电子产品几乎都有珠海芯。

2023年，珠海芯片产业发展进一步提速：1月底，广东博泰半导体有限公司首席执行官罗斌宣布，将投资15亿元建设光芯片设计制造基地项目，在珠海打造光芯片完整产业链实体。

2月28日，富士康旗下企业——珠海凌烟阁芯片科技有限公司与珠海澳大科技研究院成立联合实验室，打造"芯片设计服务支持平台"，"探索先进芯片产品在前沿生物医疗和智慧城市两大关键领域的产业化潜力"将作为未来主攻方向。

在竞争日益激烈的芯片赛道上，后入场的格力电器备受瞩目。格力董事长、总裁董明珠早在2018年就向媒体宣布"哪怕是花500亿元，格力也要将芯片做成功"，并为此成立珠海零边界集成电路有限公司，迈出芯片制造的关键一步。

"格力要进入芯片产业，实际上是很有基础的，因为智能家电里核心的控制系统就是芯片，格力自身对芯片就有很大的需求。"珠海市智能制造联合会执行会长傅俊旭对格力"造芯"表示高度肯定，称格力电器发展芯片产业，自身就有市场，还可以辐射整个产业，发展空间巨大。

但由于芯片制造技术高、难度大，格力电器造芯路上不乏质疑声。面对外界的担忧，傅俊旭却异常乐观。他表示，芯片产业确实是资金密集、技术密集、开发周期长的一个产业。现在欧美一些国家在高端芯片方面占有优势，中国仍在努力追赶，但芯片产品同样有高、中、低端，有不同的需求市场，而且仅国内市场就规模巨大，"外界对格力电器造芯的部分议论，可能是认为格力要站在世界最前沿发展高精尖芯片，这当然很难，但我觉得格力电器有自己的发展定位，有自身的市场需求，是可以在自身的细分领域把芯片产业带动起来的"。

最新数据印证了上述判断。成立仅短短几年，珠海零边界集成电路"异军突起"，2022年出货量累积达1.35亿颗。此外，珠海还成功引进新思科技28nm到7nm的半导体IP，为解决中国芯片产业部分IP"卡脖子"难题提供了"珠海方案"。

【对话】

珠海市智能制造联合会执行会长傅俊旭：要大力推进制造业数字化智能化建设

珠海市智能制造联合会于2017年成立，旨在顺应珠海市委市政府大力发展先进制造业的要求，更好地服务和推动珠海先进制造企业发展，目前拥有珠海冠宇集团、中航通用飞机公司、三一海洋重工、丽珠医药、博杰电子、魅族科技，以及云洲智能、欧比特等100多家先进制造会员企业，涵盖海陆空多个领域。

◇珠海市智能制造联合会执行会长傅俊旭

谈智能制造　推动七大产业做大做强做优

南都：你如何看待珠海智能制造的发展和现状？

傅俊旭：对于整个制造业来说，要实现高质量发展，未来一定要朝数字化、智能化的方向努力。只有做到了数字化、智能化，制造业的高质量发展才能够真正落地。从这个意义上说，智能制造本身不是一个行业，而是渗透在制造业的各个细分行业里面。

当前，珠海产业发展重点聚焦在"4+3"七大产业，包括新一代信息技术产业、集成电路、智能家电、装备制造、新能源、生物医药、新材料。智能制造作为一种先进方式，是这七大产业的转型升级发展方向，但不同产业发展程度不一，有的（智能化）还处在刚起步的阶段，有些已经发展得比较成熟了。

2022年，受珠海市工信局委托，我们组织专家队伍历时半年，对上述七大重点产业作了系统性分析。其中，珠海新一代信息技术产业、集成电路、新能源和智能家电在智能制造方面发展得都比较好。相较之下，珠海生物医药与健康产业的智能化潜力还很大，诸如丽珠集团、汤臣倍健等部分企业已经走在智能制造的前列，甚至建成了无人化车间；但也有些企业因为各种原因，目前的智能化水平还不高，由于投入大，对人才集聚的要求高，完成转型升级还需要一段时间。

南都：有观点认为，智能制造的趋势就是无人化。对此你怎么看？

傅俊旭：我觉得简单地把智能制造等同于无人化是片面的，也是不实际的。智能制造是制造业未来发展的一个方向，但这个方向并不等同于无人化方向。随着智能制造的发展，今后制造业尤其是生产线上会有一些人工被机器替代，但这并不是绝对的，也不是智能制造追求的根本目的。

当下所说的无人化，指的是生产现场或者生产车间部分的无人化或者少人化，不是说一个人都不要，随着机器的使用以及生产现场的智能化的导入，无人化生产确实可以释放很多人力，代替人工从事很多重复性的枯燥的生产作业、危险的生产作业，或者需要长时间劳动的生产作业等。

智能制造的发展，实际上强调了人与机器的协同生产，智能制造离不开人，没有人的参与，智能制造是实现不了的，即使生产现场实现无人化，整个企业的生产制造系统离开了人，也运行不起来，所以人还是根本因素。

南都：当前，多个大湾区城市相继加快发展智能制造，出台了相关政策。珠海如何与周边城市联动，实现错位发展？

傅俊旭：智能制造是在为整个制造业赋能，是一种先进的生产方式。从这个意义而言，整个制造行业都需要智能制造，都应该朝着这个方向去发展，所以智能制造，不光是珠海制造业的发展方向，大湾区、全国、全球都在朝这个方向努力。中国制造发展规划已经出台并实施，实际上欧美国家也有相应的发展方案。珠海发展制造业需要选准自己的定位，不可能包罗万象，样样都去做，而应该紧扣高质量发展主题，聚焦产业优势细分领域，紧密围绕全市的重点产业来发展珠海的智能制造。

简单地说，珠海市发展智能制造就是要围绕"4+3"七大产业，朝着智能制造的方向加快转型升级，推动七大产业做大做强做优。只要把这七大产业做好，就能够与大湾区其他城市在智能制造上错位发展，珠海的经济发展也就有坚实的基础，就能够做强做大。反之，如果珠海智能制造离开这些重点产业去发展，就会得不偿失，最后可能达不到预期目标。

第二章　产业规划部署样本

谈机遇和挑战　高端制造业发展势头良好

南都： 你如何看待珠海智能制造今年的市场环境和发展前景，将迎来哪些新机遇？

傅俊旭： 2023年珠海制造业发展有四重利好因素。第一开局好，春节后上班第一天，召开全省高质量发展大会，吹响了全省经济发展的集结号。前三年疫情冲击，对经济发展、对制造业影响很大，不少企业不能正常开工，随着疫情影响过去，今年制造业发展可以说重新进入到快速发展的轨道。

第二，三年疫情后，现在这么好的外部环境让全社会形成共识，这将催生出发展合力。

第三，现在的发展基础比以往任何时候都更加牢固，我们的实力也比以前更强大了。在这个基础上，我们去实现高质量发展非常有必要，也非常有条件。

第四，来自珠海自身的利好。从产业结构来看，相较于国内其他一些城市而言，珠海中高端制造业企业比较多、占比较高，这为珠海推动高质量发展提供了非常好的基础。上述四重利好叠加，对于珠海制造业，尤其是高端制造业而言，今年会有很好的发展势头。

南都： 除了机遇，珠海推动智能制造、实现高质量发展还要面对哪些挑战？

傅俊旭： 珠海制造业面临的挑战还是不少。第一方面是珠海制造业的总体规模不大，在大湾区城市中，珠海并不是太靠前。第二方面是珠海产业人才聚集不足，尤其是高端人才聚集还不足，发展高端制造业，智能制造人才是关键。尽管我们采取了很多措施，但专业性人才仍然欠缺，这主要是因为珠海智能制造业基数小，要想支撑一个产业做强做大，在国内走到领先位置，人才还需要进一步的聚集。第三方面是珠海智能制造的龙头企业、引领型的企业还不多，产业的聚集度也还不够，能够形成千亿元级产业规模的先进制造产业，还需要大力培育，因此要实现制造业2025年发展目标，迈向工业产值"万亿俱乐部"，任务还很艰巨。

谈"工业万亿俱乐部"目标　培育龙头企业，推动产业集聚

南都： 对珠海抢抓制造业当家重大机遇，实现2025年工业总产值迈入"万亿俱乐部"的目标，你还有何建议？

傅俊旭： 制造业是珠海整个工业的主体，是珠海当家的主业，只有制造业真正发展壮大，珠海工业万亿的目标才有可能实现。珠海制造业的高质量发展，第一要在提升企业的能力水平和产品发展方向上下功夫，也就是要大力推进企业数字化、智能化能力建设，提升自身的制造能力水平和市场竞争力，同时还要积极发展市场前景广阔的数字化、智能化产品，加快培育重点产业、龙头企业，推动产业集聚，完善产业链，这样珠海制造业的实力才能快速壮大，支撑起万亿目标。

第二要促进制造业人才聚集。珠海要发展壮大制造业，尤其是先进的智能制造业，需要吸引大批人才，在这方面珠海出台了很多措施，对引进人才的力度也比较大，但在人才政策上还要进一步下功夫。例如，中青年人才（包括技能人才）实际上是企业创新发展的中坚，任何一个企业都是靠这一批人在支撑创新发展。要让中青年产业人才在珠海聚集，就需要在人才政策上加大力度、精准施策。

第三建议在营造产业生态上下功夫。珠海要实现2025年工业总产值迈入万亿级的目标，就必须加快培育规模化的产业。比如龙头企业的培育和牵引、产业政策的促进、宜居宜业环境的营造以及产业链的驱动等。营造优越的产业生态需要综合施策，需要凝聚全社会共识和各方共同努力，还需要选准目标，围绕重点优势产业集中、精准发力。

第二节 佛山：促进数实融合，推动链式转型

2023年5月30日，美的库卡智能制造科技园二期在顺德北滘正式投产，年产能可达8万—10万台；6月5日，埃斯顿-克鲁斯机器人华南研发生产基地项目开工。值得留意的是，此前，大族机器人全球总部也正式落地佛山顺德。

在机器人纷纷落户"安家"的背后，是佛山"制造"正通过数字化智能化转型迈入佛山"智造"的巨大应用市场和发展"新赛道"。

数据显示，佛山全市已有四成以上的规模以上工业企业实现了数字化转型，累计应用机器人超过了2.3万台。

佛山的目标是，到2025年力争全市八成以上规模以上工业企业实现数字化转型。

数字化智能化转型，正从生产制造到原材料、营销服务和企业管理，全链条全流程为制造业带来一场深远变革。

场景 告别"厚重灰"，迎来"白工服"

你能想象吗？在汽配制造工厂里，放眼望去，工人们的工服都是纯白色的，包括衣领和袖口。

走进位于佛山顺德北滘的赛恩特数字化智能化示范工厂，重型机械装备、轻便的运输小车以及跳跃的数字化看板井然有序地运转，身着纯白色工装的工人也在工厂车间里忙碌着。

佛山企业成功实现数字化智能化转型，是"纯白工服"的底气。通过转型升级，传统车间的生产制造环境彻底改变了，告别高温、高能耗和高污染，变得舒适、低碳和环保。

佛山市顺德区赛恩特实业有限公司董事长杨义贵介绍，企业从2016年开始在"一工厂""二工厂"推进机械化和自动化，2017年引入机器人单独生产

◇赛恩特数字化智能化示范工厂

线,为公司与国际知名车企业务合作打下良好基础。

2022年获评佛山市工业互联网标杆、二级数字化智能化示范工厂的正是赛恩特的"三工厂"。2019年赛恩特投资2000多万元导入800吨TRF自动化冲压生产线,大大提升了生产线的能力和工作效率。目前,工厂内已经引入2500吨TRF、1250吨TRF自动化冲压生产线以及六轴机器人冲压生产线和AGV搬运小车。每条生产线旁还有一块显示看板,清晰地显示设备、工序、良品率等生产情况。

这在佛山不是个例。"双碳"战略、人力结构和成本压力等外部因素,正倒逼制造企业和行业推动全链条数字化智能化变革。

走进新明珠、蒙娜丽莎和金意陶等陶瓷企业的工厂,曾经"厚重灰"的制造企业如今绿色、清洁、智能。新明珠在佛山三水的厂区占地2000多亩,通过一张大数据地图就可以清晰实时反馈生产经营数据。车间里415.8米长的双层窑、库卡机械臂、智能立体仓库,不仅为企业带来效能和品质提升,还推动节能减排。

智能家电、机械装备企业更是如此。位于顺德乐从的万昌印刷,通过机器联网,设备运行监测到"每分每秒",企业设备管理成本下降20.4%,设备及中央空调的能耗下降了4.59%,人均产能提升43.46%。另外,位于顺德勒流的小熊电器注塑车间,有8条生产线共62台机器,每天24小时不间断运转,车间人员减少50%,但产能提升了10%—15%。

政策 "真金白银"力助企业转型

党的二十大报告指出，要加快建设制造强国、数字中国，促进数字经济和实体经济深度融合。广东省委十三届二次全会提出，要突出制造业当家，高水平谋划推进现代化产业体系建设。

制造业数字化智能化转型是构建现代化产业体系，也是推动制造业高质量发展的重要抓手。佛山制造业龙头和腰部企业纷纷踏入数字浪潮，省、市、区甚至镇域各级政府，以全国率先、力度空前的政策支持，"真金白银"地推动企业数字化智能化转型。

2023年广东省政府工作报告提出，加快发展数字经济，促进数字经济和实体经济深度融合，新推动5000家规模以上工业企业数字化转型，支持佛山、东莞打造制造业数字化转型示范城市。

2021年佛山在全国率先出台《佛山市推进制造业数字化智能化转型发展若干措施》，以空前力度、百亿补贴规模，推出30条举措推动制造业数字化、网络化、智能化转型升级。对于认定的一级数字化智能化示范工厂最高一次性奖励2000万元、二级数字化智能化示范工厂最高一次性奖励1500万元、三级数字化智能化示范工厂最高一次性奖励1000万元、数字化智能化示范车间一次性奖励200万元。

2022年，佛山新增市级示范工厂26家、示范车间82个，美的厨热顺德工厂入选世界级"灯塔工厂"，3849家规模以上工业企业实施数字化转型，占比达40.7%。佛山入选国家新型工业化产业示范基地，新增省、市工业互联网标杆示范项目38个。

全国政协委员、佛山市政协副主席唐冬生分享了一组数据，截至2022年底，40.7%的规模以上工业企业实现数智化转型，其生产效率提升16.5%，人均产值提升15.2%，生产成本降低17.3%，产品交付周期缩短20.2%，产品不良率降低8.4%。

除了政策支持，佛山市区各级政府、主管部门和行业协会还不断搭平台、造生态，搭建协同转型的"朋友圈"。为此，佛山构筑了两大平台，链接专业资源，助力企业转型升级。一个是佛山市CIO（首席信息官）联盟，为企业培育转型人才；另一个是佛山市工业互联网产业联盟，以技术"落地"为目标，搭建企业与政府、企业与企业间的合作平台。

除此之外，佛山还在市工业和信息化局指导下，由佛山市信息协会牵头组织开展走进标杆企业系列活动，通过实地参观标杆企业、分享数字化转型解决方案、探讨转型经验，带动更多中小企业"一起转"。

2023年初，佛山发布的制造业当家行动方案还进一步提出，加快传统制造业数改智转，大力推广用好"数字贷"，单个企业每年最高贴息3000万元；用好总规模300亿元转型发展基金，鼓励社会资本积极参与推动转型发展。

蓝图　带动更多中小企业"一起转"

日前，《中共广东省委　广东省人民政府关于高质量建设制造强省的意见》出台，以"制造业当家22条"加快制造强省建设。该意见提出，推动制造业数字化绿色化转型，实施产业集群数字化转型工程，构建以"工业互联园区+行业平台+专精特新企业群+产业数字金融"为核心的新制造生态系统，实现6万家规模以上工业企业数字化转型，带动100万家制造业企业"上云用云"，提升中小企业数字化能力。

推动产业集群数字化转型，带动更多中小企业"一起转"，正是佛山2023年推动制造业数字化智能化转型的工作重心和发展蓝图。

2022年底，佛山印发《佛山市加快制造业产业集群数字化智能化转型工作方案（2022—2025年）》，其中提出，至2025年，优势产业集群数字化智能化转型取得显著成效，形成十大主题鲜明、特色突出、定位清晰、聚集度高的创新引领型特色制造业园区，加速建设以"工业互联网园区+行业平台+专精特新企业群+产业数字金融"为核心架构的新制造生态系统，初步形成"一集群、一平台、一方案、十标杆、百企业"的产业集群数字化转型生态，以平台为牵引推动产业集群连片成带集聚发展，打造制造业数字化转型示范城市。

实现"链"式转型，路径之一是龙头企业带动产业链供应链协同数字化转型，包括美的集团在内的众多行业龙头或者"先行者"已在探索并产生了集群带动效应。

路径之二是中小企业抱团数字化转型。2023年5月，佛山市工信局公示了2022年佛山市产业链协同数字化转型、中小企业抱团数字化转型试点项目在库名单，食品加工产业链、先进材料、厨电行业、智能家电、陶瓷产业、纺织服装等行业的项目在列。

2023年初，在广东省民营企业家共同推动高质量发展誓师大会上，佛山企业代表之一、广东省工商联副主席、佛山维尚家具制造有限公司创始人李连柱介绍，早在2008年，维尚家居的工厂就已经实现了全过程的信息化与工业化，其数字化水平在行业中位于前列。

但在家具行业，很多中小企业转型的痛点在于对"数字化"缺乏深入认知。作为行业"链主"，维尚家具于2023年向政府申报了一个企业集群项目，希望通过集群协同的力量在降低成本、提高服务与供应、建设行业生态上有所成就。

路径之三则是"工业互联网平台+园区"赋能数字化转型，这与佛山目前规划建设的"双十"园区建设项目紧密相关。业内人士透露，龙头企业带动和中小企业"抱团"转型模式更适合佛山，探路实施开始已有成效落地，园区赋能目前是佛山数字化智能化转型的短板，但也是下一步发力的方向和新增长极。

【对话】

佛山市信息协会秘书长孙逊：以示范引领推动数智化转型

除了全国率先、力度空前，佛山在过去两年数智化转型过程中还有个关键词：示范引领。数智化转型的"佛山样本"示范引领意义在哪里？下一步还将往哪方面探路？

谈示范路径　培育大中型企业转型标杆

南都：过去两年佛山在数字化转型方面先行探路，已经取得了怎样的阶段成效？

◇佛山市信息协会秘书长孙逊

孙逊：2021年数字化智能化转型25条政策措施出台以后，佛山制造业数字化转型真正进入快车道。过去两年重点工作在数字化标杆工厂、数字化标杆车间和具体技术改造领域标杆的培育，加快佛山制造业转型升级进程。截至2022年底，佛山已打造市级示范工厂48家，示范车间146个，标杆示范项目91个，为全省制造业高质量发展作出了积极贡献。

南都：具体是哪些举措真正带给企业投资技改的信心，以及"不转不

行"的决心？

孙逊：佛山这一系列政策在全国是走在最前列的，从目前来说力度也是最大的，而且补贴是"当年兑现、快速到位"，在当前经济环境下，这给企业家增强了信心。

在政策落地后，各行业协会都组织企业走进标杆参观学习，让还没有进入"新赛道"的老板看到行业内先进企业是怎么做的，有哪些效果。走进标杆企业活动由佛山市工信局指导，佛山市信息协会承办，工信局也希望这个活动一直办下去，帮助更多还在观望的腰部企业、中小企业踏上自己的转型升级之路。

南都：2023年省政府工作报告提出支持佛山打造制造业数字化转型示范城市，目前佛山已探索的路径有哪些？下一步计划如何探路示范样本？

孙逊：佛山的示范路径首先是企业标杆。佛山制造业各个行业都有很优秀样本，不只是大中型企业还有中小型企业，比如走进标杆工厂活动调研学习的赛恩特和星联精密，虽然产值都在两三亿元左右，但转型有自身亮点，在某方面代表了中小企业转型的方向，最终拿下了二级工厂的评定和补贴，非常厉害。

所以佛山在打造数字化转型标杆时，不能只是看规模，更要找到行业的样本、中小企业的样本。

下一步探路方向在产业集群。我们看到从国家到省市都已经提出"产业集群"转型的概念。从去年下半年开始，佛山开始思考如何通过产业链、产业集群转型，帮助更多的中小企业升级。2022年底，佛山印发《佛山市加快制造业产业集群数字化智能化转型工作方案（2022—2025年）》，思路是以龙头企业带动、中小企业抱团和工业互联网平台＋园区转型为主要路径。

谈转型路径 以产业链产业集群推动数字化转型

南都：以产业链、产业集群推动中小企业数字化转型，佛山打算怎么干？

孙逊：佛山的龙头企业和大型企业在此之前已经走在数字化浪潮的前沿，这两年佛山重点推动规模在几亿元到几十亿元之间的"腰部"企业实施转型，目标是到2025年，超过80%的规模以上工业企业实现数字化。所以，规模在几千万元到几亿元的中小企业转型是接下来两年的工作重点。

根据工作方案三大路径，佛山龙头企业带动相对容易一些，我们正积极探索和推动中小企业抱团转型的模式。此外，我们也在探索和总结"专精特新"企业如何做好数字化转型。这类企业虽然规模不大，却是所在行业的隐形冠军，是佛山众多中小企业的样本，因为这类企业具有较强的盈利能力，也是科技创新和数字化转型的生力军。所以今年佛山在培育"专精特新"企业、国家"小巨人"企业的过程中，数字化转型也要配套跟上。

谈人才培养　组建CIO管理团队赋能中小企业

南都： 在解决人才缺口以及加强人才培养方面，目前有哪些举措？

孙逊： 佛山在这些年数字化转型过程中，很多优秀的企业也培育出了优秀CIO（首席信息官）群体。这些CIO都是在企业一线实践中，打拼和积累了一二十年工作经验，从20多岁写代码到现在技术转管理，有些甚至做到了副总裁级别，我们也在思考如何发挥他们的经验积累，更好地对本地中小企业的CIO进行指引。协会已经专门成立专家库，目前16位专家中有10位都是来自企业。我们希望把这种经验带到更多中小企业中去，成为转型的人才动能。

其实这种人才的输出和赋能在佛山已经显现，目前佛山很多制造业企业的CIO都是美的出身的，粗略统计至少有20多家，包括多家知名企业，比如日丰、箭牌、联塑、德尔玛等。

南都： 现在很多企业也提出，除了CIO这样的高管，数字化转型中的一线高级技术人员也比较紧缺，有何建议？

孙逊： 是的。很多企业迈入智能制造阶段，迫切需要IT、数据采集、人工智能等技术人员。一方面职业院校在人才培育方面可以设置选修课，往制造业数字化转型的一线技术人才培养方面倾斜；另一方面院校还可以与企业加强合作，例如华为就与高等院校合作培育专项人才。

第三节 佛山禅城：重返"制造业主战场"

2023年四月初的佛山禅城，雨过天晴，万物明朗，一团火焰也逐渐升腾。

那段时间，佛山市禅城区在"制造业当家"的战略践行上动作频频，"高质量发展实施方案""招商合伙人大会""首批百万产业载体动工"……禅城通过一次又一次的行动，向外界宣示"制造佛山"的中心城区做强做精都市工业的信心和决心。

2023年初以来，"制造业当家"的号角响彻南粤大地，在千帆竞发、百舸争流之际，佛山禅城当如何勇立潮头，加速航行？禅城区委副书记、区长盘石通过统领性政策解读，探索作为佛山中心城区的禅城"为什么要发力制造业""做什么样的制造业""怎么做制造业"三个问题。

一次刀刃向内的转身

禅城，地处佛山五区的中心位置，岭南文脉的重要发源地之一，同时也曾是佛山制造业版图的一大支点。这里既有祖庙、南风古灶等"最佛山"的文物古迹，也不乏海天味业、国星光电、兴发铝业等行业领军企业，更曾打造出"中国建陶第一镇""中国不锈钢名镇""中国针织名镇"等享誉世界的招牌。

今天，禅城要怎么发展？路线在一步步谋划中变得清晰。2022年12月30日，中共佛山市禅城区第五届委员会第四次全体会议提出，禅城要全力奔赴打造"最中心""最佛山""最便捷""最活力""最平安""最幸福"的"六最"现代化禅城，共同打造具有强大辐射带动能力的"佛山之心"，实现从中心城区到城市中心的重大跨越；2023年1月12日，"制造业当家"成为禅城区政府工作报告中的高频词，"都市制造中心""产业服务中心""商业消费中心""岭南文化中心"等提法逐步擦亮。其中最为亮眼的当属"都市制造

◇位于佛山市禅城区的国星光电，工人在数智化工厂作业

中心"理念的提出，这是禅城作为珠三角同类型城市中心区摒弃房地产路径依赖后的产业觉醒，更是珠三角先行区坚持实体经济为本、坚决贯彻"制造业当家"部署的生动实践。

一场步步为营的攀登

摊开地图会发现，地处佛山心脏位置的禅城的面积在五区中最小。横向比较佛山各区产业结构，禅城也是佛山五区中唯一一个三产占比超过二产的区，不得不说，禅城提出"重返制造业"的口号，确实出乎很多人的意料。

然而，禅城正在一步一个脚印，尝试着蹚出一条多年来未走过的路。

工业"筑巢"，彰显"制造业当家"的空间底气。3月30日，禅城区都市工业载体"三年千万"行动启动暨2023首批百万载体动工仪式在禅城区张槎街道举行，首批近200万平方米载体破土动工，同时发布了禅城区都市工业载体"三年千万"行动计划：从2023年开始每年建设都市工业载体超300万平方米，到2025年累计建设超1000万平方米。

产业"引凤"，汇聚"制造业当家"的源源动力。3月13日，禅城区城市招商合伙人大会举办。会议提出，对内提升完善禅城"招商铁军"的工作机制，对外则把禅城的招商社会化，向全球招募招商合伙人，并设立相应激励措施。

行动部署，擘画"制造业当家"的"作战计划"。2023年2月，禅城区委经济工作会议暨落实制造业当家赋能全市制造业高质量发展大会发布《禅城区坚决贯彻落实制造业当家赋能全市制造业高质量发展实施方案》，方案体系确立了"一个中心""两大任务"和"两项目标"，并以"七大行动"作为具体支撑。

从目标明确到产业招商和载体建设，拨动时间的倒带可以发现，禅城正在以稳扎稳打的步调，将口号变为行动，把计划分阶段落实，又把每阶段的成绩转化为继续前行的动力。

相关数据显示，2023年1—2月，禅城实现了规模以上工业增加值49.1亿元，同比增长14.3%；工业投资、工业技改投资高速增长，分别增长51%、31%，都市工业发展势头迅猛。2022年，禅城引进超亿元项目54个，中国平安等10个世界500强项目进驻，总投资超400亿元，项目投资创下近年新高。2023年以来，书记、区长任"双组长"，组建近百人招商队伍赶赴招商一线，共引进超亿元项目14个，总投资137亿元，签约项目数、投资额分别同比增长75%、451%，其中有一大批制造业项目。

禅城，这座珠江西岸的岭南魅力城区，正持续释放"制造业当家"、都市工业体系加速构建的强烈信号，呈现多年未有之新气象。

其实，选择"重返制造业主战场"，禅城又何尝不是将忧患置于前，毅然以刀刃向内的勇气直面"禅城之困"，在挑战里找寻生机呢？

【对话】

佛山禅城区委副书记、区长盘石：打造都市制造中心，推动"工业上楼"

谈缘由　重返"制造业主战场"势在必行

南都：很多人会认为，既然禅城要成为"城市中心"，更应该注重发展服务业，那为什么禅城要重返"制造业主战场"？

盘石：首先，禅城就是"制造业起家"的，一大批知名的制造业品牌从禅城走向全国、走向世界。当然，受制于土地和空间，多年来禅城的制造业流失严重，在外界的印象里面，似乎禅城离制造业越来越远。但我觉得

第二章 产业规划部署样本

◇佛山禅城区委副书记、区长盘石

禅城"制造业当家"的特征依然鲜明。2022年禅城2283亿元地区生产总值中三产占比为65.3%，工业不到35%，制造业大概是30%。三产里面服务于制造业发展的生产性服务业占比超过30%。从这个角度来讲，制造业及其相关服务业占据半壁江山，四个镇街中，张槎、南庄还是以工业为主，张槎工业产值近千亿元，南庄还有充裕的工业空间。

再者，高举"制造业当家"大旗，禅城显得更为迫切。2022年12月30日，在省委十三届二次全会召开后的第22天，禅城区委五届四次全会上，审议了一份坚持制造业当家、赋能全市制造业发展的文件，这在佛山五区里是最早部署的，当时文件一出来，出乎了很多人的意料。但我们不是跟风，更不是哗众取宠，而是经过了深思熟虑、反复论证，这源于强烈的危机感和紧迫感。作为中心城区，禅城乘中国城市化之东风，紧紧抓住了人口红利和房地产发展机遇，打造精致秀美之城，综合实力不断增强。但当前发展的大环境、大趋势发生了很大的改变，尤其是房地产市场剧烈调整，禅城亟须摆脱房地产化的发展惯性和依赖。在今年初禅城区政府工作报告中，我提出了"禅城六困"，第一个就是"动能转换之困"，在这个时候全区上下凝聚共识，高举"制造业当家"大旗，不是喊口号，不是表姿态，而是破解禅城发展之困的迫切要求。

轻松的路走得久了，现在就是华山一条路，是走"上山路"，是走"出大力、流大汗、吃大苦"的路，无论多陡多累，都要坚定决心往上攀。

南都：但外界可能还是质疑，禅城土地面积并不大，开发强度又比较高，能不能做得成制造业？你觉得禅城的底气在哪？

盘石：实事求是地讲，禅城面积154平方公里，土地开发强度已经高达81%，我们的土地很紧张，尤其是工业用地很紧张，但我们不缺空间！这个空间源自我们还有超过26平方公里的现状工业用地，还有21平方公里的工业保护红线用地，有超过一半的现状工业用地容积率还在0.7到1.0之间、税收仅4万/亩。区委区政府对优质项目的渴求一片冰心，对都市工业的坚守固如磐石，在禅城，只要是好项目，就一定有土地、一定有空间。这就是我们的决心。

从空间上来说，就是要往上走，"工业上楼"，"亩产论英雄"。3月30日，禅城已经启动"三年千万"的行动，计划三年内建设超1000万平方米的高标准都市工业载体。

南都： 这个决心和信心怎么更快地传递给外界？

盘石： 要大声地讲、大步地走。大声地讲是要统一思想，凝聚共识。要对禅城干部队伍大声地讲，反复地讲，实事求是地讲。此前，我们的同志们对禅城的产业发展何去何从、是否需要坚守制造业的认识是有些模糊的，现在已经高度明晰了，方向明了，那步子就轻了，步伐就快了。对外界更要大声地讲，在各种场合、用各种契机去发声，让企业和市场关注禅城的"制造业当家"，相信禅城的决心和力度，相信禅城大力发展都市工业集群不是权宜之计，而是长久之计。

"大步地走"就是行动。"听其言、观其行"，要让企业和市场真正有信心，还是在于行动，要大步往前走。"三年千万"行动就是"大步地走"，我们反复讨论，认为还是需要更大力度才能体现决心，释放鲜明信号，所以提出"三年千万"，2023年一定要新增300万平方米以上，到2025累计建设超1000万平方米，而且速度一定要快，快才能抢占先机、吸聚产业。我们对于禅城接下来招商引资和打造都市制造中心充满信心。只要迈开这一步，举全区之力去推进，就会形成一种趋势、一种口碑，自然也会带动更多产业的集聚。这需要一点时间，但我从来没怀疑过，禅城一定会迎来改变。

谈特色　禅城要做的是"都市工业"

南都： 禅城要做的工业有什么不同？

盘石： 禅城的制造业当家拼的不是规模和数量，拼的是质量和效益，是特色和生态，是创新力和竞争力。我们要做的是"都市工业"，这是一个比较宽泛的概念，大家可以想象，在城市中心能做的工业，也就是"都市工业"，第一肯定是环境友好，第二是空间上的集约高效，第三是科技含量高、附加值高、活力充沛、爆发力强。从产业主题来说，电子信息、高端装备制造、生物医药（医疗器械）、新能源、新材料，都是我们重点发力的方向。

从一开始我就这样诠释禅城"制造业当家"：并不仅仅是制造和生产，

还有两大任务和使命：一是示范。大力发展都市工业体系，打造都市制造中心，推动"工业上楼"，为全市的"都市工业"发展提供样本和示范。二是赋能。就是要大力培育发展壮大现代服务业尤其是生产性服务业，打造产业服务中心，为全市的制造业当家提供赋能和支撑。

谈路径　"工业上楼"和产业突围

南都： 实现"都市制造中心"，从具体路径来讲，我们要做的是什么？

盘石： 最直观的，就是要"工业上楼""亩产论英雄"。"工业上楼"是大家都愿意做的一个事情，集约节约、高效高产，但不是哪里都能实现的，"工业上楼"有其发展规律，只有当一个地方的空间受限，空间的成本和价值到达了一个高点，才能逐步实现"工业上楼"。

禅城必须"工业上楼"，也只能"工业上楼"，这也是空间约束和成本价值所决定的。正因为此，我们要选择适合的产业形态和产业方向来发力。南庄高端精密智造产业园的定位是推动产业迭代，实现产业转型升级，培育战略性新兴产业，新空间发展的一定是新产业。

南都： "工业上楼"的高容积率产业载体不只佛山在做，不只禅城在做，那怎样才能够突出重围？

盘石： 我想无非三个字，第一个字是"聚"。产业靠聚才有竞争力，才有特色，才能够突围而出，所以在产业园区打造的过程中，一定要瞄准特定的产业方向，把整个产业链条、产业的生态给做起来，所以我们也提出一个目标，

◇佛山市禅城区城市景色

叫"上下楼就是上下游，一栋楼就是产业链"，这一点很重要。第二个字是"快"。周围都在拔地而起，一旦我们慢下来，这些高端的产业及资源、项目就会被其他地方吸去，我们就会面临更激烈的招商和竞争。如果我们能够在建设上快人一步，就能在招商上抢占先机，越快就越有竞争力。佛山是功夫之城，"天下功夫，唯快不破"嘛。第三个字是"优"。园区要有服务，越是高品质的产业和项目，对服务、对人才的要求就越高。如果还是持"包租公"的意识肯定是做不好园区的，所以园区的配套和服务一定要配优配强。

谈愿景　打造"佛山之心"

南都：我们注意到，禅城正在推动"从中心城区迈向城市中心"，怎样理解这个提法？

盘石："中心城区"和"城市中心"，很多人觉得这两个词没什么区别，但其实区别很大。我理解，"中心城区"是一种天赋，是国土空间规划赋予的，是与生俱来的；而"城市中心"是一种地位，要大家都认才行，从根本上来讲是一种辐射力、影响力和集聚力，是需要通过高质量发展和团结奋斗来实现的。

南都：禅城为什么要打造"佛山之心"，实现辐射带动作用？

盘石：一直以来，佛山都是组团式发展模式，充满活力，动能充沛，但有一个很大的痛点，就是没有强大的城市中心，不利于全市的资源配置、错位发展，更不利于形成产业互补和功能集聚。可以说，佛山当下还是面临着县域经济的痛点，各区自成体系、自我配套，如果城市中心能够建立起来，就意味着佛山真正从县域经济走向了城市经济，因此城市中心对于佛山意义重大。

谈感受　干好手中事，打好"长期仗"

南都：在进军制造业的过程中，禅城遇到的主要难点在哪？

盘石：难点主要有两个：第一个难点是空间和成本。"工业上楼"对禅城来说是势在必行，但由于"工业上楼"，我们的产业招商门类也受到了一定程度的限制，不过禅城的招商没有大问题，我们没法拼空间、拼成本，但可以拼环境、拼人才、拼配套，这是我们的优势，这些限制反过来讲也倒逼产业的升级迭代。第二个难点是队伍和网络上的困难。多年来禅城没有在制造业上发力，包括队伍在内，整个工作体系并不是一个围绕制造业形成的体系，目前正在迅速地进行重塑。外界对我们也存在一些固有认知，这需要一个改变的过程。但我们都很有信心，我们坚信禅城会改变，会变得更加强大、更有活力，我们正向着城市中心、"佛山之心"一步步迈进。

第四节 惠州惠阳：中国吉他产业之都

惠州市惠阳区年生产吉他约450万把，产量约占全国40%以上、占全球的1/5。尤克里里的销量更是占全球的80%，行业总产值超30亿元。可以说，全球每五把吉他就有一把产自惠阳。经过30多年的发展，惠阳吉他产业实现了从贴牌代工到自创品牌的转型，闯出了一条转型新路，如今的惠阳拥有全国乃至全球最完整的吉他产业链。

为打破惠阳吉他产业传统边界，惠阳区积极探索"吉他+"发展模式，以吉他制造、吉他文化、吉他旅游"三位一体"为发展思路，以建园区、育龙头、创名牌、增效益为重点，推动吉他产业多维度发展，惠阳吉他已成为惠州乃至粤港澳大湾区的一张靓丽文化名片。

20世纪90年代　台商带来吉他制作标准技术

来到惠阳，总有一把适合你的吉他！惠阳被誉为"吉他天堂""中国吉他产业之都"，聚集了一大批吉他设计、研发、生产、销售的专业人才，拥有先进的生产设备。惠阳区秋长街道被誉为"世界吉他制造工厂"。

惠阳的吉他产业发展可以追溯到20世纪90年代，当时，国内的吉他制造公司都是拿国外吉他图片来模仿，直到台商将制作吉他的标准技术带到惠阳，生产出中国大陆第一把以国际标准制造的吉他，再由一群台商"孵化"出一条完整的产业链条。

1991年，台商蔡经浩、蔡国宏父子率先来到秋长开办侑成木器乐器厂，成为惠阳第一家吉他制造企业。在"侑成"的带动下，声柏、冠铭、全丰育、国富等一批台资乐器厂也来到惠阳秋长谋求发展。

"全丰育成立于1995年，是第七家来到秋长办乐器厂的台资企业，当时投资规模最大。"回想起当年父亲蔡经纬来惠阳投资办厂的往事，惠阳区吉他行业协会终身名誉会长、惠州全丰育乐用品有限公司总经理蔡赖丰充满自豪。

吉他制造是劳动密集型产业，生产规模动辄几百上千人，惠阳吉他产业吸引了全国各地的务工人员前来就业。惠阳吉他行业协会会长赵延亭说，台资厂就是惠阳吉他人才的孵化器，孵化出了惠阳吉他产业中八成以上的厂长和经理。

早期进入台资厂的务工人员，慢慢熟悉了吉他生产、销售路径，部分还成长为技术骨干、营销骨干。赚取第一桶金后，一些有思想、有远见的骨干选择辞职创业，开起了自己的吉他厂或吉他配件公司。

赵延亭把此种发展模式比作"细胞高速裂变"，2016年高峰时期，惠阳吉他产业的企业数量发展到约300家，形成一条涵括原材料供给、半成品、电子五金配件、吉他装饰包装、吉他数控机械等全流程的完整产业链。

21世纪初　从贴牌代工升级到自创品牌

"过去，惠阳吉他80%是代工生产，现在每个企业都有了自主品牌，像恩雅、汤姆，个别还有多个自主品牌。"惠阳吉他行业协会执行会长阎伟说，目前，惠阳吉他行业形成的自主品牌约有150个，其中，国内一线品牌超过10个。在品牌创立过程中，惠阳聚集、培养出了一批吉他工匠，汇聚了一批吉他设计、研发、生产、销售人才。

回溯历史，惠阳吉他产业的起步阶段，清一色都是贴牌代工生产，产品全部销往海外。2000年前后，一些有远见的企业老板看到国内市场在苏醒，从而开启了自主品牌之路：一边继续代工贴牌生产，一边培育自己的新品牌。有了好产品才能有好品牌，无论是从贴牌代工到做自己的品牌，还是从一开始就做自己的品牌，惠阳吉他众多企业都拥有了这样一种共识。

惠州市秋长威尼斯乐器厂是惠阳开创品牌之路较早的吉他制造企业之一，2006年，该厂创立了威尼斯吉他品牌，彻底告别了贴牌代工。从品牌创立之初，该厂就把Logo的设计当成品牌推广的头等大事，以吉他音孔和音符为设计起点，用人作为核心视觉元素的Logo，让人一眼就能记住。威尼斯吉他还在业内首创将Logo元素拆分呈现在吉他指板上，形成了一种独特的品牌标识。

2007年，惠阳首家吉他制造企业——侑成木器乐器厂更名为宇声乐器（惠州）有限公司，在从事电吉他生产的同时开始生产木吉他并开发了自有品牌。该公司在德国注册了J&D吉他商标，在欧美地区以及Music Store、Audio

◇惠阳吉他行业协会终身名誉会长蔡赖丰在自己的吉他工作室里。他表示以制造世界顶级吉他为己任，促惠阳吉他产业高质量发展

Fanzine等网络销售平台出售，产品质量获得顾客好评，一跃成为惠阳吉他行业的龙头企业。2020年前后，该公司年产吉他12万—15万支，年产值300万—500万美元。

对于惠阳吉他产业而言，2016年值得纪念。短短一年时间，惠阳吉他产业就诞生了100多个新吉他品牌。

2016年5月，惠阳区组织当地吉他企业参加第十二届中国（深圳）国际文化产业博览交易会，"中国吉他产业之都——惠阳"的宣传牌引人注目，成为当年交易会上的亮点。同年10月，在上海国际乐器展览会上，一把产自惠阳的纯手工金丝楠阴沉木吉他以599 999元的价格被一神秘买家带走，惠阳吉他由此名声大噪。

阎伟说，自主品牌做起来后，产品附加值提升了，惠阳吉他的价格也在稳步提升。当前，惠阳所产吉他的主流价格每把为1000元到5000元，贵的定制版木吉他能卖到八九千元一把。

最近十年　从"制"造走向"智"造

"吉他行业门槛较低，十万元到二十万元就可以办一个小厂，纯粹做个吉他外形很简单，可是你要想把它做出你想要的声音，就牵涉到非常多的技术了。"蔡赖丰认为，惠阳吉他行业要发展，需要技术突破、技术创新，要引领全国吉他行业高质量发展。为巩固惠阳吉他产业在全国吉他行业的引领地位，蔡赖丰和惠阳同行中的精英们一直在不懈努力，通过自学、互学、引进来、走出去等各种方式，不断提升吉他的制作水平和创新能力。

为打破国内吉他行业原有的发展模式，两年前蔡赖丰关闭了自己300多人的木吉他生产厂，招收4名学徒成立了木吉他工作室，开始技术攻关，提升木吉他的制作水平。

定制、研究新材料、做智能乐器……惠阳的吉他企业一直都在探索创新。创立于1999年的惠州铭仕乐器有限公司通过与国外品牌的不断并购与合作，持续壮大企业品牌力，增强抵御风险的实力。如今的铭仕先后和国外知名老品牌英国Wilkinson及美国Fishman达成战略合作伙伴关系，并为全球超过100家一线乐器品牌提供电声解决方案，拾音器产量超100万个，木吉他拾音器销量全球第一，成为行业内名副其实的领军企业。

2016年，恩雅乐器率先推出当年获评全球新材料吉他第一的X1吉他产品。随后，X2、X3、X4等艺术与科技结合的新时代吉他产品相继诞生，同时在智能音频、音乐文化、音乐教育等多个领域持续发力。2021年，该公司推出全球首把集成大功率音响的超便携碳纤维智能吉他NEXG。

恩雅乐器联合创始人兼COO顾文斌认为，效率是吉他行业的底层逻辑，在投入数控产线后，企业生产效率提升了2—3倍。得益于提前开辟的"智能智造"这一新赛道，恩雅乐器在疫情期间实现了不降反增的逆势生长，过去三年，其综合营收仍维持了约35%的平均增长速率。现拥有相关专利100多项，产品畅销全球40多个国家和地区，新材料乐器全球市场份额位列第一。

可以说，惠阳吉他产业正从吉他"制"造走向吉他"智"造。

如今的惠阳拥有全国乃至全球最完整的吉他产业链，惠阳区吉他产业文化也成为惠阳区乃至惠州市举足轻重的文化名片。

近年来，惠阳区制定政策扶持推广"吉他+"文化，进一步延长、拓宽吉他产业链，有效推动吉他产业实现高质量发展。通过全球合作提升惠阳吉他产业竞争力,依托文化融合赋予惠阳吉他产业新内核,借助智能创新打破惠阳吉他产业传统边界。惠阳区还通过举办吉他文化艺术节、吉他音乐广场、吉他公益培训、吉他进校园等举措,有效推动吉他制造业向文化、艺术、教育、工业旅游领域拓展延伸。

为助力惠阳吉他企业健康成长、推动吉他产业高质量发展,惠阳先后出台《惠州市惠阳区吉他产业发展扶持办法》《惠州市惠阳区吉他产业企业贷款风险补偿基金管理办法》等一系列政策,扶持惠阳吉他企业逐步形成品牌优势,坚定行业发展信心,实现从"贴牌"到自主品牌的转型升级。

【对话】

惠阳吉他行业协会会长赵延亭:发挥产业链优势,引导企业做大做强

◇惠阳吉他行业协会会长赵延亭

"惠阳是中国吉他制造的摇篮,虽然国内吉他产区越来越多,但惠阳仍是中国最大的吉他产区,是品类最多、最齐全的产区。"惠阳吉他行业协会会长赵延亭说,惠阳吉他配件出口欧美日韩和东南亚,国内其他吉他产区的配件也都依赖惠阳产区供应,这是惠阳吉他产区的最大优势。目前,惠阳吉他产业已走上了中高水平发展之路,代表了国内最高水平。未来,将致力于把惠阳打造成中国乃至世界吉他集散地,做成行业标杆。

扶持一批、淘汰一批

南都:三年疫情对惠阳吉他产业造成了怎样的影响?

赵延亭:疫情期间,订单有下滑。准确地讲,是2022年6月才下滑的,2022年12月到了低谷,疫情结束后,现在正慢慢恢复,但没有恢复到疫情前状态。

南都:怎么看待惠阳吉他企业外溢现象?

赵延亭：2015年、2016年，在惠阳做吉他生意已经很艰难了。接不到订单的企业或者做低端吉他订单的企业，生存越来越困难，利润越来越薄，租厂房生产压力很大。这个时候，恰好贵阳正安过来招商，支撑不下来的就走了，这是第一波离开惠阳的吉他企业。

正安吉他产区，政府提供免租优惠，工资水平又低，我们根本比不了。跟惠东鞋业一样，惠阳吉他产业也要经历一个细胞高速分裂和企业外溢过程，这就要考虑到差异化营销、差异化生存。外溢企业并非都是彻底搬离惠阳，更多的是两地设厂，毕竟惠阳的吉他产业链最完整，出口更方便，又临近深圳研发、创新中心。我们的想法是留下一批、扶持一批、淘汰一批。惠阳吉他在行业高峰期时，聚集了300多家吉他企业，现在剩100多家，未来若仍能留下100家就够了，多的任它转移或淘汰。我的想法是抓优秀的，留下优质可孵化的、未来有发展潜力的，引导他们做大做强。

解决行业发展痛点问题

南都：惠阳吉他产业面临着怎样的机遇和挑战？

赵延亭：吉他制造毕竟是一个特色文化产业，国内市场对吉他的需求潜力巨大，是个蓝海市场。随着人民生活水平不断提高，中国人对教育的重视，人们对文化的追求会不断提升，吉他市场需求会不断扩大，消费者对吉他的品质也会提出更高要求。

惠阳吉他作为中国吉他行业的领头羊，已经在加快产业转型升级，多数企业已经由过去代加工生产转为了自有品牌生产，由低档吉他生产转向了中高档吉他生产，对惠阳吉他产业发展是个难得的机遇。就挑战而言，惠阳吉他产业一直没有形成集约化生产和统一管理，企业分布散乱，给人脏乱差的印象。现在要解决这个痛点问题就要加快吉他产业园建设，引导吉他企业入园生产，集中供气、供水、供电、处理废水，统一报关出口等，以彻底解决环保、税收外流问题等，引导吉他行业高质量发展。

惠阳区委、区政府也非常重视吉他行业的发展。2023年4月11日，区委书记翟伟锋率队到秋长街道调研惠阳吉他文化产业工作，实地了解了惠阳吉他产业园建设情况和吉他文化街区规划建设情况，要求做大做强吉他特色文化产业，推动惠阳文化事业和产业高质量发展。

惠阳吉他产业园一期占地12 495平方米，规划打造集吉他博物馆、研学基地、电商基地、党建驿站、文创集市等多功能于一体的综合园区。目前，园区处于装修收尾阶段，2023年5月开始招引吉他企业进驻，并为入驻企业提供材料供应、物业管理、人才招聘、通信软件、餐饮等配套服务。

深挖产业背后附加值

南都：惠阳吉他产业的发展潜力在哪里？

赵延亭：吉他制造是第二产业，吉他产业的背后是第三产业，我们一定要看到，吉他产业背后蕴含的巨大附加值。就像江苏盱眙的小龙虾，作为地方特色产业，其农业产值才两亿元，却通过背后附加值挖掘做到了上百亿元。目前，惠阳吉他行业正在努力探索，深挖吉他产业后的附加值，从第二产业向第三产业融合发展，形成"吉他+文化""吉他+旅游"等巨大裂变，在促进惠阳吉他行业自身发展的同时为惠阳财政创造更多税收，从更多层面为惠阳高质量发展作出应有贡献。

南都：探索"吉他+"发展模式，有何成果？

赵延亭：惠阳以吉他制造、吉他文化、吉他旅游"三位一体"为发展思路，自2017年以来已举办了5届吉他文化艺术节（展演）。2023年初，惠阳举行的首届粤港澳大湾区吉他文化艺术展演暨第五届惠阳吉他文化艺术节活动，邀约了粤港澳大湾区"9+2"城市的青年人才参与，将吉他产业与旅游、文化、体育、艺术、美食等跨界资源进行充分整合。活动同步在国家公共文化云等平台进行全网络直播推广，线上总观看量超500万人次，线下参与量超4万人次，吸引了人民日报、中央电视台等多家主流媒体报道。本次展演还在广州塔上发布了宣传信息，引发社会广泛关注。

近些年，惠阳区运用"吉他+"发展思路，借助"文化+""旅游+""体育+"产业发展理念，不断延长、丰富吉他产业链，打响了惠阳吉他文化品牌，提升了惠阳城市知名度和美誉度，擦亮了惠阳"中国吉他产业之都"品牌。如今，惠阳吉他已成为惠州乃至大湾区一张靓丽的文化名片。

第五节　东莞：建立"开发者村"，破局数字化转型

2023年4月，东莞多了一个"村"——东莞松山湖开发者村，改村由松山湖管委会携手华为云共建，被视为东莞产业数字化转型的破局之举。

在中国电子信息产业发展研究院发布的《2022中国数字经济发展研究报告》中，东莞跻身全国数字经济新一线城市，位列全省第三，然而不少中小企业"不想""不敢""不会"数字化转型仍是现实，这也让东莞的产业数字化进程相对缓慢，尤其是制造业数字化。

2022年《东莞市数字经济发展规划（2022—2025年）》出炉，高位推进数字经济，提出"制造业引领突围"的数字经济发展模式。按照规划，到2025年，东莞市数字经济核心产业规模将突破1.3万亿元。

东莞以需引产，分层级布局，通过设立松山湖开发者村、认定制造业数字化赋能中心，为企业数字化精准供血；通过智能车间（工厂）等的认定和培育，先行一步"打样"，进而帮助企业通过数字化获取新型能力。

推动融合　全国首个开发者村"开村"

2023年4月26日，东莞松山湖开发者村正式"开村"。同日，东莞本地企业台铃、软件服务商深圳赛瀚德等数字化企业，作为首批"村民"入驻。

松山湖开发者村本质上是创新社区，由松山湖管委会携手华为云共建，为全国首个。那么它设立目的究竟是什么呢？答案是推动数字技术与东莞产业深度融合。

人才的聚集是第一切入口。"松山湖开发者村将计划汇聚有志于服务东莞制造业数字化转型的企业开发者和个人开发者。"华为云开发者联盟产品部&云应用商店部长王希海表示。它将重点围绕东莞市产业数字化转型过程中开发者人才紧缺问题，为企业探索针对产业数字化的端边云全栈技术人才培养体系。

首案工程是第二切入口。松山湖党工委副书记、管委会主任欧阳南江介绍，制造业是发展的基石和根本所在，而数字化是制造业面向未来的底层技术。中小企业在数字化转型中面临着场景复杂、技术门槛高、人才缺乏等诸多挑战。这里将数字化创新和工业企业的应用场景紧密结合起来，以生产环节数字化改造为核心，带动制造业各个环节的整体数字化升级。

　　按照规划，松山湖开发者村力争每年培养不少于1000名数字化人才，打造不少于10家首案工程企业，每年服务企业数字化转型不少于50家，3年内发展不少于30家生态伙伴。

技术推进　企业数字化需要老板的决心

　　从松山湖开发者村的设立看，当前东莞制造业数字化推进过程中的主要堵点是人，一种是推进数字经济的专业人才，另一种是企业推进数字化的决策者。

　　保利高集团是全球最大的人造圣诞树制造商之一，总部位于香港，雇用15 000多名员工，在全球多地设有分部或厂区。罗国玺是保利高集团的执行副总裁，从2006年进入公司就开始负责信息技术工作，推动集团的数字化。

　　"通过前期大量的流程梳理、上下游对接等工作，我们办公室数字化做得很通透。位于全球多个厂区的员工可以用远程连接模式进入同一桌面，用同一

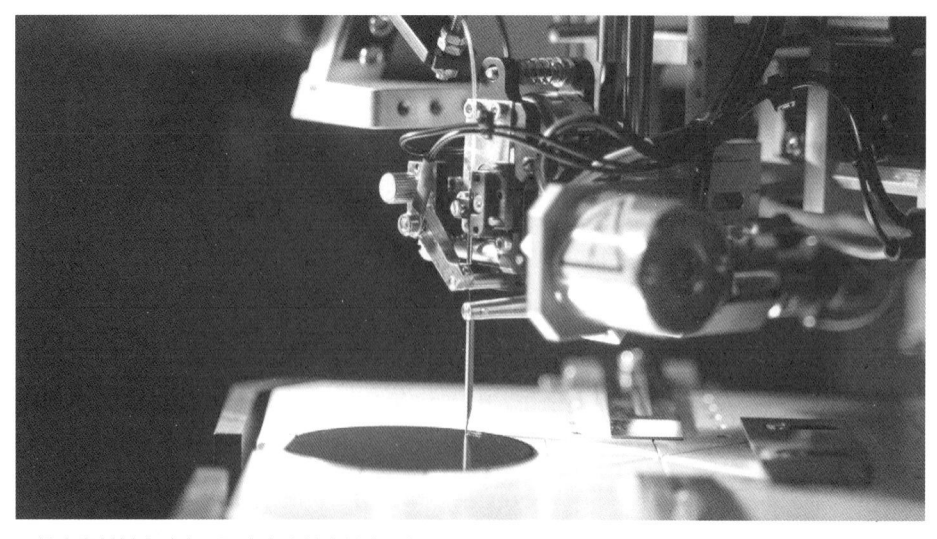

◇松山湖材料实验室汇聚众多高精尖技术设备

套流程工作，大大提高沟通效率。"罗国玺表示，在生产环节，车间报工已采取了数字化改造。总体而言，车间数字化整体仍处于初步阶段，原因是每一代生产设备的复杂程度各不相同，因而数万台设备自动化需要时间。"如果我们做新的厂房就会提前介入，让所有设备都上'云'，可以远程监控效率、能耗等。"在他看来，数字化战略的实施主要看企业工厂规模，更为关键的是看老板的态度，如果老板有概念，就会很好地推动下去。

持类似观点的还有东莞市首席信息官协会会长张庆云："在我们的'O讲堂'，面向企业CEO，我不会跟他们讲什么投资金融，我讲的是数字技术如何支撑企业发展。"随着企业发展，不同阶段需要有不同管理方法，要有相应系统或者平台来支撑。企业投入会持续增加，对企业数字化团队的能力要求也会越来越高。"企业数字化转型它没有终点，只有起点。"

《东莞市数字经济发展报告（2022年）》显示，目前莞企实施的数字化转型项目大多属于"订单拉动式"，抽样调研结果显示，30%的企业对工业互联网概念不了解，57%没有上"云"上平台意愿，超过90%的企业在创新领域不敢投入或找不到方向。这就是常说的"不想""不敢""不会"。

张庆云分析，其实"不想""不敢"很大程度是与上"云"这一环节相关，第一个原因是企业主担心核心数据的安全问题，最早期上"云"的属于财务数据，不少企业主会觉得财务数据是内部机密，进而到生产工艺流程、研发数据也不愿意放在"云"上。

第二个原因是车间生产对网络宽带要求非常高，如果在生产过程当中，数据掉包了，那就很麻烦。"如同走一条坑坑洼洼的高速公路，怎么也开不到120公里每小时。"张庆云强调，这就要求网络基础建设一定要跟上，另外，相关的法规也要跟上。

东莞实践　数字化帮助企业获取新能力

在数字化已然成为企业发展的必答题的当下，在业界看来，需要更多案例去解决企业的"不想""不敢""不会"，东莞就在这样实践。当前，OPPO、vivo等龙头企业已积极开展数字化和智能化改造转型升级，树立了国家、省级数字化转型典型示范，扮演着探路者和示范应用者的角色。2022年，东莞市遴选第一批智能工厂（车间）项目32个，并建立拥有140家"东莞市智能工厂

（车间）"的重点培育企业库，加快制造业数字化转型步伐。

德普特就是其中一家智能车间（工厂）。"订单要求向多品种、多批次、小批量、快交付、性价比优转变。市场蛋糕越来越小，竞争越来越激烈，要从中分到一杯羹，我们必须要去转型。"德普特副总裁陈诚表示，2019年，德普特正式提出数字化转型升级，产品直通良率从2021年初的79.28%提升至目前的92%，车间制造成本每月将节约近100万元。

同样因为订单需求多样化，虎彩也开启了转型升级。从2018年起，虎彩集团持续投入数字化转型，与2018年初相比，2021年底虎彩整体产能提升15%，单工厂日均订单处理能力提升至50 000单。

数字化打开更大的市场空间。金蝶中国工业互联网方案专家计晓军表示："制造业企业在数字化转型中需要重新确定生产要素，更需要新的管控点覆盖企业全流程，以此铺平迈向'专精特新'企业的路径。"制造业企业转型后将在服务、成本、研发、营销、生产、质量等方面获得新的能力。

赋能体系　　全面实施数字经济发展战略

需求端在强化，供给端也要跟上。"我市数字经济核心产业结构相对单一，软件产业发展基础相对薄弱。"《东莞市数字经济发展报告（2022年）》显示，本土从事工业软件研发和销售的仅有盘古、数夫、先知、杰诺、震坤等少数几家生产制造类软件企业，且总体规模较小，市场占有率很低。

针对这一环节，东莞采取的是"以需引产""以政促产"的模式。具体说来，东莞以制造业闻名，这里有21万家工业企业，其中规模以上工业企业有1.3万家，数量稳居广东省第一。在制造业数字化转型的浪潮中，东莞拥有广阔应用场景和制造业升级的庞大市场需求，这可以说是东莞产业数字化的最大底气，也是数字产业化的最大机遇。

建设松山湖开发者村，认定东莞华为制造业数字化转型赋能中心、东莞思爱普（SAP）制造业数字化转型赋能中心两家市级赋能中心，打造4家制造业数字化转型促进中心，组建东莞市工业数字大厦，集聚数10家数字化转型服务商，构建完善数字化赋能体系……东莞一直在营造氛围，撮合供给侧跟需求侧。

其实，制造业基础雄厚，也是东莞提出的建立"制造业引领突围"的数字经济发展模式的基础所在，而制造业通过数字化的赋能，有望展现出新的动能，夯实东莞的经济基本盘。

东莞高位推进数字经济。2022年以来，东莞市聚焦科技创新和先进制造，全面实施数字经济发展战略，先后制定《东莞市人民政府关于推动数字经济高质量发展的政策措施》《东莞市数字经济发展规划（2022—2025年）》等文件，打造数字经济发展政策体系。

《东莞市数字经济发展规划（2022—2025年）》明确围绕"坚持创新引领、做深数字化转型、做优数字产业、释放数据价值、夯实设施支撑"的发展思路，建立东莞市数字经济发展体系，提出到2025年，全市数字经济核心产业规模突破1.3万亿元，实现规模以上企业数字化转型升级全覆盖，高水平建成国际知名的数字经济名城、国家制造业数字化转型示范城市。

公开数据显示，截至2022年8月底，东莞市数字经济总产值6408亿元，总体规模及发展水平居全省前列。过去一年来，东莞推动5000多家规模以上工业企业向数字化转型。在最新公布的一季度经济数据中，东莞数字经济相关板块表现突出，软件和信息技术服务业增长285.8%。

东莞正按照规划，朝着1.3万亿元的产业规模，全速前进。

【对话】

东莞市首席信息官协会会长张庆云：积极参与广州深圳"双城联动"发展

在东莞制造业数字化的过程中，将产生大量的数据，这些数据将如何被收集、分析和利用，进而反向推动数字经济的发展？数字经济是企业的必答题，也是城市的必修路，东莞能否联手大湾区城市，做强经济底盘？东莞市首席信息官协会会长张庆云认为数据挖掘还有相当长的路要走。

◇东莞市首席信息官协会会长张庆云

制造业数字化为东莞带去更多机遇

南都：如何评价东莞提出的"制造业引领突围"的数字经济发展模式？

张庆云：东莞"制造业引领突围"的数字经济发展模式是非常明智和务实的。首先，东莞作为一个制造业强市，拥有完善的制造业产业链和制造业人才储备，因此在数字化转型方面具有天然优势。其次，制造业引领数字经济的发展，可以促进制造业与其他领域的融合和创新。最后，制造业引领数字经济的发展，可以为城市经济的可持续发展提供新动力。总之，我认为制造业引领数字经济的发展是一个非常有前景和可行性的发展模式，东莞市在这方面也已经取得了一定的成绩。

以需引产，招引数字产业龙头企业

南都：《东莞市数字经济发展报告（2022年）》提及，东莞市数字经济核心产业结构相对单一，产业优势集中在电子信息制造业等"硬实力"领域，软件产业发展基础相对薄弱。能否分析出现这一现状的原因，如何扬优势补短板？

张庆云：目前，东莞数字产业化结构主要集中在新一代电子信息制造领域，信息软件、网络通信、大数据、云计算等软件产业分布较少，占比较低，对东莞市产业数字化转型支撑不足。出现这一现状的原因是多方面的，包括历史因素、人才缺乏、市场竞争不足、创新投入不足等。

首先，东莞在过去的几十年中，依靠人口红利带来的优势，将发展的重心集中在制造业，而"软实力"领域的起步较晚，发展的基础相对薄弱。其次，与东莞市传统产业的集中度相比，软件产业市场竞争相对不足。东莞地处深圳和广州中间节点位置，受一线城市虹吸效应影响，东莞存在数字人才在数量和结构上的双缺口，导致"找不到""招不来""留不住"的现状。

针对这种现状，我们需要采取一些措施，扬长避短，以促进东莞市数字经济的全面发展。东莞可借助广东省全力打造国家数字经济创新发展试验区的契机，积极参与数字产业优势地区广州、深圳双城联动发展，发挥东莞市七大战略性新兴产业基地的筑巢引凤效应，尤其是围绕东莞数字经济融合发展产业基地，以需引产，以政促产，招引国内外数字产业龙头企业，培育壮大一批数字化转型服务商；打造专家智库与人才储水池并行，完善人才地图中的数字人才图层。

数据价值挖掘要保护数据安全和隐私

南都：《东莞市数字经济发展规划（2022—2025年）》提及"数据要素价值释放"，关于数据价值释放，你有何建议？

张庆云：在数据价值释放方面，需要关注的一是安全问题，二是法律问题，数据归属，能不能拿去使用，甚至是交易，数据挖掘还有相当长的路要走。在实现数据要素价值的过程中，需要进行数据价值释放。具体的建议如下：

首先，加强数据的收集和整合，推动不同企业之间的数据进行合作共享，以实现跨组织数据的整合和挖掘。其次，发挥数据的潜在价值，以实现业务的优化和升级。根据协会的调研数据分析，未来两年企业在经营管理环节，重点引入的系统排名第一的是BI系统，需求企业占比为17.54%，可见企业已逐步意识到数据分析与应用的重要性，挖掘数据价值，指导企业决策。最后，须保护数据安全和隐私。

联动周边城市，实现资源共享

南都：当前制造业数字化高位推进，广东正大力推进数字化转型省、市、区联动，支持广州、深圳、佛山、东莞等地打造制造业数字化转型示范城市。东莞在大湾区城市中，能否与周边城市联动发展？

张庆云：广州、深圳、佛山和东莞作为粤港澳大湾区的重要城市，在数字经济发展方面都有其独特的特点。

广州作为粤港澳大湾区的中心城市，具有较强的区位优势和产业基础。广州注重打造数字经济新高地，积极推进"互联网+"行动计划，加强数字基础设施建设，发展数字经济产业，推动数字化转型升级。

深圳作为中国的创新中心，拥有许多知名的高科技企业和创新孵化器，如华为、腾讯、中兴等，这些企业在数字经济发展方面发挥着重要的作用。其特点在于着眼于科技创新和创业，推进数字经济发展。

佛山作为珠三角制造业重镇，拥有丰富的制造业资源和产业基础。佛山注重推动制造业数字化转型升级，通过推进工业互联网、智能制造等领域的发展，提高制造业的智能化水平和竞争力。

东莞作为制造业大市，在制造业方面拥有雄厚的实力和资源优势，是全球最大的电子产品制造基地之一。东莞注重推动数字技术与产业深度融合，打造制造业数字化转型示范城市。

在大湾区城市中，东莞在数字经济发展方面与周边城市也有很好的联动合作。例如，东莞与深圳合作建设了大湾区创新创业加速器和人工智能应用创新中心，推动科技创新和数字化转型，促进产业升级和发展。此外，东莞还与佛山合作推动智能制造和工业互联网发展，加强数字经济与制造业的深度融合。东莞可以与周边城市联动合作，实现资源共享和优势互补，共同推动数字经济和制造业的发展，形成协同发展的格局。

第六节　东莞大朗：引领毛织产业华丽转身

实施"大朗优选"品牌行动，突破缺少品牌的发展瓶颈；在省外布局1700平方米纱线展厅；帮助毛织企业走出去，3天"狂揽"订单6700万元……为引领东莞大朗毛织华丽转身，2023年以来大朗频频"放大招"。

作为制造业重镇的大朗，以"中国羊毛衫名镇"闻名全国。当前，东莞大朗全力推动毛织产业转型升级，实施"大朗优选""数字赋能"等六大行动，努力打造千亿元级的纺织服装产业集群核心区。

抢订单、拓市场　企业赴省外参展交流　组团参加印尼展览会

2023年初，大朗镇毛织管委会拟定产业规划行动纲领，计划实施六大行动，引领大朗毛织华丽转身。六大行动中的"行业活动"发声行动提到，要"走出去、引进来"，全方位参与到"国内大循环和国内国际双循环"的竞合之中。

"帮助企业走出去！"2023年以来，为推动大朗毛织高质量发展，大朗频频组织企业外出参展交流、在省外布局展厅等，进一步打响大朗毛织在海内外的影响力，帮助企业开拓市场。

2月以来，大朗镇党委书记郭怀晋多次率政企代表团外出交流。2月下旬，郭怀晋带队专程拜访中国纺织工业联合会，中国纺织工业联合会会长孙瑞哲表示，中纺联各部门和各专业协会都将为大朗毛织产业发展提供专业化的服务，共同推进大朗毛织产业高质量发展。3月下旬，郭怀晋还带队前往浙江、上海考察。同时，大朗还在浙江桐乡濮院布局省外纱线展厅，另有80余家大朗毛织企业在上海参展。

3月27日，占地1700多平方米的东莞大朗毛织纱线创新展厅（濮院）及大朗优选纱线展馆（濮院）在浙江桐乡濮院揭牌，50多家大朗纱线优选企业在此

◇东莞大朗布局在浙江桐乡濮院的纱线展厅

亮相。郭怀晋表示,布局省外展厅,其实也是帮助大朗企业走出去,更好抢订单、拓市场。

在3月28日的中国国际针织(春夏)博览会上,大朗共有81家企业组团参展,大朗展厅的面积达到1550平方米。

除了在省外参展交流,企业组团出海参展也被提上议程。3月29日—31日,大朗镇还组织10家毛织服装、纺织机械及纱线企业参加印度尼西亚国际纺织及服装机械展览会。展会上的海外客户意向订购大朗纺织设备约900台,大朗纱线1200吨。短短3天,大朗毛织企业就斩获意向订单超6700万元。

东莞市大朗镇毛织管委会党支部书记任斌彬表示,疫情防控政策优化以后,企业外出参展的意愿更强了。3月起,大朗毛织管委会也陆续组织企业前往上海、东南亚、欧美等地参展。

产业链集聚　聚集企业22 835家　年销售额超600亿元

一根毛线,织出一个产业链。1979年,从引进第一家"三来一补"毛织企业开始,东莞市大朗镇用40余年"织"出了一个全国最具规模、产业链最完善的毛织产业集聚区。

在大朗街头,毛织工厂、门店和广告牌目不暇接,这里不产一根毛线,却有"全球每5件毛衣就有1件产自大朗"的说法。

过去一年，大朗镇还全面打响"大朗毛织"区域品牌建设，出台2000万元市镇专项资金管理办法，打造市纺织服装产业集群核心区。充分链接中纺联等行业资源、上海POP设界等时尚资源，搭建大朗毛织创新服务平台，推出"大朗毛织宣传达人计划"。

大朗还成功通过第五次"中国羊毛衫名镇"复评，获得"中国服装品牌孵化基地""东莞市区域品牌示范区"等称号，大朗毛织的知名度和美誉度进一步提高。

如今，大朗与毛织产业有关的行业协会共有五个，分别是东莞市毛纺织行业协会、东莞市纺织机械行业协会、东莞市纺织纱线行业协会、东莞市毛织服装设计师协会以及东莞市大朗电子商务协会。五大行业协会分别在各自领域发挥作用，各司其职，同时又相互联系与帮助，共同为大朗毛织的发展作贡献。

"截至2023年2月，东莞大朗累计聚集纺织服装企业22 835家，规模以上纺织工业企业近200家，规模以上工业产值64.5亿元，全产业链年销售额超600亿元。"任斌彬介绍，经过多年发展，大朗已然成为东莞乃至全国有名的毛纺织工业重镇，曾荣获"中国羊毛衫名镇"等18张毛织类国家级名片，近年还发布全国首个毛织行业指数，打造全省首家毛织人才驿站。大朗毛织已成为东莞最具特色的产业品牌和城市名片之一，在国内毛纺织行业中占据重要地位。

产业升级　补齐产业发展短板　迈向千亿元级产业集群

在大朗，一件毛衣从设计到大批成衣做好并出运，最快能在2到3天内完成。如此快速的反应能力，背后是毛织产业发展多年形成的高度产业链集聚。最新数据显示，大朗年产毛织8亿件，大朗不仅是全国最成熟的毛织产业链聚集区，还是全球最大的色纱画师纱现货交易研发中心。

如今，大朗毛织已形成"小企业，大产业"的特征，从产业集聚到产业集群，产业升级路上，仍有一系列发展短板需要补齐。未来，大朗镇将全力推动毛织产业转型升级、华丽转身，聚焦品牌化、时尚化、智能化、数字化，实施"大朗优选""数字赋能"等六大行动，努力打造千亿元级的毛纺织服装产业集群核心区。

任斌彬介绍，目前，大朗毛织缺乏具有行业带动力的龙头企业和知名品牌。而今年的"大朗优选"品牌行动将筛选一批产品卓越、质量过硬、设计新颖、工艺精良的大朗毛织企业（产品），通过品牌孵化培育，以品质优选扭转大朗毛织"品牌缺少"的发展瓶颈，将"大朗优选"品牌打造成为著名的纺织产品区域公共品牌。2023年3月下旬，"大朗优选"发布会在上海举办。

人才是产业发展的重要支撑。任斌彬坦言，大朗处于广深之间，具有区位优势，同时也面临更激烈的人才竞争。根据毛织行业的实际情况，"本地培养+异地定制"将是大朗毛织人才来源的主要方式。未来，大朗将充分利用本地及周边服装类教育资源，加强校企融合深度，鼓励相关企业和单位参与计划，为集群定制人才。2023年3月中旬，大朗毛织产业学院正式揭牌运营，每年将为大朗毛织培养输送30名以上设计专业应届生。

而在电商直播方面，大朗在六大行动中提到2023年3月要选定物业并提交方案，计划建成一个约2000平方米的大朗毛织跨境电商"创客中心"。

此前郭怀晋也表示，大朗计划由镇党委牵头规划，在大朗毛织贸易中心选定物业，打造大朗毛织跨境电商"创客中心"，为毛织创业者提供一个良好的创业场所，大力开展电商品牌、设计工作室的培育。

郭怀晋还介绍，未来大朗也将更多依托智能吓数、3D设计展示、云上数据库、数字化供应链等数字化平台和技术，加快推进大朗毛织产业的数字化进程，赋能大朗毛织产业，推动其实现从机械化到数字化的转型升级。

【对话】

东莞市大朗镇毛织管委会党支部书记任斌彬：打响"大朗毛织"区域品牌

2023年，毛织管委会将继续打响"大朗毛织"区域品牌，推动毛织产业高质量发展。

直面机遇与挑战，六大行动助力高质量发展

南都：疫情之后，大朗毛织面临哪些机遇和挑战？

任斌彬：在经历疫情之后，大朗毛织迎来了新环境和新气象，镇街发展充满机遇。各级政府对经济发展高度重视，全面实现高质量发展，这也是今年大朗镇发展的主旋律；中国纺织工业联合会、上海设界等各界资源的注入，为我们产业高质量发展提供有力帮助。2023年我们会多维度多方面整合产业，助力大朗毛织高质量发展。

开年大家都觉得市场生机勃勃，往年大朗的毛织企业都是过完正月才复工，2023年有些老板从大年初六就开始陆续回来了，一些员工过完元宵也陆续回到岗位。

当然，产业发展也面临挑战，大朗面临三个难题。一是缺乏大企业大品牌，目前大朗本土毛织质量仍然不高，还有很大的提升空间，龙头企业、大品牌也相对较少，仍未诞生高价值品牌；二是企业独立研发能力相对较弱，大朗毛织产业的一个重要特点是小企业、大产业，大多数中小企业缺乏独立研发能力；三是产业高素质人才紧缺，优质的电商团队、销售团队不多，这些都是我们接下来的重点工作。

◇东莞大朗毛织管委会党支部书记任斌彬

近期，受国际形势的影响，出口的订单减少。工厂老板还反映，目前存在招工难的问题，我们缺的不是普工，而是优质的电商团队和研发设计团队。销售的人才也不多，企业一直做加工，本身销售人才缺乏，这对于做品牌来说也不利。

大朗经济再发达，和一线城市相比，对设计师人才的吸引力也比较低，缺乏流行元素和时尚的底蕴，这些恰恰是设计师需要的。有时候，企业高薪聘请，也难以留住人才。夹在广深中间，有区位优势，但是人才竞争也更激烈，所以我们要自己培养设计师，用钱、用情感把他们留住。我们的毛织产业学院未来也会着力培养电商、销售方面的人才。

南都：毛织管委会将采取哪些措施，助力行业高质量发展？

任斌彬：为了更好地助力行业高质量发展，2023年，毛织管委会将围绕经济社会发展"三驾马车+一条主线"的工作思路，全面打响"大朗毛织"区域品牌，聚焦品牌化、时尚化、智能化、数字化，推动毛织产业高质量发展，优化完善毛织产业"十四五"规划。

结合新形势下面临的机遇和挑战，我们将实施"全球市场"拓展行动、"数字赋能"升级行动、"新锐人才"培养行动、"大朗优选"品牌行动、"行业活动"发声行动、"服务平台"赋能行动等六大行动，扬长避短、补足短板，高标准打造东莞乃至全国全省的纺织服装产业集群核心区，推动毛织纱线和机械产业联动升级，力争将毛织纱线产业培育成为行业领军标杆，努力推动毛织产业向千亿元级产业集群迈进。

通过"大朗优选"打响品牌，改变外界传统印象

南都："行业活动"发声行动中提到要带着企业"走出去"，2023年带着企业外出参展是不是毛织管委会的重点工作和规划？

任斌彬：在2019年以前，企业外出参展都是常规动作。只是由于疫情，已经三年没有出去了，所以今年就会显得隆重些，企业出去的意愿也更强。3月28日在上海的2023中国国际针织（春夏）博览会，大朗展团有80多家企业抱团参展，展厅面积一共1550平方米。在展厅里面我们大朗的元素很足，大朗的企业都聚集在一起，对大朗毛织也起到了很好的宣传作用。

南都：为什么会推出"大朗优选"品牌行动？未来的计划是怎么样的？

任斌彬：大朗毛织之前以加工为主，一些外单的单价都不会太高，外界的印象是单价不高的产品质量也不会太好。久而久之，外界对大朗毛织的认知也停留在低端产品阶段。我们选一批优质的企业、优质的产品，通过"大朗优选"这个概念往国内外输出，打响品牌，改变大家对大朗毛织的传统印象。

理想状态是无论B端还是C端消费者，都可以通过"大朗优选"App直接下单采购，无须再来大朗进行实地挑选采购。

政府是业务员，"大朗优选"是个篮子，企业（好的产品）是鸡蛋。我们用这个篮子提着挑选的优质产品到处跑，别人对我们的企业有合作意向后，就由企业负责对接跟进。后续，大朗的资金和政策倾斜也都会围绕"大朗优选"。

南都：打响"大朗优选"这个品牌的过程会不会比较漫长？

任斌彬：我们今年把"大朗优选"这个品牌推出来让大家知道，3月也在上海举行了"大朗优选"发布会，选定首批"大朗优选"企业，未来会带他们外出参展或是推介会。下一步计划把App的服务做出来，计划在2—3年内，"大朗优选"成型。

搭建公共服务平台，为企业发展提供配套

南都： 大朗毛织为了产业发展设了不少公共平台，他们的效果如何？

任斌彬： 我们有很多平台，一些平台经过检验之后，效果没达到预期，也就停了。根据产业的发展也不断有新的平台产生，之前我们还做了全省首个毛织人才驿站。

大朗毛织人才驿站是由大朗镇毛织管委会牵头发起，联合相关社区（村）共同组织实施的，着力打造为毛织专业人才提供免费住宿、就业指导、人才交流等相关服务的综合平台。相关专业的高校毕业生来到大朗，如果有企业的面试通知书，或者实习材料等，我们的驿站可以免费提供一个星期的住宿，可以直接拎包入住。

驿站内还提供很多就业信息，以及大朗毛织的纪念品、镇长的一封信等等，我们希望通过员工关怀吸引人才，也为人才提供便利。驿站成立之初，就有70多人入住。

我们还做了一个毛织产业学院，是和东莞职业技术学院、企业合作的实训基地。设备由企业投资，东莞职业技术学院提供师资和教材，政府补贴场地租金。

2022年，有21位同学在这里实训，其中几名特别优秀的同学毕业后在人才供需会直接和企业签订了合同，余下十多位当时也被企业约定试用，企业对他们是认可的。

南都： 大朗对毛织的龙头企业有一定的培养计划，能否详细介绍政府方面的产业配套措施？

任斌彬： 龙头企业肯定有带动和标杆作用。我们通过"大朗优选"，选一批优质有潜力的企业重点培养，希望从中培养出独角兽企业，进而产生带动作用。政府再从销售、研发、设计各方面给予政策支持。

小企业方面，政府搭建平台为他们服务，解决其发展过程中面临的问题，如毛织产业学院、人才驿站等。我们现在组织企业外出参展，也会和展会方沟通，争取到更好的展位给企业，这也是一种助力和服务。

第七节　东莞长安：全球不锈钢饰品，九成出自这里

2023年5月18日至19日，中国-中亚峰会在陕西西安举行。在开幕前的5月13日，中亚五国元首峰会随行采购团一行45人，专程到访了位于东莞长安的东莞市五金饰品行业协会。采购团对长安饰品企业的产品设计、工厂硬件设施、生产车间的制造条件、产品的生产速度给予了高度评价。"以前我们要从欧洲进货，没想到今天能直接看到这么棒的源头工厂！"

这一切认可的获得，都离不开长安五金产业的深厚基础。地区生产总值常年排在东莞前列的长安镇，除了以OPPO和vivo等企业为代表的电子信息产业，还有五金产业这一强力发展引擎。长安镇是华南地区重要的机械五金模具产业制造和流通集聚区，还是中国饰品的发源地产业中心点，更是全球90%的不锈钢饰品的供应区。

因地制宜　发扬本土原有产业优势　长安饰品大放异彩

东莞长安，地处粤港澳大湾区和广深科技创新走廊的重要节点，区位优势明显，工业实力雄厚，经济发展强劲。据东莞长安镇经发局数据显示，2022年，长安镇规模以上工业总产值2 733.3亿元，其中电子信息和五金模具两大主导产业的工业产值比重超过全镇规模以上工业产值的91%。经过多年培育，长安成为华南地区最重要的五金模具产品集散地之一，在全国乃至世界的机械五金模具行业中享有盛名。

发达的五金模具产业，正是五金饰品的发展基础。

长安的五金饰品最早起源于20世纪80年代初的锦厦社区，改革开放政策为东莞吸引了首批饰品行业的港台商人前来投资建厂，自此，中国的五金饰品行业在东莞长安发源。不同材质的五金饰品在长安大放异彩，良好的产品工艺和品质口碑，也使长安成为高奢品牌的代工生产基地，为长安积淀了扎实的产业基础。

经过多年的发展，长安拥有了一条涵括开发、原材料供应、物流配送和产品销售的完整产业链，成为中国饰品行业三大重要产销中心之一。此后，长安饰品还向全国输送饰品生产技术、设备、人才等，国内逐渐形成了东莞、义乌、广州、青岛等饰品产业集群。

其中，长安五金饰品产业主推的不锈钢饰品最为知名。不锈钢饰品一般以医用不锈钢为基材，亲肤、不褪色、无公害电镀，逐步成为全球五金饰品的首选基材，市场份额也逐年提高。

而长安3C电子、五金模具的产业基础优势正好契合了不锈钢饰品生产的需求，保障了产业链的不可迁移。凭借完善的产业链优势，东莞长安目前拥有饰品工厂7000多家，配件商铺1000多间，从业人口近10万人，年工业产值约200亿元，许多国际一线饰品品牌在东莞均有合作厂商。

"长安有完整的五金饰品供应链，包括原材料、机器、供应商的加工配合等非常齐备。长安还举办诸如饰品节等展会活动，对我们的饰品工厂、行业发展非常有帮助。"东莞市米雅饰品有限公司总经理于永华说。

近年来，长安大力扶持发展不锈钢饰品这一明星品类，如今长安已是全国乃至世界有名的五金饰品生产重镇、全球最大的不锈钢饰品生产供应地，成为东莞最具特色的产业品牌和城市名片之一。

◇饰品节上的长安饰品文化馆，饰品琳琅满目，前来咨询的采购商络绎不绝

2016年7月，在政府与企业的通力合作下，东莞市五金饰品行业协会在长安正式成立，现已入驻协会平台的企业达7433家，拥有479家协会会员。协会的成立，是东莞饰品行业为加强产业链分工合作、推动产业融合升级及创新发展，提升东莞饰品在全球价值链的地位的关键举措。

为促进产业集聚发展，2016年协会牵头创立了一伴饰品生态园，园区统一规范环保和消防，聚集饰品行业各工序较为优质的小微加工厂，通过统一生产管控、集中采购、资源共享、细分专业、创新激励等方式，为客户有效降低成本、提高产能、保障货期和质量，是行业最大且生产链最完整的饰品园区，形成产业集聚生态，抱团拓展市场。

因利乘便　企业参展紧跟市场需求　引导国内品牌出海

在第十三届中国加工贸易博览会（以下简称"加博会"）上，由东莞市五金饰品行业协会和东莞市长安电子商务协会牵头建设的长安饰品馆凭借靓丽的参展产品引人注目。馆内共有15家长安本地优秀饰品企业参展，旨在更好地凝聚长安饰品企业，抱团发展，擦亮长安饰品的区域招牌，给参展商带来更多的客源和订单。

长安饰品馆占地面积270平方米，各类饰品琳琅满目，前来咨询的采购商络绎不绝。"为了给大家更好的参展环境，我们特别装修了展馆，帮助企业拓展多一点的销售渠道。"东莞市五金饰品行业协会会长助理李爱表示，希望可以帮助企业寻找更多的商机，把长安饰品的品牌推广出去。

值得一提的是，在加博会上，协会还与中亚商贸文化投资促进会达成了战略合作协议，由此打开了除欧美以外的新国际市场，精准共享与把握国家"一带一路"建设机遇，引导国内企业品牌出海走向全球。"东莞市商务局为我们搭建了桥梁，促成了后来中亚五国元首峰会随行采购团前来协会参观并提出合作意愿一事。"东莞市五金饰品行业协会会长冷邑军说。

中亚采购团对长安饰品非常感兴趣，很多人现场就要买样品。采购团还向饰品企业发出热情邀请，希望企业尽快去中亚考察市场。带队的当地官员则表示，可以在当地建市场，有需要的话可以给土地。

冷邑军表示，在"一带一路"大背景下，中国线上商贸范围拓展到了100多个签署了共建"一带一路"合作文件的国家和地区，这与五金制品出口市场

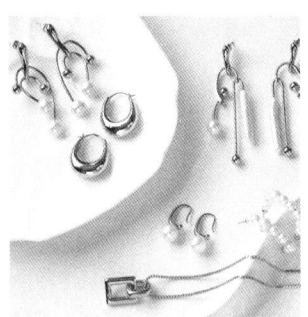

◇东莞长安的文化饰品吸引中外客商采购

多元化趋势完美契合。中亚市场对于长安饰品行业来说是一片全新的天地,非常有开拓价值。

除了外出参展,自主办展也是企业"走出去"的重要途径之一。2023年3月24日,第一届长安国际时尚饰品节暨跨境电商交易会在长安体育馆开幕,时尚饰品展示、线上线下交易、高峰论坛等活动展现了长安饰品产业的巨大规模和深厚基础。

该场活动以饰品文化展览、饰品采购及商贸交流为导向,共设108个展位,涵盖时尚饰品产业链上下游的所有企业类型,现场还举办多场行业高峰论坛活动,旨在打通地区制造业供需匹配的"最后一公里"。长安镇党委副书记、镇长肖洪在活动上表示,长安将一如既往地关心、支持行业发展,打造"国际时尚饰品之都"。

"多参加展销活动,才能打开知名度。做饰品,就要懂得展示自己。"冷邑军说,从"走出去"到"引进来",协会成立以来,积极牵头以组团形式组织会员企业集体参加大型展会,同时也吸引了诸多国内外国际珠宝饰品商家前来长安交流,紧跟市场需求,促进搭建国内外饰品文化商贸交流交易平台,进一步打响长安饰品品牌。

在2023年5月20日的世界珍珠大会上,协会又带着一批长安饰品企业抱团参展,紧密对接全球饰品需求。

因势制策　品牌建设+数字化转型　打造全球五金饰品产业"硅谷"

近年来，在国际竞争激烈的市场形势下，东莞饰品行业也着手全面转型和调整。

冷邑军表示，近来欧美市场订单下降率极快，这对主要从事外贸的企业有很大打击，而相对而言国内市场可挖掘性较强。"我们现在面临着如何带领这些五金饰品企业从外销转内销的问题。"

同时，产品附加值低的问题还待改善。"做代工的附加值是极其低的，附加值的上升幅度也是非常有限的。"冷邑军说，未来市场的开拓是必然需要的，此前与国外客户接触得少，而后将多带领企业尝试"走出去"。相对于诸多企业处于品牌建设的萌芽阶段，行业内已有部分企业正通过电商开始塑造品牌，这一趋势值得肯定。

据了解，长安7000多家五金饰品工厂的产品大多是面向北上广深的贸易公司、杭州、广州及其他地方的电商公司进行销售，销售客群及核心数据基本都在外地，在东莞仅存留着产品的零散数据。冷邑军坦言，希望通过在长安本地推进销售平台建设，把销售数据留在长安，进而打造品牌，把更多的影响力留在长安。

为此，五金饰品行业协会在各类国内外展会中开展卖家线下时尚饰品展览、饰品采购、行业高峰论坛、线上行业交易会、直播走秀等系列主题活动，积极扩大宣传面，以便企业能更精准对接选品贸易需求。

在数字化建设上，五金饰品行业也有所行动。因为五金饰品行业中多数是规模较小、管理较弱的中小型企业，2022年起，协会逐步开展协助企业组建数字化平台的数字化建设工作，目前协会的公共服务平台上已入驻超7000家企业。据了解，平台上的企业都已接受协会协助的数字化改造，改造覆盖工厂管理、配件采购、产品销售等整个产业链上下游所有环节。

冷邑军表示，从市场走向来说，未来五金饰品产业需要加紧步伐拓展国内外市场，同时引导优质企业加快品牌建设，培育五金饰品的"链主"企业，并助力一批企业产品向价值链中高端迈进，助力长安打造全球五金饰品产业"硅谷"。

【对话】

东莞市五金饰品行业协会会长冷邑军：助力长安打造"国际时尚饰品之都"

东莞市五金饰品行业协会（以下简称"协会"）会长冷邑军表示，为了推动企业更好地"走出去"拓展市场，协会将持续积极组织企业外出参展，大力促进行业品牌建设及数字化改造，助力长安打造"国际时尚饰品之都"。

谈挑战　鼓励企业建设品牌，将带领企业尝试走出去

◇东莞市五金饰品行业协会会长冷邑军

南都： 目前整个行业面临的最大挑战是什么？如何补短板扬优势？

冷邑军： 目前面临两个方面的挑战，一方面是市场变化。欧美市场因为国际环境的影响，订单下降率极快，这对主要从事外贸的企业而言有很大打击；国内市场相对而言宽广而具挖掘性。所以，我们现在面临着如何带领这些企业从外销转内销的问题，努力协助企业度过"寒冬期"。

另一方面是产品附加值低的问题还待改善。我们希望从品牌建设方面为企业服务，使他们不仅仅能在欧美的市场上所向披靡，也可以面向国内市场以及其他国际市场更大力度地投入宣传。我们会着力从"一带一路"来拓展市场，中亚采购团访问后，我们将带领企业尝试走出去。

总而言之，从市场走向来说，面对两个挑战，我们有三个举措：一是拓展其他国际市场，二是拓展国内市场，三是品牌建设。

南都： 对于五金饰品产业的品牌建设，协会将如何推动？

冷邑军： 国内许多做代工服务的工厂，产品大多是非常优质的，却没有通过品牌建设以增加产品附加值的意识。即便意识到了，大多也不知道如何起步。协会鼓励企业朝品牌建设的方向发展，朝价值链中高端迈进，努力从"OEM"（代工）到"ODM"（贴牌）再转型到"OBM"（自主研发）。我们要用好东莞长安的产业货源优势，脚踏实地铸造企业品牌，打造区域行业品牌聚合化，分享品牌建设经验，树立品牌建设标杆。

相对于现在诸多企业还处于品牌建设的萌芽阶段，现今有部分企业已经开始建设品牌，比如与我们一同接待中亚五国采购团的品牌企业米雅饰品公司，它正在借力佛山的电商开始塑造品牌形象打开市场，是品牌建设较好的企业范例。

谈政策　希望借园区平台抱团发展

南都：协会是如何通过公共平台来服务企业发展的？

冷邑军：成立以来，协会牵头以组团形式组织会员企业集体参加大型展会，组织会员企业及行业同仁参加优秀品牌展会观展活动，挖掘新赛道、探讨新模式，充分展示和提升长安五金饰品产业辐射力、行业竞争力。2023年，我们还开始帮助企业进行数字化发展，现今饰品协会已经拥有公共平台，已入驻超7000家企业。

南都：近年来政府方面对于五金饰品产业环境的政策扶持力度如何？

冷邑军：为培育五金饰品行业，从跨境电商到举办或参与展会，从市到镇政府都给过我们很多支持。比如2023年3月24日举办的第一届长安国际时尚饰品节暨跨境电商交易会，这一次活动的顺利开展完全依靠于政府的扶持，也让社会各界看到了这一行业的规模所在。在刚刚结束的加博会上，协会还承办了"东莞制造"品牌中心——外贸优品拓内销交流会。这些都是非常好的展示机会。

我想提及的是，这一产业还会涉及环保问题。大部分仅有几十个人的小工厂单独达成排放量等方面控制的成本较高，在这方面希望政府能够推出一些举措，比如兴建园区、成立共性工厂之类的项目，让企业能够抱团提升绿色节能水平。现在长安镇诸多不锈钢饰品工厂的许多工序都在广西、阳江以及其他的偏远的地方进行加工，完成加工后再输送回长安本地，这样的转运过程会让整个产业链拉长，成本也大幅增加。

谈发展　长安最缺乏的是货物集散地

南都：长安镇五金产业数据大多是体现在五金模具上，五金饰品方面的数据资料较为缺乏。原因何在？

冷邑军：五金饰品行业体量庞大，但在长安整体工业产值中占比不大，这与五金饰品行业绝大部分的数据没有在政府的平台上留下记录有着直接关系。这是产业制造环境造成的。

长安镇五金饰品行业聚集的7000多家工厂都属于小规模的、"作坊式"的小工厂，经营的产品与生产流程大多比较散碎，数据难以统计。这是受工厂对外直接销售影响的。如直播团队不开票拿货，工厂一生产结束，产品就直接被快递包裹发走了。一直无法得到有效的产业数据，这对产业的持久发展不利。我们希望能够把数据留在长安，首要是把销售端留在长安，只是现今条件还不充分。产品销售需要有人、货场、货，而在长安，人与货物散落在每个工厂里面，没有大型的货物集散地。长安镇中有很多企业在产品完成之后，再前往义乌开店，反而能够得到更高的收益。

为什么我们不能使长安成为饰品的第一手出发站？目前而言，全球不锈钢饰品90%出自长安，可长安恰恰就是没有义乌这样的货物集散地作为销售点，也就不会有销售的数据。所以我们最为缺乏的、最为需要的，就是货物集散地。若以长安为销售端，就容易获得五金饰品的销售数据，整个行业将很快呈现出它应有的模样来。

南都：饰品行业未来有什么样的发展愿景？

冷邑军：爱美之心人皆有之，饰品行业是永不落幕的行业。此前受疫情影响订单量下降，但现在已呈现复苏局面。长安饰品节上，一位采购商告诉我，活动两天已现场下单超过1000万元，年内陆续下单将超过1亿元，可见饰品市场火热。加上本次中亚采购团来访，效果反馈也是非常好的。

与需要传统电镀的其他金属比较，我们的不锈钢饰品使用了更加环保的真空电镀。不管是从市场环境，还是从产品及工序本身，不锈钢饰品行业都是朝阳行业，而且一定会发展得非常快速。整体而言，五金饰品行业的从业者对不锈钢饰品行业的前景都是很看好的，特别是2023年开局顺利，我们非常有信心。

第八节　东莞大岭山：中国家具出口第一镇

"全国家具看广东，广东家具看东莞。"家具行业流传甚久的一句话，凸显了东莞家具制造的优势和实力。

2022年10月，国家工信部发布《第三轮先进制造业集群决赛优胜者名单公示》，佛山市与东莞市联合申报的"佛莞泛家居产业集群"成功上榜，是第三批全国集群决赛中广东唯一入围的产业集群。2023年3月，中国家具协会与东莞市人民政府合作启动共建"世界级家具产业集群"，为东莞家具产业转型升级、适应国际市场新变化提供了新机遇。

在东莞，"源头好家具，大岭山造"的口号，同样深入人心。2022年，大岭山镇家具产业工业总产值占全市家具制造业工业总产值的9.3%。

作为东莞市家具产业集群核心区，高峰时期，大岭山的家具出口量，一度占全国家具出口量近1/7的份额，被誉为"中国家具出口第一镇"。如今，大岭山家具产业正朝着集群化、绿色化、品牌化、数字化、智能化的方向不断发展壮大。

接下来，大岭山如何坚持深耕厚植家具制造，又将如何打造全产业链集群？

全国领先　连续11年家具出口值居全国乡镇首位

在中国家具协会官网的"产业集群"部分中，对东莞大岭山的介绍是"中国家具出口第一镇"。这个位于东莞市中南部、面积95平方公里的镇街，拥有五大支柱产业及四大特色产业。家具，是其中的特色产业之一。

2004年10月，大岭山分别被中国轻工业联合会、中国家具协会授予"中国家具出口重镇"和"中国家具出口第一镇"的称号。媒体的公开报道提及，那一年，大岭山拥有亚洲最大的家具出口企业，全镇300多家家具企业当中，70%为合资企业，18%为港资企业，12%为内资企业，产品90%出口，每天有120个货

◇近年来，东莞大岭山镇鼓励家具企业加大智能制造和科研创新投入。图为企业的"智慧"车间

柜的产品销往世界各地。据到岸地海关统计，2003年大岭山镇家具出口总值为13亿美元。

当年，大岭山还建立了完善的家具产业链，有东亚地区最大的木材市场、全球最大的贴面料加工厂、中纤板加工厂、台桌生产厂、五金配件厂、日本最大的DIY涂料生产厂、全球销量最大的阿克苏诺贝尔涂料等。

2005年，大岭山全镇家具出口总额超过18亿元，连续11年出口值居全国乡镇第一位。2007年7月，大岭山通过了中国家具协会的审核，蝉联"中国家具出口第一镇"的荣誉称号。

回望20年前，"13亿美元"的家具出口总额或许不算多，但不可否认的是，正是当年的它们为大岭山以及东莞的家具产业打下了扎实根基。

统计数据显示，1990—2000年这短短十年间，大岭山镇引进了港台及海外200多家家具企业。其中，"台升家具"投资2亿元，占地400多亩，厂房面积达20万平方米；振德家具公司、震兴家具公司投资2亿元；香港首家上市的家私装饰企业达艺家私厂也在大岭山投资过亿元。这批重量级的家具企业，奠定了今日大岭山镇家具产业龙头地位的基础。

此后，大岭山对外资企业的吸引力持续增强。招商的目标，从早期的中国台湾、香港地区，再到美国、日本以及东南亚等国家，还有国内优秀的民营企业。比如，在东南亚地区享有盛誉的富运家具、金石家具、大政家具、立富家具、大宝家具、鼎盛家具、明辉家具等企业，均相继入驻大岭山镇。外资企业在大岭山镇落户后，又产生强烈的聚集效应，吸引了一大批配套企业、上下游企业前来投资办厂。

产业转型　"出口""内销"两条腿走路形成完整配套家具产业链

但是，一路高歌猛进的大岭山家具产业并非一帆风顺。2008年席卷全球的金融危机，让大岭山的家具"出口"光环不再持续耀眼。加上同期原材料上涨、人力成本上升，要想解决"为他人代工"的困境，唯一的突围路径是"产业转型"，开拓国内市场，减少国际贸易不利因素带来的影响和冲击。

大岭山提出，要改变家具产业"墙内开花墙外香"的局面，将大岭山"中国家具出口第一镇"的荣誉变为"中国家具第一镇"。

两个荣誉称号，虽然只相差两个字，但承载了大岭山镇历届各级党委、政府及众多家具从业人员的艰辛付出。

2008年以前，以外销为主的洋臣家具在内销市场基本一片空白。2009年3月，洋臣家具首次通过展会推出了洋臣A家家具品牌。短短一年半时间内，洋臣家具新开近500家专卖店。2011年上半年，洋臣家具已在国内拥有850个专卖店，成为国内家具市场中的领军企业。

与此同时，奋力转舵的大岭山推出"出口转内销"战略，喊出了"拓展内销、承继外销、促进转型、加大招商"的口号，实施"50强民营企业""10强民营龙头企业"扶优扶强计划，帮助企业技术改造、品牌创新、筹备上市；加大对高端产业的引进，并鼓励企业拓展内销市场，提升自主研发能力，每年选取30家企业列入名牌培育库，实行分类指导、递归管理。

到了2012年，大岭山镇的家具企业把分店开到了全国各地。在全国拥有300家以上品牌专卖店的包括富宝、运时通、洋臣、佳居乐等企业；100至300家品牌专卖店的有台升、富运、元宗、富佳华、豪兴、迦南、金茂达等15家企业。

"出口+内销"两条腿走路，让大岭山家具产业的发展步伐日趋稳健。

2021年11月，大岭山家具产业入选东莞市优势传统产业集群核心区；2022年10月，国家工信部发布《第三轮先进制造业集群决赛优胜者名单公示》，佛山市与东莞市联合申报的"佛莞泛家居产业集群"成功上榜，成为第三批全国集群决赛中广东唯一入围的产业集群。这也是继智能移动终端、智能装备之后，东莞第三个上榜的产业集群。

大浪淘尽千帆过。截至2023年5月，大岭山现有家具企业390余家、规模以上家具企业84家，拥有A家、佳居乐、运时通等76个知名品牌，从业人员超10万人。

以家具行业协会为牵引，大岭山引进一批上规模且高质量的化工、涂料、五金、皮具及木材企业，形成完整配套的家具产业链。其中，包括20年前便已进驻的世界500强企业——阿克苏诺贝尔涂料，华南地区久负盛名的木材供应市场——吉龙木材市场，规模较大的家具五金市场——大诚家具五金批发市场。目前，木工机械产业也在大岭山镇逐渐形成集群。

匠心传承　智能化、自动化的同时实现传统技艺传承与沉淀

近年来，东莞市和大岭山镇对家具产业发展日益重视，大岭山家具协会会长、广东福临门世家智能家居有限公司董事长梁晓东对此感受颇深。

在市级层面，东莞通过强化推动优势传统产业高质量发展的顶层设计，引导企业往高端化、数字化、品牌化、绿色化发展，最后形成集群化发展格局，推动优势传统产业转型升级；镇级层面，大岭山以被评为"东莞市家具产业集群核心区"为发展新契机，设立"支持产业集群发展项目"，出台奖励办法，用于支持大岭山镇家具企业和产业的发展。

在这样的背景下，紧跟"互联网+"的步伐，家具企业也"赶上"了数字化转型带来的发展红利。梁晓东介绍，福临门世家开发了一套智能订单体系，利用数字化赋能，从订单发起到交付能在七天内完成，"这一系统的使用，彻底改变了生产模式，福临门世家能够实现按订单生产，改变以往先生产后找客户的模式，减少了库存，提升了产品效能"。

随着数字化管理系统的上线，福临门世家经销商端使用软件下单到工厂，工厂接单后经过系统报价、转生产单、排产、采购一系列供应链流程，能把订单因信息传递导致的错误率降至1%以内。在发货环节，从扫码执行到成品入库

出库，能有效地减少货物错发，发货准确率达99.9%。

福临门世家的变化，也是大岭山镇家具行业推动数字化赋能企业管理的缩影。近年来，大岭山着力打造集研发设计、加工制造、销售流通、服务配套、家具基地等为一体的全产业链集群。在2023年大岭山家具产业高质量发展品牌盛典启动仪式上，大岭山镇推出了家具产业升级行动计划。

按计划，大岭山将积极引导家具龙头企业率先启动数字化转型，开展智能家居研发生产，推动传统家具产业向数字化、高端化、智能化、绿色化、品牌化发展，争取到2025年，形成产业特色鲜明、创新要素集聚、网络化协作紧密、生态体系完整，具有全国影响力和竞争力的家具产业集群。

作为传统产业，家具制造涉及的一些工艺技术目前无法用自动化来替代。"家具行业，有它的特殊性。"广东宜康智能家居公司董事长马春毅说，但智能制造肯定是大方向，在智能化、自动化的同时，实现传统技艺的传承和沉淀，是个关键。自动化生产没有替代的，是众多大岭山家具老师傅对匠心制造的传承。

元宗家具研发部门负责人卢启丰是一名生产线上的老师傅。他从1991年开始进入家具行业，到现在已超过30年，现在不管是生产设备、设计软件等都十分先进，但这些并不能代表家具生产的全部。卢启丰坦言，在家具产品方面，好的设计师在某些方面是机器无法取代的，比如沙发的皮板放置、产品用料等，"好的东西必须放在最恰当的位置，这样才能做到最好"。

【对话】
东莞市大岭山镇副镇长黄志立：擦亮"家具名镇"金字招牌

大岭山家具企业出口的产品以木质家具、软体沙发等产品为主，主要出口到欧美地区。除了传统的出口模式，部分企业采取跨境电商的模式进行出口，利用新的平台拓宽销售渠道。

新时代需要新作为。东莞市大岭山镇副镇长黄志立表示，伴随着2021年11月大岭山家具产业入选东莞市优势传统产业集群核心区，大岭山家具行业需要重新定位和再出发，重新擦亮"家具名镇"的金字招牌。

走向数字化、智能化是家具行业未来发展要求

南都：当前，大岭山提出要朝着"集群化、绿色化、品牌化、数字化、智能化"五大方向发展壮大，主要是基于哪些方面的考虑？

黄志立：大岭山被誉为"中国家具出口第一镇""中国家具出口重镇"，拥有众多优秀家具企业和自主自创品牌、驰名商标。但近年来，面对国内外竞争愈发激烈的家具行业领域，大岭山需要提高行业集中度，塑造和打响大岭山家具区域品牌，做大做强大岭山家具品牌。

◇东莞市大岭山镇副镇长黄志立

而且，近年来，在消费升级和技术进步推动下，家具产业呈现融合化、智能化、健康化、绿色化发展趋势。从"传统制造"到"创新智造"，走向数字化、智能化是家具行业未来发展的要求。结合大岭山家具产业的特点和优势以及未来家具行业发展趋势，我们提出，要朝着"集群化、绿色化、品牌化、数字化、智能化"的方向不断发展壮大。

加快实施传统家具产业集群梯队培育计划

南都：新时期的大岭山，为什么会提出加快实施传统家具产业集群梯队培育计划？除此之外，还将有哪些重要举措？

黄志立：我们希望能借此助力大岭山及东莞制造业的高质量发展。依托2022年7月出台的《大岭山镇家具产业集群核心区培育资金管理办法》，支持大岭山龙头家具企业打造工业互联网标杆，支持中小企业核心业务上"云"，对评审入围的高质量数字化项目，给予资金补助。

此外，大岭山还将积极引导家具龙头企业率先启动数字化转型，开展智能家居研发生产，推动传统家具产业向数字化、高端化、智能化、绿色化、品牌化发展，争取到2025年，形成产业特色鲜明、创新要素集聚、网络化协作紧密、生态体系完整、具有全国影响力和竞争力的家具产业集群。

这其中，大岭山将加快实施传统家具产业集群梯队培育计划，加速培育

形成1个10亿元、10个亿元、100个千万元级优势企业集群梯队，展现家具产业从"压舱石"到"顶梁柱"的强劲脉搏。

接下来，我们还将加大大岭山家具的宣传力度，开辟更多工业旅游品牌路线；研究打造"中国·大岭山家具"统一品牌标识并授权辖区企业优质产品使用。同时，帮助企业拓展销售渠道。丰富"大岭山云上家具馆"内容，策划举办电商直播挑战赛，继续举办乐购大岭山活动，帮助家具企业进一步开拓市场。

第九节 中山三角：做强工业"长板"，加快数智化转型

作为连接珠江口东西两岸的重要节点，三角镇与南沙、前海两个自贸区相邻，是中山市"东北大门"工业重镇，2022年地区生产总值突破100亿元大关，迈进百亿镇行列。2023年，三角镇引进了中创集团新材料、新能源及健康医药等一批产业项目，预计总投资超180亿元，这也是三角镇近年来继粤电项目后的第二个百亿级项目。

曾经，三角镇经历发展困境，"迷失的十年"广受诟病。但近年来，三角镇不断突围，2022年多项主要经济指标迈进中山镇街的第一梯队。三角镇是如何做到的？

工业重镇保留着中山唯一化工园区

中山市三角镇有着得天独厚的区位优势，它是连接珠江口东西两岸的重要节点，与南沙、前海两个自贸区"左右逢源"。

作为中山市的工业重镇，过去5年来，三角镇工业投资总额占中山市的比例超过10%，规模以上工业增加值从2017年全市第14位，逐年上升至2022年的全市第五位，工业根基越扎越深。曾经长期徘徊在中山镇街梯队中游的三角镇，如今通过做强做优工业这一"长板"，加快向中山发展第一梯队迈进。

提起工业重镇，不得不提起三角的高平化工园区，这也是中山目前唯一保留的化工园区。高平化工园区已有超过20年历史，是三角镇成立最早、企业集聚度最高、产值最大的工业区。随着时代发展，园区企业产值偏低、用水和排污量大等问题逐渐凸显，加之由于排污设备不完善，企业排放的污水废气对周边居民带来影响，园区一度被列入广东省重点挂牌督办的环境问题清单。

化工企业对三角的贡献并不大，保留成本很高，属地压力不小，还有人提醒保留园区是"犯傻""自讨苦吃"。但三角镇党委坚定认为，不能为了零风

◇ 俯瞰中山市三角镇高平化工园区

险而谈"化"色变，化工也是化危为机的"化"，将来一些新能源、新材料项目必须入园入区，如果没有化工区，就别谈什么弯道超车、换道超车，甚至连上车、上赛道的机会都没有。所以，三角镇决心必须为全市保留这一棵化工独苗，坚信它一定会成长为参天大树、涵养成"元气森林"。

三角镇大力推动电镀、印染、化工等传统产业转型升级，坚持工改、技改、水改"三改"并进，在高平化工园区创新推行排污权"水量"与企业产值、税收挂钩措施。经过治理，高平化工园区企业的发展积极性被充分调动起来。

同时，三角镇通过改造升级低效工业园，进一步拓展高平化工园区的发展空间，着力发展以半导体为主的新材料、电子化学、高端装备、健康医药等新型战略产业，打造中山市乃至大湾区的新材料行业集聚区。

投资过百亿的中创新材料项目落户三角

筑好巢才能引来金凤凰。中山唯一的化工园区的保留，引来投资企业的关注和认可。

2023年2月，中创集团对外发布公告，在粤港澳大湾区选址省级或以上化工园区，投资建设年产60万吨新能源电池材料项目及10万吨超净高纯微电子材料项目，总投资超100亿元。经过考察，三角镇成为中创集团的重点考察对象。围绕中创集团项目需求，结合新材料（原料药及化工）产业园建设，三角镇迅速开展高平化工园区扩区申报、土地收储、规划设计、审批公示等工作，最终实现与中创集团签约。

按照中山市十大主题产业园规划布局，三角镇将建设中山市新材料产业园。新材料产业园区规划总面积为17 735亩，已开发建设用地9702亩，包含新材料产业园起步区、高平化工园区核心区、精密电子线路板集聚区。2023年4月14日，中山市（三角）新材料产业园正式开园。

产业园将围绕装备制造、电子化学、生物医药、精细化工、电子信息等为主的新材料行业，建设化工新材料、高端装备制造和新一代信息技术等主导产业。其中，将建设面积为3000亩的现代化化工园区，园区定位聚焦电子化学品、高端原料药、化工新材料三大化工产品板块。随着融入湾区经济圈的发展要求、承接高新产业转移的建设需求提上日程，园区亟待拓展空间，土地要素紧缺成为制约园区进一步发展的主要瓶颈，产业园计划以空间集约联结、就近扩区方式，将目前"一园四区"连结整合，拓展园区发展空间。

而总投资超100亿元的中创集团项目落户，正引发三角镇产业发展的"连锁反应"。以中创集团为牵引，三角镇将开展靶向招商，发展新材料、电子化学、高端装备、健康医药等战略性新兴产业，形成产业集群效应和生态，立起三角的产业新脊梁。

中创集团总裁郑贵辉表示，此前新能源电池材料项目主要在北方城市布局。中山地处大湾区"黄金三角"，能够大幅缩短企业的运输半径、管理半径、人才半径、交通半径，让企业更加高效便捷地与全球接轨。项目建成后，将成为专业领域内全球最大的生产基地，代表中创集团的全球战略和对高质量发展的承诺，希望未来能在中山打造全球一流的微电子产业创新中心。

持续推进制造业数字化智能化转型

在高平化工园区，走进新一代信息技术产业集群中的重点企业广东依顿电子科技股份有限公司（以下简称"依顿电子"）生产车间，鲜有工人的身影，设备却在按部就班地运行：机械手臂挥舞，自动搬运机器搬运线路板；设备与设备之间实时通信……工厂应用了MES智能工厂管理系统，实现了状态可视化、过程的可追溯性以及改善的可持续性。

依顿电子副总经理易守彬介绍，公司深耕汽车PCB行业，专注于高精度、高密度双层及多层印刷线路板的制造和销售，现有员工近5000人，产品广泛应用于汽车电子、通信设备、消费电子、计算机、医疗工控等行业。近年来，企业全力推进数字化智能化转型，针对技术能力、自动化水平、设备的生产效率、品质追溯等方面进行提升。企业已投入10亿元建设了新厂房，预计未来两三年内将继续投入10亿元提产增效。

易守彬表示，公司将汽车电子和新能源与电源确定为两大核心主业，汽车电子占比超过50%，继续维持和巩固国际市场。2022年开始，公司加大国内市场开发力度，目前正积极拓展宁德时代、比亚迪、华为、阳光电源等新能源与电源战略客户。

依顿电子的发展，是三角镇支持企业数字化转型创新发展的一个缩影。三角镇鼓励企业创新发展，大力发展先进制造业，推动工业互联网、5G、人工智能、大数据等数字技术和实体经济深度融合，加快制造业数字化转型和智能化改造。

2022年，三角镇的目标是全年推动106家规模以上工业企业完成数字化转型，新推动26家规模以上制造业企业完成数字化转型，重点推动依顿、得意、汇伟、创汇、英维克等企业完成工业互联网标杆示范建设。与此同时，三角镇坚持科技创新，大力鼓励企业开展科技研发，加大科技投入，助推转型升级。

2023年，三角镇将持续推进制造业数字化智能化转型，推动企业高质量发展。其中，镇领导挂点联系企业，助力存量企业转型升级，大力推动以数字化、网络化、智能化为核心的技术改造，力争推动25家规模以上工业企业完成数字化转型，其中5家达三级及以上水平，累计完成规模以上工业企业数字化转型133家，促进1家企业建设数字化示范工厂，2家企业建设示范车间，2家企业建设标杆应用示范项目。

【对话】

中山市三角镇党委书记李宗："吉祥三保"保发展，"拼命三郎"兴三角

中山市三角镇党委书记李宗表示，三角镇坚守工业立镇战略，坚持制造业当家，产业根基越扎越深。2023年，三角镇提出的经济发展目标是：地区生产总值增长8%左右，规模以上工业增加值增长8%左右，工业投资增长60%，实现25家规模以上工业企业数字化转型。从长远来看，三角镇提出了跨越式的发展目标：到2028年底，力争工业总产值达到800亿元，2030年前后地区生产总值总量逼近300亿元。

◇中山市三角镇党委书记李宗

定位打造"五个小镇" 力争2030年前后地区生产总值总量逼近300亿元

南都：近五年以来，三角镇坚持高质量发展不动摇，在全省、全市高质量发展大潮中，三角镇如何把握时与势？

李宗：三角镇区位优势得天独厚，而要将区位优势转变为高质量发展优势，稳住产业后发优势，就必须强化战略思维，在准确把握"时与势""竞与合"的基础上明确差异化定位，从而扬长避短、趋利避害。

三角镇党委深入领会中央精神和省市决策部署，在实践中形成了"一二三四五"发展战略。具体定位是打造"五个小镇"，即交通枢纽节点镇、先进制造重镇、科教创新强镇、节能环保示范镇、生态宜居镇。明确战略以后，始终保持战略定力，持之以恒挖掘潜力、厚植实力、提高能力，我们相信，只有这样，才能不断抓住新的战略机遇。事实证明，这条是符合我们三角实际的高质量发展之路。过去五年地区生产总值平均增速名列前茅，如排除并镇因素，规模以上工业增加值排名从2017年全市第14位跃升至第四位。

三角镇稳中快进，咬定"优一强二进三"实施路径、"321·123"奋斗目标和"30·300"梦想目标不变。把第一产业做优，把第二产业做强，把第三产业尽快补上短板。其中，"321·123"奋斗目标是：以三角镇2020年的工业总产值200亿元为基数，用3年多的时间实现工业产值增1倍，达400亿元；再用2年多时间，实现工业产值增两倍，然后再用1年多的时间实现工业产值增3倍（即2028年底争取达800亿元）。"30·300"梦想目标是：用超常规、跨越式的发展步伐，力争到2030年前后三角镇地区生产总值逼近300亿元。

同时，我们以项目为王，咬定"一二三四"和"六对"招商法不变。

继续践行对标、对表、对比、对症、对话、对接"六对"工作法和"一个'中心'、两个'基本点'、三个'有利于'、四项'基本原则'"的"一二三四"招商法,精准引进效益好、技术高、带动强的项目,助推经济社会高质量发展。

打造一流营商环境 当好企业发展的"保姆""保安""保镖"

南都:2022年以来,中山市(三角)新材料产业园区新引进项目21个,项目总投资272亿元,投产后年产值超398亿元,年税收约13亿元,三角是如何吸引企业落户的?

李宗:近年来,三角镇将企业服务和营商环境建设放在突出位置。针对项目落地建设,三角镇成立了招商引资暨项目动工突击队与"马上办"工作室,高效保障项目顺利推进。三角镇实施了镇领导联系服务持卡企业等机制,为企业配备服务团队,帮助项目缩短前期选取优质服务商的流程及时间。

我们还提出"吉祥三保"保发展,"拼命三郎"兴三角。"吉祥三保"的内涵是,针对处于不同生命周期的企业,强化服务理念,当好企业发展的"保姆""保安""保镖"。要打造法治化、市场化、国际化的一流营商环境。政企同心共同办好"三角发展微论坛",欢迎企业家多提批评意见和发展建议。在疫情三年的大战大考期间,镇党委将"吉祥三保"理念发挥到极致,坚定地为风雨飘摇中的企业当好"保护伞"。

2023年2月13日,三角镇与中山农商银行达成"绿色金融"战略合作,综合授信不低于100亿元,构筑"政、银、企"绿色发展共同体,破解工业企业发展融资难题。这是推进实体经济高质量发展的有力举措,也是我们落实市镇"工改""大招商"等战略部署的一个务实行动,更是推进政银合作开展制度创新、优化金融服务的一次有益探索。

同时,"拼命三郎"包括拼什么、为什么拼、为谁拼等内涵。不是拼酒量,不是为自己拼,而是拼发展,为了地方和企业拼;不是拼时间,拼谁能熬夜、能受委屈,而是为了项目上马不荒废时间而拼,为了企业不受委屈而拼。归根到底、最为重要的是拼胆识、拼担当、拼大局观、拼前瞻性。

位于环珠江口黄金内湾 打造"金三角、绿三角、福三角"

南都：近年来，三角镇提出全力打造环珠江口黄金内湾中的"金三角、绿三角、福三角"，"金三角、绿三角、福三角"有怎样的内涵？

李宗："金三角、绿三角、福三角"是我们在2017年初提出的，与党的十八大强调的"为人民谋幸福"的初心高度契合。

其中，"金三角"是从经济发展层面来谋划的，就是要打造"高质量发展、创新发展"的"金三角"。我们坚持制造业当家的鲜明导向，咬定制造业不放松，牢牢稳住全镇经济发展的基本盘，三角是近5年完成工业投资总额最多、房地产投资占比最少的镇街之一，工业连续6年投资总额在全市名列前茅，占全市工业投资总额的比重在11%左右，6年总量全市排名第二；我们发展大平台、大产业、大项目，推动大招商、招大商、招好商，三角还是全市近年深圳优质企业落户最多的镇街，近3年新落户项目中，深圳企业占八成以上，是中山落实"双区驱动"，打造投资热土的一个成功缩影。据统计，近年来引进的项目产值达2500万元/亩，税收达100万元/亩。

"绿三角"是从生态环境层面来推进的，就是打造山清水秀、宜居宜业的"绿三角"。我们全面推进乡村振兴，71条内河涌的综合水质稳步提升，排名全市第四，鱼翔浅底、白鹭齐飞，河涌又见黄沙蚬、凤尾鱼。

"福三角"是从民生福祉层面来落实的，就是要打造民富镇强、和谐幸福的"福三角"。三角镇有福源路、五福路、孝福路等若干以"福"字命名的道路，寓意吉祥幸福，和践行"为人民群众谋幸福"的初心一脉相承。近年，我们在财政压力十分紧张的情况下，仍坚持修公园、建学校、扩医院，今年元宵节，还发动商会及相关协会，举办了慈善答谢暨烟花汇演晚会，群众满意度不断上升。

第十节 清远佛冈：奔向千亿元级产值"工业强县"

一走进清远市佛冈县政府办公大楼，一种"拼经济"的紧迫感就扑面而来。"攻坚2023"重点任务进度表上，每个项目的名称、建设进度和责任人等信息一目了然。

2023年以来，佛冈县委副书记、县长江红平十分繁忙，他频繁到佛冈各个园区实地调研，到企业倾听诉求，到项目现场查看进度，到外地招商引资……

◇清远市佛冈县委副书记、县长江红平

作为环大湾区第一圈层，佛冈如何实施"制造业当家"战略，向千亿元级产值"工业强县"更进一步？佛冈县委副书记、县长江红平解析佛冈实施"制造业当家"战略、推动高质量发展的密码。

一是工业"筑巢"，打开"制造业当家"的空间格局。佛冈科学调整"三区三线"，将重大平台、重大项目落实到国土空间规划"一张图"上。广佛产业园生产生活配套日益完善，城西、龙山片区起步区渐现雏形，3个万亩产业平台综合承载力显著提升。

二是产业"聚集"，点燃"制造业当家"的不竭动力。从过去的"马路经济"向"园区经济"跃升，佛冈瞄准智能装备、电子信息、生物医药、新材料等"3+1"主导产业，开展"龙头+配套"靶向招商，提升项目招引的针对性和精准度，产业结构持续优化提升。

三是服务"暖心"，厚植"制造业当家"的信心底气。"无事不扰，有呼必应"是政府的服务理念。"暖企惠企"，温暖的是企业主的心，实惠的是企业发展。口碑就是最好的招商名片，越来越多的佛冈企业现身说法，主动招来更多上下游企业扎根佛冈。

佛冈，这座充满岭南特色的魅力县城，正在以稳健步伐，将手中的"施工图"变为"实景画"，持续释放入珠融湾、"制造业当家"的强烈信号，呈现出一派真抓实干、只争朝夕的新气象。

如何锚定高质量发展目标？ 打造"三区一城"，力争率先崛起

高质量发展是2023年的热词，2022年佛冈多项指标列全市第一，呈现出发展新气象。在谈到如何理解"高质量"这个关键词时，江红平说，一般来说，对于区域经济空间格局演化，县域区位条件和资源禀赋是核心内在影响因素，国家和省实施的区域发展战略是重要外在推动力。佛冈地处环大湾区第一圈层，又是国家城乡融合发展试验区和广清产业转移主阵地，高质量发展之路的内在核心竞争力和外部政策驱动力已经非常明晰。

佛冈提出以"三区一城"作为推动高质量发展的立足点、落脚点、着力点，力争在粤东粤西粤北县域振兴中率先破局、走在前列。

一是聚焦广清一体化，打造清远融入大湾区"先行区"。以打造广州"卫星城"为定位，更大范围、更宽领域、更深层次参与广州都市圈建设。加快推

◇位于佛冈县的广东雅迪机车有限公司，工人正在车间内工作

进以"产业一体化"为核心的广清深度一体化，构建高质量发展新优势。

二是聚焦制造业当家，打造"湾区北"新兴产业"集聚区"。坚持走好"工业强县"之路，力争5年内工业总产值翻一番，实施制造业当家"一把手"工程。开创工业强县建设新格局，3个万亩园区平台实现"从纸面到地面"的跨越。

三是聚焦"百千万工程"，打造全国城乡融合发展试验区。坚持把"百千万工程"作为头号工程来抓，以国家城乡融合发展试验区广清结合片区建设为抓手，统筹推进城乡融合发展与乡村振兴。

四是聚焦绿美生态建设，打造宜居宜业宜游"温泉城"。以全国少有的"氡温泉"为核心，打造佛冈区域旅游品牌，提升绿美生态综合效益。

如何架起制造业的"四梁八柱"？
破解工业发展大而不强　从"马路经济"向"园区经济"跨越

制造业是立国之本、强国之基。2023年的省政府工作报告明确提出，实施制造业当家"一把手"工程，佛冈如何推动"制造业当家"走深走实？

江红平认为，客观来说，佛冈县本身就是以"制造业当家"的，近年来，第二产业占比均超过45%，高于全国县域40.2%的平均水平。做大做强做厚制造业这份家底，是佛冈推动高质量发展的关键一招。

然而，佛冈工业发展最大的问题是大而不强，主要表现为空间上"马路经济"、产业上"杂乱无章"，无法形成"集团军"效应，成为佛冈打造本地产业核心竞争力、推动工业经济跨越式发展的掣肘因素。为此，县委、县政府提出制造业高质量发展"工业园区化、产业集群化、要素集约化"方针，力争5年内实现工业总产值翻一番的目标。

工业园区化，就是坚持新增工业项目全部入园集聚发展，推动"马路经济"向"园区经济"转变。佛冈构建"一园多区"产业发展格局，以广佛产业园作为主平台，打造为以生物医药与健康、智能制造、新材料、日化美妆产业为主的广清产业共建示范区；将城西科技园、龙山智造城整合为广佛产业园分片区，与主园区"错位发展、联动互补"。

产业集群化，是要破解产业集群程度不高、特色优势不突出的困局。佛冈瞄准智能装备、电子信息、生物医药、新材料等"3+1"主导产业，开展"龙头+配套"靶向招商,提升项目招引的针对性和精准度。推动形成空间布局合理、产业优势明晰的特色园区品牌和特色产业集群。

要素集约化,是指健全资源要素精准集中配置机制,推动资金、土地、指标等服务向实体经济、制造业倾斜。在"留空间"上做文章,科学调整"三区三线",新增园区发展空间27.76平方公里,将重大平台、重大项目落实到国土空间规划"一张图"上。在"活土地"上做文章,2022年以来累计盘活闲置厂房41万平方米,在全省145个工业主导型省级开发区土地集约利用监测统计考核中排名第八。在"筹资金"上做文章,近年来累计投入财政资金近30亿元、土地指标7000多亩用于园区开发建设,引导金融机构发放中长期贷款近50亿元支持制造业发展。

实施"十百千"计划　创造县域经济强劲增长极

在2023年政府工作报告中,佛冈提出了实施"大产业"立柱架梁行动,深入落实工业产业"十百千"计划,关于"十百千"计划目前的进展和取得的阶段性成果如何呢?

江红平谈到,单个企业的引进培育,不具备成本优势和规模效应,对当地工业总产值的贡献也比较有限。"十百千"计划的目的,就是加快构建"龙头引领带动、配套集聚发展"的产业生态圈,集中精力打造县域特色产业,创造县域经济强劲增长极。

"十"是推动"十亿级链主"企业产能跃升,当前佛冈实行县领导班子定点联系服务制,集中资源力量支持"链主"企业领航发展。2022年,建滔集团实现工业产值73.7亿元,雅迪实现工业产值53亿元,达味特钢实现工业产值30亿元。其中雅迪延续去年强劲增长势头,预计2023年全年产值达70亿元。

"百"是推动"六大百亿级"产业齐头并进,2022年六大产业集群产值占全县工业总产值的比例超75%。佛冈着力巩固提升智能制造、电子信息产业两大传统优势产业,雅迪华南基地二期正式动工,南玻、科惠等增资扩产技改项目稳步推进。积极发展生物医药、新材料、新能源、日化美妆等四大新兴战略性产业,产业格局初步形成。

"千"是推动"万亩千亿级"平台加快落地。重点建设广清产业有序转移主平台,大力推进"一园多区"扩容提质,创新成立园区开发建设"七个一"

专班，统筹优质资源要素，推进道路交通、供水供电、污水处理等基础设施建设。广佛产业园生活生产配套日益完善，城西、龙山片区起步区渐现雏形，3个万亩产业平台综合承载力显著提升，为未来打造千亿级产值"工业强县"奠定坚实基础。

面临"内卷"环境招商引资怎么拼？　近3年累计引入优质项目160多个

招商引资是制造业发展的生命线，江红平谈到，2022年佛冈这项工作获得了全市第一名的好成绩。很多企业选择落户佛冈、扎根佛冈，不仅仅是因为佛冈优越的区位优势，更多的是因为佛冈的诚意和服务吸引了它们，他认为稳商安商就是最好的招商。面对当前日益"内卷"的招商环境，佛冈虽然感受到压力，但更有动力，主要从以下三方面精准发力。

首先，强化"一把手"招商。建立"大招商"机制，组建六支招商小分队，县主要领导每月带队深入广州、深圳、上海等粤港澳大湾区、长三角经济圈主要城市，开展"百人登千企"招商活动，拜访龙头总部企业20余家，考察意向投资项目60多个。

其次，强化"产业链"招商。突出"以商招商""以企引企"，积极发挥雅迪、约克、中大医学创新园等龙头企业和重大项目的"链主"虹吸效应，大力招引上下游产业链配套企业到佛冈集聚发展。

再次，强化"联合式"招商。抓住新一轮省内对口帮扶机遇，以广佛产业园为合作支点，与广州开发区协作打造招商引资"同一品牌"，构建招商资源"同一张图"，联合举办招商推介会，全面吸纳生物医药、新材料等优质产业资源落户佛冈。

通过以上"硬举措"，近3年来佛冈县累计引入优质项目160多个，计划总投资460多亿元，预计达产产值近1000亿元，年税收约40亿元。

如何承接省内产业转移？　"广州研发+广佛制造"得到有效实践

佛冈在区位上靠近广州，有"清远融入大湾区先行区"的战略定位。为此，江红平提到，"广州研发+广佛制造"是基于广清产业一体化而提出的发展模式，也是佛冈入珠融湾的重要抓手，已在广佛产业园得到有效实践和成功检验。

一是坚持"共商共建共享共赢",探索承接产业转移"广佛路径"。强化机制联动,成立广佛产业园管委会,由广州开发区主导园区经济建设,佛冈负责做好社会事务保障工作。强化产业协同,深化"广州总部+佛冈基地""广州研发+佛冈制造""广州孵化+佛冈产业化"等产业协同模式,积极探索"产业飞地""招商飞地""创新飞地""市场飞地"。强化共享共赢,经济数据和税收按比例分成,激发双方共同推动园区高质量发展的动力。

二是坚持"高标规划高位推进",跑出园区开发建设"黄埔速度"。强化规划引领,对标广州开发区。短短4年时间内,广佛产业园实现了平地起新城,呈现"两谷两园两院"产业发展格局,已累计签约119个项目,总投资近261.7亿元,预计年产值515亿元,年税收可达24.3亿元。

三是坚持"无事不扰有呼必应",打造一流营商环境"佛冈样板"。一流的营商环境是广州开发区的"金字招牌",现在也成了佛冈的"闪亮名片"。佛冈坚持对标广州营商环境5.0改革,精简政务审批,采取VIP全程服务,力争"引进即建设""拿地即开工""竣工即投产",实现了"中创材料谷首栋厂房108天封顶""天赐项目当年建设、当年投产、当年上规"。

【企业案例】

"你看这条生产线,每一分多钟,就有一台电动车装配下线"。2023年7月26日,位于佛冈的广东雅迪机车有限公司(以下简称广东雅迪)呈现一派热火朝天、繁忙有序的生产场景。

总装车间里机器轰鸣,11条自动化生产线正开足马力工作,每天有超过9000辆电动车在这里下线。仓库外,大量货柜车停靠有序,等待着向广西、湖南、江西、福建等地发货。

2015年,雅迪华南生产基地落户佛冈,8年过去了,雅迪产能从2016年的40万辆增长至2022年的222万辆,2022年产值和税收均位居佛冈榜首。预计到2027年,雅迪将实现超百亿元产值。

在制造业发达的大湾区,当初有多个城市抛出橄榄枝,雅迪为什么会落户佛冈、坚守佛冈?

"如果说东莞土地资源紧张、生产成本上升使得我们来到这里,那么佛冈政府'真诚真意'解决企业发展痛点,则让我们下定决心留在这里。"广东雅迪总经理助理王晓利笑称，"江县长基本每个月，甚至每两周就会来我们这里一次，帮我们解决发展中的难题。"

"成本优势"是企业选址的重要因素。2022年，江红平走访雅迪时了解到，同样一款电动自行车，雅迪在安徽基地的生产成本要比佛冈便宜200元。进一步探究发现，佛冈本地供应链不齐全是主要因素，"只有三分之一的零配件能实现本地企业供应。"王晓利说，仓库里往往要备上5—7天的零配件，才能保证日常周转。

为了解决这个问题，2022年，佛冈县举办重点企业（雅迪）招商对接洽谈会、招商推介会。目前，佛冈已成功引入涵盖车架、轮胎、电动机等25家上下游配套企业落户，雅迪每辆电动车成本降低约150元。

企业要增资扩产，土地空间是另一个难题。佛冈盘活整合聚宝工业园B区周边的闲置土地：雅迪在这里顺利拿下170亩地，用于扩大生产；雅迪配套企业也进驻周边，整个产业链实现了从零部件到整车装备的无缝衔接。

第三章

电子信息产业样本

第一节 "珠海造"无稀土磁阻电机上市"破亿"

2023年3月初,特斯拉在投资者日活动上宣称,特斯拉的下一代永磁电机将完全不使用稀土材料,同时降低电子设备的复杂性和成本。这一消息在业界引起轰动,有媒体指出,格力早在2010年就推出无稀土磁阻电机。

在智能制造领域开发"黑科技",珠海企业已提前布局,不得不说,这是珠企的荣耀,也是珠海在推动智能制造方面取得的成果的缩影。接下来,珠海将继续在"制造业当家"的引领下,坚持"产业第一",通过不断的研发投入推动技术迭代与更新,加速推动智能制造产业高质量发展。

国际领先　珠企13年前首推新型无稀土磁阻电机

永磁电机多采用稀土永磁材料,运行可靠、体积小、质量轻、效率高等特点使其在新能源领域独领风骚。然而,稀土是不可再生资源,素有"工业黄金"之称,运用于电机生产当中,面临着环保影响与成本高的"双重压力"。

格力凯邦电机方面负责人介绍,基于对电机行业未来发展的思索,格力凯邦电机研发团队从2009年起开始对多种无稀土技术路线进行多方论证和调研,并首次提出全新拓扑的新型高效永磁辅助磁阻电机。

2010年,在稀土价格大幅波动的市场背景下,该产品首次大量推广应用至变频空调领域,保障了行业平稳运行。截至目前,市场保有量超过1亿台。2016年,凯邦电机将该技术推广至新能源主驱电机,研发出了120—200kW新能源商用车、物流车主驱电机、工程机械用电机等系列产品,并在国内客户端得到广泛应用,经中国机械工业联合会组织权威专家鉴定,产品达到国际领先水平。

据悉,格力凯邦电机的同步磁阻电机以磁阻转矩作为电机的主要驱动转矩,并利用铁氧体永磁体产生永磁辅助转矩,其较同功率异步电机(IE3),体积减

◇珠海智能制造领域，凯邦电机不断攀登技术高峰并取得丰硕成果

小50%，损耗降低60%，达到"IE5"超高能效水平，节能效果显著。在不使用稀土永磁材料的情况下，能效等级从IE3提升到IE5，实现2个能效等级的跨越。

2022年3月，国家工信部网站公示了《国家工业和信息化领域节能技术装备推荐目录（2022年版）》，凯邦电机永磁辅助同步磁阻电机被列为相关技术的推荐企业予以公示。而根据工信部网站的实测数据，凯邦电机永磁辅助同步磁阻电机的能效指标达到永磁同步电机一级能效水平。

丰硕成果　全球首艘无人系统科考母船交付使用

凯邦电机作为格力电器旗下的子公司，其生产的高效无稀土磁阻电机，正通过格力布局的各个领域和渠道进入人们的生活，并悄然改变着这个生态。

在珠海智能制造领域，凯邦电机不断攀登技术高峰并取得丰硕成果并不是个案。

在2023年初举行的珠海高质量发展大会珠海加快实施创新驱动发展战略推动制造业高质量发展分会上，珠海市智能制造联合会执行会长傅俊旭直言，珠海在智能制造方面有良好的基础，仅加入珠海智能制造联合会的，目前就有冠宇电池、中航通飞、博杰股份、格力电器等超100家会员企业。其中以格力电器为龙头的智能家电行业，水平居全国前列，再如智能装备等，在海陆空方面都有所体现。

傅俊旭的这番说法，可以在珠海各区的智能制造版图中找到事实佐证。

面向蓝"海"，以珠海云洲智能为代表的高科技企业正通过拓展无人船艇产业化布局，开启水上智能时代。根据公开消息，截至目前，云洲智能已成功交付1—50吨级各型无人艇173艘，实施50—500吨级有人艇无人化改造9艘。伴随通信技术、传感器技术、目标识别与图像处理技术等科技领域的突破，无人船艇正进入加速普及应用的快车道。2023年1月，"珠海云"智能型无人系统科考母船交付使用，这也是全球首艘智能型无人系统科考船。

驰骋"陆"地，依托格力电器为龙头，珠海的智能家电行业在国内外打出了一张家喻户晓的"名片"。如今，格力除了在珠海布局总部，还在金湾布局格力高端智能电器产业园。2023年全国两会期间，格力集团董事长董明珠表示，将在斗门预制菜产业园建设无人化工厂。

"耗材巨头"纳思达是珠海智能制造方面的另外一个代表企业。纳思达官网显示，该公司是全球第四的激光打印机厂商和行业内优秀的集成电路设计企业。成立23年，纳思达大力拓展非打印领域芯片，相继成立郑州、成都等新研发中心，珠海、上海、杭州研发团队进一步扩充，技术研发实力大幅增长。目前，纳思达在通用MCU业务板块已实现工控、汽车等中高端应用领域的快速增长。

鹰击长"空"，珠海更是名声在外。珠海以两年一届的中国国际航空航天博览会为载体，培育和吸引了一大批高端智能制造航空产业，中航通飞、德国摩天宇发动机维修等知名企业赫然在列，另外还有一批无人机企业聚集珠海，未来还将有更多优秀智能制造企业加入到珠海智能制造的版图中来。

智能制造　珠海各区正掀起智能化变革

当前，珠海正掀起一场遍及各产业的智能化变革。以斗门区为例，该区于2021年2月成立珠海斗门智能制造经济开发区（以下简称"经开区"），这也是珠海市近15年来唯一新设立的省级经济开发区。经开区重点布局智能装备制造、新一代电子信息、人工智能三大产业集群，形成以海龙生物、德海生物为龙头的生物科技产业集群，规模超50亿元，以及以百奥电气、精实测控等为龙头的智能装备产业等。据统计，经开区现有工业企业超百家，其中规模以上企业34家，高新技术企业25家，科技型中小企业27家。

2022全年，经开区实现规模以上工业总产值74.7亿元，同比增长15%；固定资产投资13.9亿元，同比增长41%；完成工业投资11.08亿元，同比增长23%。

金湾作为"产业第一"的主战场，更是早在2017年就布局了智能制造专业孵化器——金湾智造大街。仅仅6年时间，一只只"金凤凰"在这条大街里孵化、腾飞。诸如珠海浩云电气有限公司、珠海蓝图控制器科技有限公司等原在孵企业，均已陆续完成了孵化任务，公司不仅在规模、产值上实现倍增式的跨越发展，还成长为高新技术企业。

2017年至今，智造大街园区累计总产值40.42亿元，高新技术企业数量由2017年的3家增长至2023年的49家，科技型中小企业数量由2017年的10家增长至2023年的45家，累计培育高企数量49家，累计规模以上企业11家，独角兽企业培育入库3家，省级"专精特新"企业7家。

作为粤港澳大湾区的创新高地，香洲区锚定高质量发展，坚持制造业当家和产业第一，正大力发展光电产业、智能制造、集成电路等主导产业，通过出台政策、打造载体等方式，为众多企业提供发展沃土。据悉，随着产业项目启动建设，香洲区将新增52.5万平方米的5.0产业新空间，通过定制化厂房、边建设边招商，打造国企代建5.0产业新空间的标杆。

据媒体公开报道，2022年上半年，香洲区智能制造园区智能制造产业链规模以上企业实现工业产值58.55亿元，同比增长15.54%。

【对话】

珠海凯邦电机制造有限公司总经理陈东锁：无稀土磁阻电机有望切入新能源车市场

智能制造未来将如何发展？又将遇到怎样的市场机遇与行业挑战？珠海凯邦电机制造有限公司总经理陈东锁表示，未来公司将坚定不移地走高质量发展之路，为推动珠海市制造业的高质量发展贡献力量，为产业第一作出自己的贡献，为世界提供可靠驱动力。

◇陈东锁

谈创新与研发　研发经费"需要多少就投入多少"

南都：技术上的迭代与更新，背后是人才、资金和资源的支持。凯邦每年在研发方面的投入是多少呢？

陈东锁：凯邦的研发设计过程中引入了格力电器先进的过程设计方式，技术研发人员占比超过10%。

因为集团对于电机研发这块，还有一定的研发资源支持。凯邦在年均投入的研发经费上不设上限，并在前沿技术方向有很多储备，比如最近热议的无稀土磁阻电机技术，在13年前作为前沿技术，凯邦投入相当多的研发资源，突破该技术在高凸极比、抗退磁等方面的技术难题，才能够在合适的窗口期快速推广应用，保障行业平稳发展。

南都：请介绍一下这些年凯邦取得的创新成果。

陈东锁：企业扎根珠海斗门20年来，一直把创新研发能力放在首位，已开发推出5个大类、24个系列、1000多个品种规格的产品，拥有国家专利2235件，其中发明专利710件、发明授权专利290件。目前，凯邦电机申请新型磁阻电机专利超过150件，授权专利90件，是全球新型磁阻电机专利最多的企业之一。

新能源客车用无稀土永磁磁阻主驱电机系统、高性能直线伺服电机及驱动器、工业机器人用高性能伺服电机及驱动器、磁悬浮电机驱动系统等4项技术属国际领先。

谈智能制造　智能制造是制造业未来发展的必由之路

南都：如何看待智能制造的发展趋势？凯邦如何发展智能制造？

陈东锁：伴随着人力各方面的供给紧缺，制造业的竞争越来越激烈，智能制造是制造业未来发展的必由之路，同时凯邦的产品也是智能制造的一部分。凯邦自主研发生产的伺服电机及驱动系统已广泛用于机器人、机床、自动化设备等领域。高性能直线伺服电机及驱动器、工业机器人用高性能伺服电机及驱动器两项产品鉴定达到国际领先水平。

在智能化生产方面，凯邦电机通过信息化平台集成，打通全流程数据流，强化生产管理协同性；通过车间网络化，实现车间人与生产资料的互联互通，提升协调制造能力；通过生产自动化，实现制造过程数据实时采集处理、柔性化生产，提升制造效率和质量。

谈机遇和挑战　把握节能大趋势，在竞争中以质取胜

南都：凯邦目前的生产状况如何？

陈东锁：现在产能已经全部拉满。预估2023年全年销售额较2022年有较大幅度的上涨。

南都：围绕智能制造，凯邦如何看待市场机遇和行业挑战？

陈东锁：电机是我国用电量最大的终端用能设备，广泛应用于家用电器、暖通设备、新能源汽车、高效工业、智能装备等领域，年耗电量占全社会总用电量的60%以上，其中工业领域电机用电量约占工业总用电量的70%以上，具有较大的节能潜力。

因此，电机领域的创新研发，提升电机系统能效，不仅与企业生存发展息息相关，更是一件关乎提高全社会能源资源利用效率的大事。

结合当前国家高效、节能趋势，凯邦从成立以来，一直致力于电机的研发以及技术迭代，目前高效无稀土磁阻电机已经上市，这对凯邦来说，是一个很大的机遇。

另外，通过各种渠道，现在海外有100多个国家都已经在使用我们的电机，这对于我们接下来拓展国际市场来说，是很大的机遇。

同时我们也看到，中国的电机市场，尤其是家电领域的电机市场竞争非常激烈，家电产业的价格竞争非常激烈。有些产品入门门槛不高，产生无序竞争，这些不良竞争对手也带给我们一定的压力。但我们也不会加入到无序的竞争当中去，坚持以质取胜。

谈未来展望　逐步实现电机产品高效化智能化低碳化

南都：无稀土磁阻电机未来是否有计划进军乘用车？

陈东锁：新能源最核心的是电机、电控、电池。当前凯邦的电机产品主要还是用在大巴、物流车、商用车，诸如环保车、工程机械专用车等方面。未来将切入到乘用车，尤其是新能源的乘用车市场。事实上，凯邦已经在与传统汽车制造商和造车新势力进行密切接洽。

南都：近年来，珠海提出"产业第一、项目为王"，并坚持"制造业当家"，着力推动经济高质量发展。在这样的大背景下，凯邦将如何作为？

陈东锁：2023年，在高质量发展方面，公司坚持以国家战略和产业升级为双导向，以"做世界最好的电机，成为全球电机行业的卓越领导企业"为愿景，在夯实企业硬核优势的同时，打造企业文化软实力，实施切合企业自身的"两力两全双转双效"质量管理模式，不断提升企业产品的竞争力和品牌影响力。

同时，公司坚持以科技创新带动产业发展，以智能制造推动产业升级，逐步实现电机产品的高效化、智能化、低碳化，通过产品转型引领客户结构转型，最终实现公司效率、效益的双提升经营目标。

未来，公司将坚定不移地走高质量发展之路，为推动珠海市制造业的高质量发展贡献力量，为产业升级作出自己的贡献，为世界提供可靠驱动力。

第二节 东莞集成电路产业有一批"隐形冠军"

成立集成电路行业协会、组建集成电路创新中心、发布半导体及集成电路产业集群行动计划……锚定高质量发展，发力集成电路产业，东莞拼了！当前东莞正通过重塑大产业体系结构，实现产业的提档升级，集成电路是其中的重要支撑板块。2023年东莞市政府"一号文"《关于坚持以制造业当家推动实体经济高质量发展的若干措施》中提及，加快打造半导体及集成电路、新材料等产业新立柱，并明确于2025年底前，新能源、半导体及集成电路产业集群率先突破千亿元规模。

东莞集成电路企业进入资本视野

"东莞市集成电路行业协会是广东省继广州、深圳、珠海之后的第四个地方协会。"东莞市集成电路行业协会会长、广东利扬芯片测试股份有限公司董事总经理张亦锋表示，从协会的成立可以看到，虽然半导体集成电路产业处于发展初期，但是东莞集成电路产业已有一定规模。

官方数据显示，目前东莞市拥有涉及半导体及集成电路研发、生产与销售的企业257家，2021年实现主营业务收入约256亿元，其中营收10亿元以上企业5家，1亿元以上企业25家，上市企业4家。从产业链分布来看，东莞初步形成以"集成电路设计、集成电路封装测试"为核心，集成电路设备、原材料及应用产业为支撑的产业链。

东莞培养出一批"隐形冠军"，如记忆科技、赛微微电等芯片研发设计企业以及利扬芯片、气派科技等封装测试企业。当前东莞成功创建广东省第三代半导体技术创新中心东莞基地，拥有中图、中镓、天域等一批第三代半导体衬底材料企业，在第三代半导体材料方面有较强竞争力。

东莞企业正在进入资本的视野：天域半导体成功获得约12亿元的融资；而

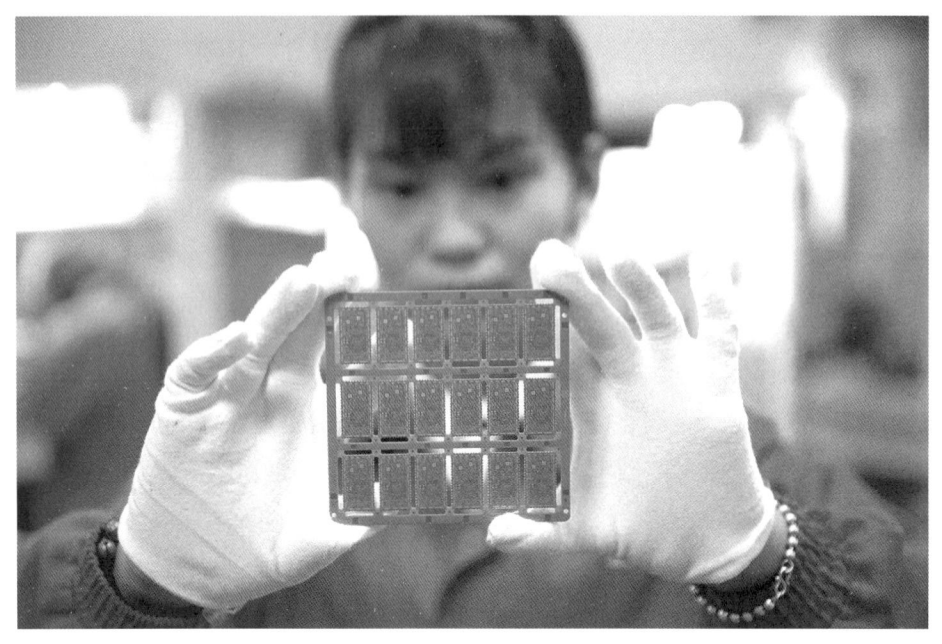

◇东莞石碣企业生产的集成电路板

稍早前，东莞松山湖材料实验室SiC（碳化硅）及相关材料团队产业化公司中科汇珠在天使轮拿到1.5亿元人民币融资。另外，赛微微电、利扬芯片等企业已经登陆A股。

引进重大新兴产业龙头项目

2023年2月21日，三叠纪、元合智造、德诺半导体等近20家企业举行集中开业仪式，预计总投资额近10亿元，2023年预计总产值将达3.5亿元。它们均是集成电路产业链上的企业，它们的到来为东莞产业发展注入新鲜血液。

另外，东莞市战略性新兴产业基地目前已引进光大半导体、天域半导体等一批单项投资超30亿元的重大新兴产业龙头项目，这批项目建成达产后，预计产值规模将超千亿元，牵引带动形成新的产业集群。

东莞发展半导体集成电路有其一定优势，众所周知，这里电子信息制造业主导特色突出，拥有华为、OPPO、vivo等智能终端生产制造企业，芯片消费市场庞大。另外，东莞是国内台商台资重要聚集地，拥有台资集成电路企业20多家，与台湾集成电路产业有较好的合作基础。同时，东莞毗邻广州、深圳、香港，区位优势明显，可与广州、深圳、香港形成互利共生、资源共享的协同发展态势。

另一发展底气是东莞正在材料科学领域谋划打造以散裂中子源、阿秒先进激光、南方先进光源等为依托的世界级大装置集群，为半导体集成电路产业发展提供原始创新能力。

张亦锋认为，尽管在某些环节上薄弱，但是东莞如能努力补短板、锻长板，那么在全球集成电路行业的新一轮上升周期中，东莞的集成电路产业也将迎来发展的大契机。

近两年来，东莞陆续出炉支持集成电路集群发展的相关措施，持续布局相关产业。2021年2月，东莞发布了《东莞市战略性新兴产业基地规划建设实施方案》，提升集成电路产业等战略性新兴产业能级。2022年，《东莞市发展半导体及集成电路战略性新兴产业集群行动计划（2022—2025年）》出炉，进一步明确发展目标。

2023年东莞市政府"一号文"《关于坚持以制造业当家推动实体经济高质量发展的若干措施》提及，加快打造半导体及集成电路、新材料等产业新立柱，并明确2025年底前新能源、半导体及集成电路产业集群率先突破千亿元规模。

引进全市第一个战略科学家团队

广东正全力推进实施"强芯工程"，以大项目、大平台、大基金为抓手，大力培育发展半导体及集成电路战略性新兴产业集群，多个大湾区城市相继发布半导体与集成电路相关政策和行动方案，各地正加快脚步补链、强链。东莞作为集成电路产业发展的重要城市，助力广东省打造中国集成电路第三极责无旁贷。

从东莞自身的高质量发展而言，集成电路提档升级也是势在必行。当前，东莞坚持以制造业当家推动实体经济高质量发展，开辟第二增长线。东莞正重塑大产业体系结构以增强竞争力，而半导体及集成电路作为战略性新兴产业在这一场产业升级战当中，责任重大。

针对产业公共服务平台体系建设不完善，缺少专业化技术创新平台这一短板，东莞在全力行动。日前，作为东莞市第一家集成电路公共技术平台，东莞市集成电路创新中心启动了TGV三维封装中试验证平台、EDA设计服务中心、测试验证工程中心、Chiplet设计工程中心、SIP封装工程中心、产教融合培训中心、创"芯"科创训练营等七大公共技术服务平台，初步建设了覆盖企业完整研发周期和全技术服务要素的产品开发、中试制造、测试验证、人才培养和应用示范平台。

东莞还引进了全市第一支战略科学家团队——"集成电路与半导体器件特色工艺团队"。团队成员包括电子科技大学原副校长杨晓波、电子科技大学集成电路科学与工程学院院长张万里、电子科技大学教授张继华、金立川等20余位国际国内顶尖人才，初步形成了以集成电路领域高层次人才科技成果产业化带动的示范效应，预计成果转化产值达9亿元。

东莞通过完善集成电路生态体系，赋能产业发展。张亦锋表示，东莞市集成电路行业协会将发挥"纽带、桥梁、平台"的作用，在服务好会员企业的同时，做好政府各项政策落实的助手，助力东莞"第二增长曲线"登上新的高度。

【对话】

东莞市集成电路行业协会会长张亦锋：助力"第二增长曲线"登上新高度

东莞市集成电路行业协会会长、广东利扬芯片测试股份有限公司董事总经理张亦锋表示，全省高质量发展已吹响冲锋号，东莞集成电路产业协会将助力行业打造"第二增长曲线"。

产业资源　东莞在泛半导体领域有200余家企业

◇东莞市集成电路行业协会会长张亦锋

南都：东莞集成电路产业的"家底"如何？

张亦锋：中国大陆集成电路产业在最近20年取得了长足的进步，尤其是长三角和京津冀两大区域，持续的投入取得了不错的成效，已经建立了较为完善的产业链集群，广东省也提出了加快打造我国集成电路产业发展第三极的宏伟目标。

这次我们成立东莞市集成电路行业协会，前期也对东莞的产业资源进行了梳理摸排，东莞在泛半导体领域有200余家企业。其中，封装测试和半导体材料领域各有30家左右企业，芯片设计、装备零部件企业各有10余家。

东莞集成电路发展的一个很突出的优势是贴近终端市场，产业链企业了解市场需求和向市场供货都更加快捷。东莞已初步形成以封装、测试为核心，以第三代半导体为特色，涵盖装备、原材料及应用产业为支撑的产业布局。

南都： 东莞发展集成电路存在哪些机遇和挑战？

张亦锋： 挑战方面，当前真正从事芯片产业的专业人才还是比较紧缺的。另外，贸易保护、技术封锁、设备禁运等短时间内也无法解决，这不仅是东莞的挑战，也是整个集成电路产业从业人士的挑战，确实重任在肩、责无旁贷。

但是从行业来看，芯片产业迎来黄金十年的大发展也是必然趋势。半导体芯片产业作为电子信息的基石，是我国科技自立和经济高质量增长的重要驱动力，不仅自身存在巨大的增长前景，更为重要的是芯片是人工智能、汽车电子、物联网、大数据、云计算、区块链等新兴产业发展的基础构件。

《广东省制造业高质量发展"十四五"规划》提出，到2025年争取集成电路产业年主营业务收入突破4000亿元，打造我国集成电路产业发展第三极。可以看到，从市场环境到政府行动，对企业、对地方发展集成电路来说，都是很好的发展机会。

具体到东莞，这里地处广深港之间，有天然的地域优势，且临近终端市场，过去的10余年积累了一定的产业基础，如今还出炉了产业集群发展规划。尽管在某些环节上薄弱，但是如果我们能够努力补短板、锻长板，那么在全球集成电路行业的新一轮上升周期中，东莞的集成电路产业也将迎来发展的大契机。

错位发展　做强已经"强"的地方　将"弱"的地方补上去

南都： 近期媒体报道，东莞天域半导体获约12亿元的融资，稍早前另一家东莞企业中科汇珠也拿到了天使轮1.5亿元的融资。有观点表示"VC开始来出差找项目了"，关于这一点如何看待？

张亦锋： 前期不少VC投的不少明星项目，是水面以上大家都可以看到的，在这几年纷纷登陆科创板，进入收获期。具体来看，致力于服务硬科技领域的科创板成立3年，全国共有超过500家企业成功IPO，其中集成电路相关企业有79家。

而从东莞来看，如今VC正在努力挖掘水面下有潜力的企业，他们在全国各地找合适的标的。东莞具有良好的营商环境，蕴藏了一大批优秀的企业，他们务实低调干实事。与此同时，他们在税务管理等各方面做得越来越规范，与国际接轨多。VC跑过来看项目，也是情理之中。

值得一提，这个行业非常烧钱，它前期的投入非常大。就像我们芯片测试行业就是投资强度很大的，设备都得靠进口，资金成本非常高。除了民间资本，当前以大湾区科技创新产业投资基金、广东省半导体及集成电路产业基金为代表的一批省、市、区级产业基金纷纷落地，它们都对于产业发展有很强的支撑作用。

南都：2022年6月以来，多个大湾区城市相继发布半导体与集成电路相关政策和行动方案，各地正加快脚步补链、强链。东莞如何与周边城市联动发展，实现错位发展？

张亦锋：集成电路、芯片产业的发展不仅需要国内的合作，更需要全球的融合，不管是技术还是设备，企业乃至城市"闭门造车"肯定做不大。所以，"城市间的错位发展"这个词非常好。每个区域都有自己的特点，如何继续扶持做强已经"强"的地方，同时通过招商引资将"弱"的地方补上去，错位发展是最好的一种方式。

具体来看，经过这些年的发展，大湾区的各城市在集成电路上形成了自己的一些特点。如珠海在设计方面比较强；深圳贴近终端，国际化程度高，走在前沿；广州在制造方面更强些；东莞当前在封装和测试领域有自己的优势，但是行业领军企业相对较少。如今，东莞要发展集成电路，就一定要保持开放合作的态度，与周边城市甚至海外优秀的企业合作，也要主动牵手，合作共赢。

生态打造　通过5年、10年甚至更长时间一定会再上台阶

南都：东莞集成电路产业如何增强自身竞争力？

张亦锋：集成电路的发展需要政府的扶持和企业家自身的努力，两者缺一不可。提个建议，基于专业的产业研究基础，不断加大投资力度，坚持政策引领，继续优化营商环境。东莞的产业目标已经有了，规划也有了，需要进一步明确落实的细则。目前在松山湖已经有所行动，但是还需要更多镇街的落地和行动。

当前大湾区多个城市相继发布半导体与集成电路相关政策和行动方案，是值得东莞好好学习借鉴的，比如广州南沙、珠海横琴、佛山南海的各项政策。同时，也可以征集相关企业意见，有针对性地制定相关的政策。于企业而言，最需要的是一个公平公正的环境，而不是定向给特定企业的特殊优惠。

集成电路是一个高度全球化的产业，应该秉承融合创新的发展理念，遵循开放发展的原则。建议继续扩大和强化已经在封装、测试和原材料等环节上已经形成的先发优势，充分发挥与粤港澳大湾区的产业协同。

与此同时，引进行业巨头需要有机遇，也要有战略眼光。现在都说引进龙头企业，但是其实是不容易的，城市必须有自己的独特之处。这里就可以考虑邀请专业的咨询公司来设计规划。另外，政府通过设立基金的方式来引导，也值得思考。

更为重要的是生态的打造，现在我们在企业交流的时候，人力是企业重点关注的事项。集成电路产业是知识密集型产业，具有较高的技术门槛，如何将高端人才稳定下来，这在制定相关政策的时候就需要充分考虑。

集成电路这个行业讲究专业分工，专业的人做专业的事情，要实现产业进阶绝对不是一朝一夕，但是可以通过持续的投入，通过5年、10年甚至更长时间，一定会再上一个台阶，这是必然的。

南都：东莞要高质量发展，坚持制造业当家，集成电路行业协会将如何作为？

张亦锋：制造业要开辟第二增长曲线，何为"第二增长曲线"？在我看来，我们的制造业非常强，但更多指的是传统制造业强，而这里所谓的"第二增长曲线"，一方面是传统制造业通过自动化、智能化再上一个台阶，另一方面就是应该增强集成电路产业等战略性新兴产业的占比，从而将"第二增长曲线"推向新的高度。

东莞市集成电路行业协会将发挥"纽带、桥梁、平台"的作用，在服务好会员企业的同时，做好政府各项政策落实的助手；携信息资源、人才资源和产业资源助力企业发展，提高行业服务水平，搭建行业交流平台，助力打造具有全球竞争力的集成电路产业创新高地；协助各相关部门落实和细化"一号文"的要求，实打实地促进产业高质量发展。

第三节　东莞信息传输线缆产业逾百亿元规模

2023年5月上旬，东莞迎来第七届华南（虎门）国际电线电缆展览会。历经多年耕耘与沉淀，东莞的线缆产业已形成资产数百亿、年销售额超百亿的产业规模，涉及通信、3C消费性电子、汽车、能源等行业。第七届华南（虎门）国际电线电缆展览会，被视为展示行业"潮流"的风向标，备受关注。

近年来，随着城市化、智能电网、城市轨道交通、汽车等行业快速发展以及规模不断扩大，电线电缆也驶入了行业发展的快车道。目前，东莞在线缆生产、线缆设备、线缆材料等方面已形成以虎门镇为中心的产业集群，辐射大朗、中堂和桥头等镇的板块经济发展态势。其中，虎门镇的线缆产业规模居全国镇级产业集群之首，成为线缆行业的"黄埔军校"，先后培育出200多名线缆行业的各级人才，从虎门走向全国。

加快研发　降本增效提升行业竞争力

东莞市虎门镇是国内消费类电子线缆行业的主要发源地和集中地，也是国内最早形成消费类电子线缆完整产业链的区域。

起源于1988年的虎门信息传输线缆产业，经过30余年的发展，涵盖了线缆制造、线缆材料、线缆端子和线缆设备制造四大类别，形成了集研发、生产、销售、服务于一体的完整产业链，规模居全国镇级产业集群之首，具有优质的公共服务集群体系。

其间，虎门涌现出万泰光电（东莞）有限公司、东莞市联升电线电缆有限公司、东莞长联电线电缆有限公司、东莞市庆丰电工机械有限公司、东莞市冠标电工机械有限公司、东莞市胜牌电线电缆有限公司、广东银禧科技股份有限公司等一批拥有较高市场占有率和行业知名度的优秀企业。它们或专注信息传输线缆制造，或聚焦线缆设备制造，致力于解决国内柔性工业线缆连接技术的

"卡脖子"难题，成为行业隐形冠军。

"按用途来区分，电线电缆主要分为两种，一种是工程用，另一种是工业用。"东莞市胜牌电线电缆有限公司市场总监欧阳锋介绍，工程用途的线缆主要是用于房地产建筑、工程（房屋）装修，比如金龙羽、南洋等线缆品牌，跟市民的生活息息相关；工业用途的线缆，主要用于电气设备里面的导线和用线，比如工业机器人、大型激光机等。

创立于2009年的胜牌，是一家提供工业控制与连接技术解决方案的高新技术企业，产品主要是工业用途线缆。

在业内，电线电缆被誉为"工业的神经跟血管"。"神经用于传输信息，血管是传输动力，任何设备都离不开电线电缆的支撑。"欧阳锋举例说，"像机器人手臂会360度扭转，看似普通，但它里面的胶料导体搅合方式非常复杂。"而且，高端工业设备的使用，还要综合考量油污、酸碱度、耐寒耐高温、阻燃性等诸多因素，对电线电缆的专业性要求很高。

虎门信息传输线缆行业经过多年发展，虽然取得了不俗成绩，但东莞市虎门信息传输线缆协会会长郑庆均坦言，由于中小型企业研发能力有限，虎门信息传输线缆行业的技术力量分散、产品科技含量不高，"特种电缆需要利用特种材料来加工，而电缆企业自己无法研发，只能靠进口"。特种材料依赖进口，也成为制约虎门镇线缆行业发展的瓶颈之一。

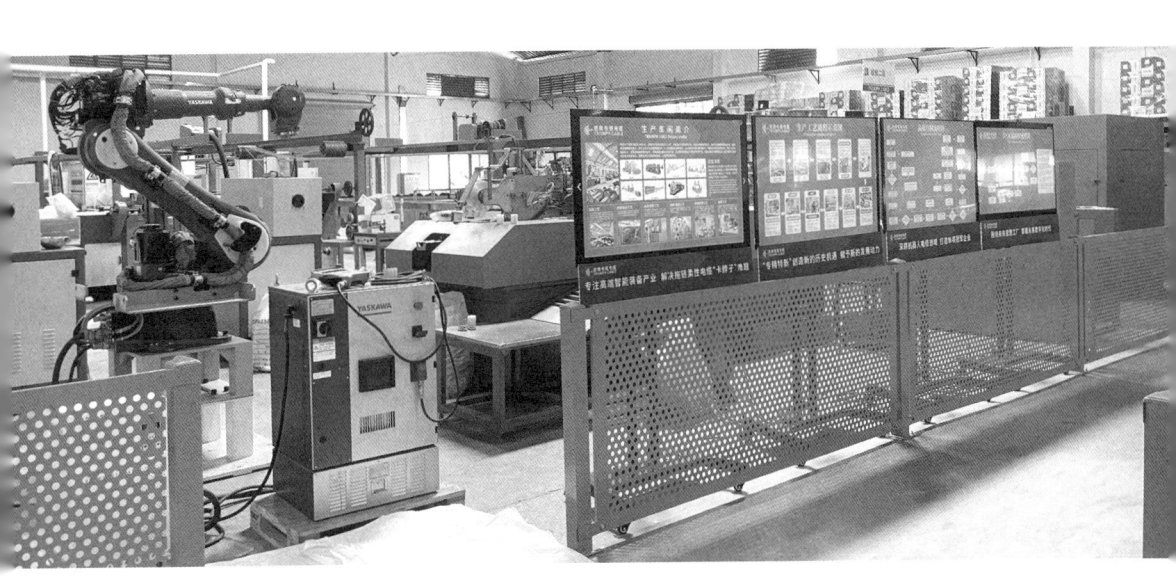

◇东莞市胜牌电线电缆有限公司的生产车间

据介绍，线缆行业特别是高端工业装备领域，之前市面上的产品大部分是被德国、日本的品牌垄断。欧阳锋表示："它们早期的技术含量高，很多企业的设备原型就是来自德国、日本的公司，市场供应相对封闭。"但国外品牌也有弊端，对于国内的企业而言，"它们的供货期长、价格高"。虽然说质量好一些，但也没有到完全不可替代的程度。

为了突破这些瓶颈，胜牌从提供"相近的质量、更好的服务、更优惠的价格"着手，持续加大研发投入，并在长三角建立生产基地、加快产品供应。经过多年努力，逐渐扭转了市场格局。"现在，我们在高端工业的设备领域方面，已经提供了替代进口品牌的国产化服务，替客户实现了降本增效。"

"以前一个国外品牌的工业机器臂，可能就几米长的线，加上接头，市场价可以卖到5万元。"欧阳锋表示，现在随着不同环节的国产化，不同环节的生产成本可以下降2%—5%，"总体上就能将价格'打'了下来。"如今，随着越来越多的国产品牌崛起，线缆行业的国际竞争力也在增强，国外品牌的产品议价权也不再像以前那样高高在上。

转战电商　"虎门线缆馆"先行先试

投入研发、加强柔性供应链的生产，替客户实现"降本增效"之余，虎门的线缆企业还在"开拓市场"方面另辟蹊径，以突破"土地资源制约、产业结构调整困难"的掣肘。

2022年6月，在东莞市虎门镇举行的信息线缆产业数字化转型发布会上，"超级工业城、虎门线缆馆"在阿里巴巴1688平台正式亮相。电商、平台、企业、赋能中心等多方联动共建以及全域电商的加持，虎门信息传输线缆产业有望通过线上"闯出"一条全新发展之路。

官方数据显示，虎门现有信息传输线缆制造及相关配套的规模以上工业企业200多家，年工业总产值高达220亿元，拥有产业链条完整、行业标准领先以及公共服务优质的集群体系。虎门电子线缆装备制造占据全国约40%的份额，线缆装备分布全球市场。全镇消费类电子线缆企业及上下游配套企业有300多家，形成涵括研发、生产、销售、认证的完整产业服务链。

但在新的发展时期，虎门线缆企业也面临着"土地资源制约、产业结构调整"等多重问题。

"我们亟待为虎门未来社会经济发展和虎门信息传输线缆产业的发展，开具一剂高质量、可持续发展的'良方'。"虎门镇经济发展局负责人表示，"在预期复合增长有望超过30%的工业品B2B电商业务的拓展，有望成为这一剂'良方'。"

而且，这剂"良方"早已有了先行先试的"敢闯者"。2022年"虎门线缆馆"正式上线，成为阿里巴巴1688平台上全国首个信息传输线缆的

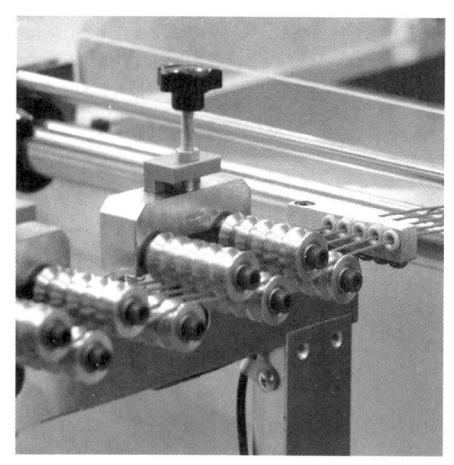

◇虎门企业正在生产线缆

线上产业带，虎门对外推荐了一家线缆企业：该企业以仓储式销售和独特的电子商务B2B直销的营销模式，通过电商渠道开辟出"蓝海"市场，订单同比增加60%。

这家企业正是胜牌。"我们公司总部设立于东莞虎门，旗下有7个控股工厂，2个研发中心，生产研发设备近1000台。"东莞市胜牌电线电缆有限公司销售经理刘帆介绍说，公司早于2009年同步加入阿里巴巴1688平台、开通诚信通，并聘请专业的运营团队开拓电商市场。

目前，胜牌电线电缆有限公司在电商平台上的会员类型丰富，已经拥有10个imall（乐商软件）、5个超级工厂、5个实力商家以及30多个诚信通店铺。加入实力商家之后，胜牌的订单同比去年增加了60%，营业额也突破3亿元。

"做电商，不是说我开个店进去卖就可以，而是我们在背后建立了庞大的库存体系，以及灵活多变的生产方式。"欧阳锋介绍说，除了在线上大面积铺开电商销售渠道，胜牌在全国近20个城市开拓了专门的线下门店和销售分公司，让销售网络和落地服务能覆盖更多客户。

在他看来，越来越多线缆企业与胜牌一道加入电商销售，解决了很多中小型工业用户的迫切需求，为中小型工业用户提供了便捷的购买渠道。

值得一提的是，2022年上线的虎门线缆馆，由虎门电商协会、线缆协会、1688平台、线缆企业、赋能中心多方联动共建，将全方位扶持虎门信息线缆企业进行数字化营销转型，发掘虎门线缆产业新的业务增长点；与此同时，还将提供行业资源扶持、线上资源营销、运营能力培训、企业游学走访、落地1688

虎门客户服务中心等服务。

人才培育　线缆行业"黄埔军校"培养众多人才

公开资料显示，全国电线电缆行业已形成以江苏宜兴、浙江临安、安徽无为、广东东莞等为代表的产业集群。

作为东莞线缆产业集群的代表，虎门的信息传输线缆生产企业同样有着明显的"属地"标签。郑庆均表示，这些企业主要分布在虎门镇的龙眼、赤岗、北栅、村头、白沙、怀德等社区，主要从事通信行业、IT行业、家电和消费类电子行业的电子线、电源线、电线及其连接器的生产、加工和销售。

这些上下游企业与生产加工企业，形成了虎门镇信息传输线缆行业庞大的产业集群、完善的产业链条配套体系、成熟发达的市场空间、行业信息的交汇中心和先进技术的交流中心，培育了一批具有国际影响力的大型企业，"如设备生产知名企业有庆丰、冠标、精铁、恩祥等，原材料生产知名企业有银禧、吉联、建通等，分别生产塑胶、铜材及端子等"。

以东莞市虎门信息传输线缆协会（以下简称"虎门线缆协会"）为例，其拥有超过140家会员企业，包含2家上市公司和15家省级"专精特新"企业，协会企业的总产值达到了170亿元。

2022年9月，维峰电子（广东）股份公司首次公开发行A股上市仪式在东莞迎宾馆国际会议中心举行。维峰电子（广东）股份公司成立于2002年，位于虎门镇路东社区，是国家高新技术企业、市级倍增试点企业，也是虎门线缆行业的优秀企业代表。

该公司专注于精密连接器的研发、设计、生产和销售，产品可广泛用于工业控制和自动化设备、新能源汽车"三电"系统、光伏逆变系统等系列应用场景，为众多国内外知名企业提供高端精密连接器产品及解决方案，客户涵盖汇川技术、比亚迪、阳光电源、台达电子、安波福等国内外知名企业。

虎门还有东莞首家台资企业——万泰光电（东莞）有限公司，由台湾上市企业万泰集团在大陆投资，1988年3月在虎门龙眼正式投产。30多年间，200多个线缆行业的老板先后从万泰走出。他们先后在全国各地开了数百家线缆企业和与线缆有关的上下游企业。因此，万泰被誉为国内线缆行业的"黄埔军校"。

数据显示，2022年，虎门镇信息传输线缆产业规模以上工业总产值约220亿元，有信息传输线缆企业及其上下游配套企业300余家、线缆规模以上工业企业190家、线缆国家高新技术企业123家。建立了信息传输线缆联盟，参与制定信息传输线缆行业联盟标准117个；建成了"虎门信息传输线缆公共服务平台"，可提供全球检测认证、新材料新技术研发、创新孵化以及人才技能培训等相关服务。

【对话】

东莞市虎门信息传输线缆协会会长郑庆均：制定行业标准，全面提升企业竞争力

线缆产业的发展壮大，有何独特之处？未来，将如何通过"科技创新+先进制造"，再上新台阶？

2023年拟筹建"虎门线缆小镇"

南都：东莞提出制造业高质量发展。作为制造业的重要一环，虎门的线缆产业拥有什么优势？近些年，在创新创举方面做了哪些尝试？

◇东莞市虎门信息传输线缆协会会长郑庆均

郑庆均：近年来，虎门镇的消费类电子线缆、连接器行业不断发展壮大，产品远销欧、美、日等国家和地区。虎门已成为国内消费类电子线缆行业的重要集中地与制造基地，也因此先后荣获广东省信息传输线缆产业技术创新专业镇、东莞市重点扶持发展产业（信息传输线缆产业）集群、东莞市高端新型电子信息产业基地等多项荣誉。

虎门信息传输线缆协会团结带领广大企业，于2022年在线上电商平台设立"虎门线缆馆"，2023年在线下联合龙头企业，拟筹建"虎门线缆小镇"；鼓励企业创立自有品牌，研发新技术，争取在国内寻找零部件替代供应商，这样不仅可以降低成本，还可以增加国内订单需求。

加快构建营销数字化经营新业态

南都：坚持"科技创新+先进制造"，是东莞的"立市之本"。具体到虎门，会有哪些举措？

郑庆均：今年是贯彻落实党的二十大精神的开局之年，也是虎门镇实施产、城、人融合发展的关键之年。接下来，虎门信息传输线缆协会将坚持"科技创新+先进制造"，从以下几方面做好工作，推动线缆产业的发展迈上新台阶。

一是借力展会，扩大虎门线缆集群的行业影响力，做大做强做优第七届华南（虎门）国际电线电缆展览会，为采购商与高端卖家构筑高效、便捷的采购贸易与技术交流平台。

虎门国际电线电缆展的前身，可追溯到2013年第一届UL全球电线电缆展会。这个专业展会，众多企业积极参与，得到了市场的认可。截至目前，虎门信息传输线缆协会已先后主导举办了6届"华南（虎门）国际电线电缆展"。第七届华南（虎门）国际电线电缆展览会，已于2023年5月18日在虎门会展中心举行。

二是制定行业标准，抢占高质量发展的话语权。通过对线缆产业各类产品标准的制定及对标准的宣传推广应用，扩大自制标准的影响力和辐射面，推动产业技术联合和自主创新，全面提升虎门线缆企业的核心竞争力及虎门线缆行业的国际影响力。

自2009年"东莞市虎门信息传输线缆协会"成立以来，协会联合行业内的材料、设备、线缆制造商及检测机构等共同组建了"虎门信息传输线缆产业联盟"，着手消费类电子线缆行业各类产品联盟标准的调研、起草和推广工作，2021年累计制定发布117项团体（联盟）标准，带动60多家企业共同关注和借鉴应用团体（联盟）标准指导实际生产制造。

2012年，虎门线缆协会与美国UL4签署了构建"中国区UL电线电缆标准技术小组"备忘录，强化与国际权威检测认证机构的合作。这是线缆业国际领先机构美国UL公司在美国以外成立的首批两个标准工作组之一，也是美国UL海外的第一个线缆标准化工作组。

2019年7月，在协会的全力推动下，虎门信息传输线缆公共服务平台引进中国检验认证集团广东有限公司虎门检测中心，建成了电线电缆类UL认可目击测试实验室，为企业提供认证测试及创新评价、贸易技术壁垒研究与转化应用等15项服务，实现了在本地完成虎门线缆出口国外主要市场所需产品认证中的测试环节，大幅降低了企业经营成本，缩短了产品上市周期，增强了国际市场竞争力。

三是积极开拓市场，创造新的经济增长点。积极拥抱数字经济，推进产业数字化转型。在2022年1688"虎门线缆馆"的基础上，2023年我们将加快"1688—虎门信息线缆赋能服务中心"建设，构建"线上+线下""虎门线缆"营销数字化经营新业态，从电线电缆企业、线缆周边配套设备企业、线缆连接器企业和线缆设备零件配套加工企业四大板块入手，筛选出一批有代表性的虎门优质企业和优质产品，全力打造"中国线缆行业B2B的线上销售基地"。

第四节 惠州电子信息产业产值超5000亿元

2023年3月16日,广东省电子信息行业协会发布了2022年广东省电子信息制造业综合实力百强企业榜单,惠州有11家企业入选,入选企业数量位居全省第二,仅次于深圳,超越广州、佛山、东莞。

作为首批国家级电子信息产业基地,2022年,惠州电子信息产业规模突破5000亿元,达到5053.87亿元,同比增长6.84%,总量居全省第三位,规模以上企业855家,12家企业产值超百亿元,主要分布在5G及智能终端、超高清视频显示、智能网联汽车、新能源电池、核心基础电子等5大优势产业。

产业链全贯通　136家企业参加"隐形冠军"的供需会

2023年3月14日下午,惠州拓邦电气技术有限公司产业链供需对接会在仲恺高新区东江科技园管委会举办。此次活动由惠州市工业和信息化局指导,仲恺高新区经济发展局、东江科技园管委会、惠州市电子信息产业协会主办。

一个产业链的供需对接会由政府部门和行业协会来主动组织,这也体现了惠州对产业和企业发展的重视。活动的效果也显而易见,企业纷纷参与,当天吸引了TCL移动、高盛达光电、信华精机、万盛兴等136家产业链上下游企业参加。

此次对接会,拓邦电气共释放了超3亿元的采购订单给惠州企业。"我们与10多家企业达成了合作意向,这样的活动很好,能增强产业链集群发展的内驱力,加强本土电子信息上下游产业的联系与合作,打造完整的产业链。"惠州拓邦电气技术有限公司大项目总监关雪松说。

位于东江科技园的惠州拓邦电气技术有限公司来自深圳,是上市企业深圳拓邦股份有限公司的全资子公司,在2022广东省制造业企业500强中排第94位。拓邦2022年营收达88.75亿元,连续9年复合增长率达27.4%。

拓邦在智能控制领域是行业的"隐形冠军"。"我们去年生产的智能控制产品达1.4亿套，是全球领先的智能控制方案提供商。"关雪松表示，拓邦以电控、电机、电池、电源、物联网平台的"四电一网"技术为核心，面向家电、工具、新能源、工业和智能解决方案等行业提供各种定制化解决方案。

关雪松说，从产业链角度，拓邦将不断加强产业协同和合作，促进产业链上下游的协调发展。拓邦的业务涉及多个业务领域，将会与惠州相关企业更加紧密合作，建立合作伙伴关系，形成产业集群，共同推动产业发展和技术创新。

"企业发展最需要什么？订单。"惠州市电子信息产业协会秘书长陈澄说，惠州市电子信息产业协会积极搭建上下游企业间合作交流平台，先后举办了华为、小米、TCL、德赛、亿纬锂能以及龙旗等多场知名企业的产业链线下对接会及产业链沙龙活动，不断推动产业链上下贯通，促进产业链耦合式发展，实现企业间互动交流合作，推动诸多中小企业顺利加入到重点企业的供应链体系。

本土企业培育　　不断加大研发投入，成行业翘楚

拓邦电气作为外来企业，持续深耕惠州，并带动产业发展。近年来，惠州本土企业也逐渐发力，在行业中崭露头角，成为惠州经济的主力军。陈澄认为，惠州之所以能在全省电子信息制造业百强竞争中超越东莞，就在于本土众多电子信息企业的支撑。

本土企业中，在汽车电子行业成为行业翘楚的上市企业华阳集团就是典型案例。我国汽车行业快速发展，从规模上行业产销已经多年位居全球首位。2022年，我国新能源汽车销量达688.7万辆，而以智能座舱、辅助驾驶为代表的智能化产品的渗透率也在不断地攀升。华阳集团因为在智能化、轻量化上布局而迎来了快速增长。根据最新发布的2022年年报数据，华阳集团全年业绩稳健增长，营业收入56.38亿元，同比增长25.61%，研发投入占比9.16%。

"下周我要去欧洲出差，主要是拜访客户及了解最新的技术和市场需求。"2023年6月2日，华阳集团常务副总裁、华阳精机董事长刘斌说。总部位于惠州的华阳集团旗下有15家全资及控股子公司，分别在大连、广州、西安、长春、苏州、芜湖、香港以及法兰克福等地，设有研发分支、生产基地或分支机构，拥有近6000名员工，其中包括2000多名研发技术人员。

刘斌说，在高质量发展时代，华阳集团持续投入研发，打造公司产品竞

◇ 上市企业华阳集团的汽车电子生产车间。惠州本土企业中，华阳集团是汽车电子行业翘楚

争力，近年来新订单开拓实现大幅增长。公司紧盯产品和市场，同时通过管理创新、组织变革等提升经营体质，不断提升产品市场份额，致力于成为国内外领先的汽车电子产品及其零部件的系统供应商，其中汽车电子业务在软件、硬件、集成、光学、算法、精密机构等方面拥有较强的技术能力；精密压铸业务在精密模具、精密加工等方面有较强的技术能力。

产业集群打造　力争到2025年产值达8500亿元

制造业是惠州的家底和家当。2023年1月28日，农历新年上班第一天，惠州就发布了《惠州市制造业高质量发展三年行动方案（2023—2025年）》（以下简称"《行动方案》"），传递出惠州坚持制造业当家的鲜明导向。《行动方案》提出，到2025年惠州支柱产业集群效应更加凸显，电子信息产业集群产值力争达8500亿元，规模较2020年翻一番。

近年来，惠州坚持发展"2+1"现代产业集群，作为两个万亿级产业集群之一的电子信息产业集群总产值去年首次突破5000亿元大关，已形成超高清视频显示、5G及智能终端、智能网联汽车、新能源电池、核心基础电子等五大优势主导产业，培育了TCL、德赛、华阳、亿纬锂能、伯恩光学等一批龙头骨干企业。

2022年11月，工业和信息化部公布了45个国家先进制造业集群的名单，广州市、佛山市、惠州市超高清视频和智能家电集群成功入选。作为惠州市电子信息产业优势主导产业之一的超高清视频显示产业频频出圈，形成了从玻璃基板、基础材料、面板、显示模组、核心组件到整机制造完整的超高清视频显示产业链，集聚了TCL王牌、茂佳科技、华星光电、旭硝子、九联科技、高盛达等超100家产业链企业。

"我们要主动联合广深佛莞打造世界水平数字产业基地，共同提升产业链的韧性和竞争力。"2023年惠州市政府工作报告提出，持续壮大五大优势产业，全市电子信息产业集群产值力争达5800亿元。

【对话】

惠州市电子信息产业协会秘书长陈澄：既要招商补链、强链，也要扶持本土企业

惠州电子信息产业何以在全球消费电子需求疲软、国内经济下行压力加大等冲击下成功逆袭？产业链供应链的韧性来自哪里？对各地制造业高质量发展有何启示意义？

机遇　利用优势加强招商引资

◇惠州市电子信息产业协会秘书长陈澄

南都：惠州电子信息产业目前发展如何？

陈澄：作为首批国家级电子信息产业基地，2022年，惠州电子信息产业规模突破5000亿元，达到5053.87亿元，同比增长6.84%，总量居全省第三位，规模以上企业855家，12家企业产值超百亿元，主要分布在5G及智能终端、超高清视频显示、智能网联汽车、新能源电池、核心基础电子等5大优势产业。

如超高清视频显示产业，我们有TCL王牌、华星光电、旭硝子等，2022年产值近700亿元。全市电视机产量近3000万台，约占全省的三分之一。5G及智能终端产业，有伯恩集团、比亚迪电子等，2022年产值超1900亿元。惠州是全国乃至全球重要的智能终端生产基地，也是华为、小米等公司的重要供应链集中地。

新能源电池产业，有亿纬锂能、德赛电池、欣旺达等，2022年产值超850亿元，是国内电池品类最齐全的生产基地。智能网联汽车产业，有德赛西威、华阳通用、华阳多媒体、博实结等，2022年产值超350亿元，占国内中高端智能座舱系统市场的60%。

核心基础电子产业，有华通、胜宏科技、中京电子、洲明科技等，2022年产值近1000亿元，是国内重要的印刷线路板生产基地，占国内15%，新型LED全省第二。

南都：在高质量发展时代，惠州电子信息产业面临哪些机遇和挑战？

陈澄：从整个行业来看，面临消费疲软内需不足等问题，全球经济都不太理想，电子信息产业肯定也会受影响，唯一可能稍好一点的就是新能源版块。汽车电子最近也会受到一些影响，主要新势力汽车可能会受一些影响，整体来看下行的压力较大。

惠州的电子信息产业有一定优势。这两年惠州利用自身优势，加强招商引资，更多地把空间用地用于产业，新落户的企业非常多，以项目为王，我认为惠州还是落实得非常到位的。

政府不光要关注新引入的企业，也要更多关注原有的本地企业。对于一些大企业来说，他们链接的资源很多。对一些中小企业，他们过得好不好？政府怎么关注，怎么样给予支持？这些都可以多考虑，特别是在企业面临困境的时候，更需要政府给资源。这些资源不一定是资金，也可以是对企业的一些扶持。

不足　产业链一些核心环节不强

南都：目前惠州电子信息产业链发展如何？哪些方面需要补充或者需要加强？

陈澄：从惠州电子信息产业的5大产业来看，都有相对比较完整的产业链，但是产业链的一些核心环节还不强。

比如超高清视频显示这一块，我们缺的是什么？缺的是品牌，缺的是上游的核心技术。我们更多的还是在下游代工，品牌就更少了，除了TCL，其他终端品牌就很少。这几年政府其实一直也在提强链、补链，但更多体现在招商的方向上，而不是体现在具体的措施上。比方说新能源电池，政府也想再引些企业进来，引过来后怎么发展或者规划措施这一块还得跟上。

南都：2022年广东省电子信息制造业综合实力百强企业榜单中，惠州有11家企业入选，位居全省第二，仅次于深圳。从经济总量来看，惠州目前只能排广东第五，为什么惠州市电子信息百强企业会比广州、佛山、东莞都多呢？

陈澄：我认为，惠州电子信息企业百强比广州和佛山多是理所当然的。佛山强的是什么？强的是家电，不是电子信息。有一个说法，广东省以珠江为界，珠江东岸主要以电子信息为主，珠江西岸是以家电为主，这是完全两个不同的行业，所以你看百强榜里面连美的、格力都没有，为什么没有？因为他参加是家电评选，它不参加电子信息产业评选。

广州的高科技企业很多，但是电子信息这个领域一直不算强。唯一有点意外的是惠州比东莞的百强企业多，但是也可以理解。我看了这次评选的广东省百强企业，应该是只评选内资，没看到外资企业，东莞外资外贸企业相对较多。

惠州本土的企业相对比较多，制造型企业多，如果把总部不在惠州的企业剥离的话，惠州可能也就减少5家。

建议　扶持政策保持足够灵活性

南都：作为产业协会，你们对惠州市电子信息产业的发展有什么样的建议？

陈澄：第一，强链、补链和招商引资很重要，利用惠州的区位优势、供应链完整的优势，不断去招商引资和强链、补链，把好的企业或产业链上缺失的企业引进来。

第二，政府要加强对现有企业的支持。惠州的电子信息百强企业数量为什么能超过东莞？其实就是我们的本土企业多，就像胜宏、高盛达、华阳、德赛、TCL、亿纬锂能，这一类企业都是我们自己培养出来的。所以我认为，从短期来看，引进一些新的企业是很重要的，但是长期来看的话，还是在于如何培养自己本土的企业。扶持那些已经上市的企业做强做大。我认为要分批次出台相应的政策，政策应该保持足够的灵活性。

从2020年开始，我们协会和市工信局一直在做一件非常重要的事情，就是供应链对接。最开始，我们主要是邀请超大型上千亿元级的企业，来对接惠州本土的中小型企业。2022年，我们改变做法。请中小型企业去对接更小型的企业，甚至有一些新进入惠州的企业，我们去帮他们找客户，邀请供应商客户公共采购人员过来进行对接。2020年，第一次供应链对接是和华为合作的，2023年举行华为第二次供应链对接，TCL也举行了两场。接下来，我们计划在广州也举行一场对接会，现在我们不光是把企业请到惠州来，也开始带着我们的企业去外地。此外，我们协会还有一项核心工作就是帮政府招商。

第五节 扎根江门"淘金"印制电路板

新一代信息技术产业是国民经济的核心基础，是战略性、基础性、先导性产业。"十四五"规划中，新一代电子信息列入15条重点产业链之一，并力争到2025年产业产值规模超400亿元。作为产业链成员，企业感受如何，发展过程中又得到了哪些政策支持，对未来江门制造业当家高质量发展又有哪些建议？

创业 "三人公司"深耕电路板赛道

广东世运电路科技股份有限公司（以下简称"世运电路"）始建于1985年，是港资背景的一家集研发、生产和销售为一体的大型印制电路板制造企业。

1978年，世运电路董事长佘英杰来到香港，并在一家小型电路板厂工作。1982年，佘英杰在香港成立了一家贸易公司，最初只有3名员工，却供应了当时中国电子万用表的大部分电路板。1985年，佘英杰投资30万元港币，成立了香港世运线路板有限公司（"世运电路"的前身）。随着洗衣机、冰箱等家用电器发展普及，作为其必不可少的电子元件之一的电路板需求量越来越大，世

◇广东世运电路科技股份有限公司

运集团亦逐步壮大。

1991年，佘英杰将香港的厂房搬到深圳，正式成立深圳世运电子厂，到2000年，已经拥有员工接近2000人，厂房面积超过15 000平方米。同年，深圳世运电子厂正式开启了和德国博世西门子、美国新思、日本松下等知名企业的合作，其时年产值已近3亿元。

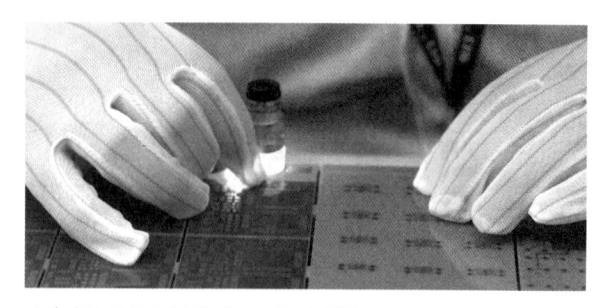

◇生产人员仔细检测产品，保证质量

随着业务量的提升，深圳厂房用地已不能满足生产需求，急需扩建。2005年，世运电路通过对江门和鹤山的认真考察，选择在鹤山市共和镇投资办厂。2007年，世运电路在鹤山的工厂正式建成投产，将生产基地逐步转移至鹤山，当时公司生产的电脑触摸屏相关电路板已占全球市场份额的三分之一以上。目前，世运电路已发展成为年产能超过500万平方米、年销售额超过40亿元的大型印制电路板制造企业。

难关　2008年亚洲金融危机订单锐减

企业蓬勃发展的背后，是铸造产品质量过程的一路"披荆斩棘"。

2008年亚洲金融风暴来袭，许多企业迫于压力倒闭破产，世运电路的订单量亦大幅度减少。2009年，国内外经济开始复苏，一张较大的西门子公司订单让世运电路迎来转机。为了赢得客户信赖，公司管理层更加重视这批订单产品的质量，也正因为这份信用与坚持，为世运电路赢得与客户长期合作的机会。目前，世运电路已成为行业内知名品牌，产品远销全球各地，赢得国内外头部客户的信赖。

近年随着新能源汽车、风光储、大算力服务器等下游应用领域的蓬勃发展，市场对电路板的需求越来越倾向于高密度、集约化，以HDI板为代表的高精度复杂电路板需求增加，这既是电路板行业高速发展的契机，同时也是对电路板生产企业的考验。为应对不断提高的技术规格，以及保持产品质量，公司在研发方面持续加大费用投入，2022年研发投入达到1.6亿元，研发人员的资质及数量也在不断提升；在品质管理方面，公司已经建立了一整套信息化、规范化、标准化、流程化的品质管控体系，并通过持续推进数字化升级转型，不断加强自动化生产、制程改善，进一步提升生产效率，持续贯彻零缺陷的管理要求，提升品质竞争力。

飞跃　江门首家在上交所挂牌上市企业

2017年4月，世运电路成功在上海证券交易所挂牌上市，成为江门市第一家在上交所挂牌上市的公司，募集资金约13亿元。2021年1月，世运电路成功发行可转换公司债券10亿元。2022年8月，世运电路公告非公开发行A股股票的预案，计划募集17.93亿元，上述预案已经通过上海证券交易所审批并在证监会注册，正在筹备发行。

上市给公司带来的好处是显而易见的。第一是拓宽了融资渠道，在资本市场上，公司可以通过定向增发、可转债等方式获得长期资金，而且融资成本也大大降低；第二是提高公司的品牌形象，公司公信力更强，更容易获得客户、供应商的认同；第三是提升公司的吸引力，包括对资本、人才、技术等各方面资源的吸引，更加有利于公司去整合、利用这些资源。

聚焦　江门力争2025年电子信息产业规模超400亿元

《江门市先进制造业发展"十四五"规划》明确新一代电子信息为江门15个重点产业之一。2022年6月7日，江门市印发《江门市战略性新兴产业发展"十四五"规划》，提出结合全国、广东战略性新兴产业的发展趋势，充分分析江门战略性新兴产业的发展现状、面临的形势，做强做大支柱产业，提升优化新兴产业"4+3"战略性新兴产业体系。新一代信息技术产业被列为"做强做大支柱产业"的第一项。

以电子电路制造、家用电器、电声器件及零件制造、新兴软件和新型信息技术服务为主的新一代信息技术产业是江门市战略新兴产业的重要组成部分，2020年产业产值超过140亿元，集聚了海信电子、建滔集团、世运电路、依利安达、创维显示等一批龙头企业，初步在蓬江区、江海区、鹤山市等重点区域形成了产业集聚效应，在广东省具有重要的地位。

"十四五"期间，江门市重点巩固电子电路制造产业优势，加速打造家用

◇世运电路生产车间

电器产业新生态，推动电声器件及零件制造产业高品质发展，促进新兴软件和新型信息技术服务产业做大做强，培育发展人工智能产业，将新一代信息技术产业打造成为江门市经济发展的重要支柱。

力争到2025年，新一代信息技术产业发展成为江门市优势突出的产业，产值规模超过400亿元。产业集聚程度快速提升，在新一代信息技术产业重点领域培育出一批单项冠军企业和产品。产业自主研发创新能力显著增强，产学研合作进一步深化，自主研发创新体系初步形成，打造出一批具有核心竞争力和区域影响力的技术研发创新基地。

规划　江门出招巩固提升电子电路制造产业优势

《江门市战略性新兴产业发展"十四五"规划》对新一代信息技术产业发展提出，巩固提升电子电路制造产业优势、打造家用电器产业区域新生态、推动电声器件及零件制造产业高品质发展、推进新兴软件和新型信息技术服务产业应用示范、积极搭建人工智能高端研发平台、推进人工智能多领域多场景示范应用、加快落地一批产业重大项目、夯实新一代信息技术产业载体、加快新型信息基础设施建设等重点任务。

按照规划，江门将巩固提升电子电路制造产业优势，支持世运电路、依利安达、崇达电路、建滔集团等优势企业面向5G通信、新能源汽车、超高清显示等领域，进一步扩张覆铜板、软硬板、HDI板产能，推动现有制程升级。支持安栢电路等优势企业通过挂牌上市、资产重组、收购、兼并等方式做大做强。

以粤澳（江门）产业合作示范区、深江产业园（大泽园区）和鹤山工业城为重点载体，打造江门市电子电路制造优势产业集群。支持建滔集团、世运电路、崇达电路等龙头企业在海内外收购和兼并，整合产业链上下游资源，着力引进有重大带动作用的龙头项目和强链、补链、延链作用的配套项目。加强与臻鼎科技、欣兴电子、健鼎、翰宇博德、南亚PCB等中国台湾企业，以及日本旗胜、韩国三星电机、名幸等外资企业的合作交流，加大相关企业的引进力度，促进项目落地，形成具有突出竞争优势的产业集群。

按照规划，江门将夯实新一代信息技术产业载体。重点推进江门国家高新区、粤澳（江门）产业合作示范区、江门滨江新区、鹤山工业城、恩平工业城、深江产业园（大泽园区）以及江门高新区带动睦洲、三江联动发展区等园区建设。积极推动海信电子、创维显示、建滔集团、世运电路、唯是半导体等企业产业协同转移，建设新一代信息技术特色化专业园区。加快半导体与集成电路封装测试、4K/8K超高清显示、高端家电、电声器件及零件制造等产业要素集聚，推进园区化、高端化发展。

【对话】

广东世运电路科技股份有限公司董事长佘英杰：大力推进链主制度，引领产业链发展

广东世运电路科技股份有限公司董事长佘英杰建议，大力推进链主制度，引领产业链发展，以协同创新方式推动关键技术攻关，解决"卡脖子"难题。

谈成绩　产品广泛应用到汽车等不同领域

南都：企业最近几年的发展情况怎么样？

◇广东世运电路科技股份有限公司董事长佘英杰

佘英杰：广东世运电路科技股份有限公司成立于1985年，是一家集研发、生产和销售为一体，专业生产双面板、多高层板、HDI、软板、软硬结合板、金属基板等电路板的制造企业。目前年产能超过500万平方米，年销售额超过40亿元。产品广泛应用到汽车、风光储、消费、电脑及周边产品、通信和医疗类产品等不同领域。其中汽车电路板占比最高，尤其在新能源汽车方面具有一定先发优势。公司主要客户有特斯拉、松下、三菱、博世西门子、戴森、丰田、大众等国际知名企业。

谈创新　拥有有效专利80件

南都：企业在科技创新方面的成绩如何？

佘英杰：目前，我们已获得ISO9001、ISO14001、ISO13485、ISO45001、IATF16949、UL、DE和CQC等认证。截至2022年底，拥有有效专利80件（其中发明专利23件、实用新型专利57件）。先后获批设立省科学院企业工作站、广东省博士后创新实践基地。2022年公司（多层板、HDI）项目入选国家工信部发布的符合《印制电路板行业规范条件》企业名单，是江门地区首家入选的企业。

谈建议　以协同创新方式推动关键技术攻关

南都：在新一代信息技术产业方面，对江门制造业当家高质量发展有哪些规划和建议？

佘英杰：世运电路是江门市新一代信息技术产业链的成员之一。江门市政府定期召开专班会，及时向产业链成员宣导最新政策，并听取意见、建议，为企业经营发展解决实际问题。当前，产业链发展仍面临着一系列问题，如关键零部件、设备和软件领域的核心操作系统仍然依靠国外，高端人才不足，产业链发展不均衡等。

对此，结合我在公司发展过程中的体会，提出以下几点建议。一是加大力度推进链主制度，引领产业链发展，一方面以协同创新方式推动关键技术攻关，解决"卡脖子"问题，另一方面可以进一步完善产业链配套。二是加大资金扶持力度，增加省级技术改造资金预算，推动企业加快设备升级改造，扩大生产与投入，为制造业高质量发展提供支撑；扩宽产业配套发展专项资金的扶持范围，使更多产业内的企业可以得到帮助。三是支持制造业企业积极参与国际市场竞争和全球分工，推进业务和经营国际化。

第四章

装备制造产业样本

第一节　机器人生产机器人，30分钟下线一台

生产线大约35米长，全部"工人"就是12台库卡机器人、6台库卡生产的AMR小车和5条库卡的第七轴轨道，平均每30—40分钟可下线一台机器人。

在美的库卡智能制造科技园这条"聪明"的生产线上，每天大约有40台机器人诞生，继而被送到全国乃至全球的智造工厂。

这不是未来电影，而是佛山顺德北滘的智造实景。

如今，随着美的库卡二期正式投产，顺德北滘已经聚集了八大机器人重点项目，年产值超120亿元。这种聚合裂变的效应才刚刚开始，以北滘为核心样本，一个世界级机器人产业高地正在佛山加速成型。

在业内人士看来，机器人产业落户安家的土壤，代表的正是"最靠近未来的地方"。

赛道　国际国内工业机器人巨头"齐聚"

这个"最未来"，正在佛山顺德落地生根。

2023年，国际国内两大工业机器人巨头，在此动作频频。

5月，美的库卡智能制造科技园二期（以下简称"美的库卡二期"）正式投产。库卡中国总经理许桂友介绍，随着园区的全面投产，未来机器人产能将达到8万—10万台/年，将全面推动机器人供应本地化和支持制造业自动化、智能化、数字化转型。广东首条"机器人生产机器人"生产线就诞生在这里。

除了生产制造越来越"聪明"，园区还积极引入产业链上游供应商并完善产业链布局，打造机器人产业集群，助力机器人产业发展。目前，已进驻的产业链上下游企业共9家，覆盖多个机器人核心零部件，预计园区的供应链配套将达到85%。

埃斯顿-克鲁斯机器人华南研发生产基地也在这里举行乐开工仪式。项目

将打造华南区总部企业基地，与其全资收购的欧洲焊接机器人领军企业CLOOS共建机器人（华南）技术中心。

以上两家机器人企业，分别来自本土机器人的"龙头"与德国全球工业机器人四大家族。

在不到两周的时间里，美的库卡和埃斯顿所在的片区迎来了一轮产业开工和投产收获的高潮。飞利浦德尔玛与众多机器人项目如火如荼地开展建设，包括埃斯顿、中设、中大力德、拓野等知名的机器人企业，在三龙湾北滘片区陆续开工、封顶以及准备投入生产。

再加上2020年从深圳来到顺德北滘的大族机器人，据不完全统计，目前佛山顺德北滘已经聚集8大机器人重点项目，年产值已超120亿元。

时间倒回2017年，这是顺德机器人产业发展的一个重要节点。当年12月，美的库卡一期落户北滘会展片区，片区机器人产业"从无到有"的大幕徐徐拉开。

第二年，区域内另一家世界500强企业碧桂园进军机器人产业项目：佛山顺德机器人谷首开区（博智林）项目落地，项目规划总建筑面积超过百万平方米。自此，北滘机器人产业开始一路高歌猛进。

2020年，来自深圳的大族机器人落户，随着园区不断建设和陆续投产，大族机器人在广深"朋友圈"上下游企业也先后进驻。2021—2022年，埃斯顿、中大力德、拓野和凯硕等也先后落地。据不完全统计，以上8个机器人项目总用地面积超过了1210亩。这些机器人企业涵盖了从本体、集成到零部件的整个

◇"机器人生产机器人"的智造生产线

产业链条。

  为此，顺德也在这一区域规划了佛山北滘机器人谷智造产业园，全域规划三大片区，总面积约2.9万亩。包括中部的"北滘新城综合活力核"以及分别位于"活力核"东西两侧的"产城融合发展引擎"和"产业创新发展引擎"。

  不到六年时间，机器人产业从落地到"生根"，从无到有、从弱到强、从点到链。

  不仅如此，机器人智能制造产业发展，也改变了这个传统制造大镇、制造大区的人才结构。以库卡为例，目前，美的库卡智能制造科技园常驻人员1000人，科技人员超过50%，以硕士以上学历和行业专家为主。最新数据显示，目前顺德北滘常住人口30多万，但平均年龄不到35岁，聚集了十几万本科及以上学历的工作者。

生态　强大的制造业应用市场

  机器人们为什么纷纷选择在佛山顺德北滘"安家"？

  其一是核心在于生态。

  在北滘镇党委副书记、镇长王德华看来，北滘发展机器人企业拥有先天的智造基因和产业生态："首先是本地拥有强大的制造业市场，传统的制造业企业对自动化转型升级的需求逐步加大。"

  作为全国唯一的国家制造业转型升级综合改革试点城市，佛山目前正大力推进制造业数字化智能化转型升级。数据显示，全佛山市已有四成以上的规模以上工业企业实现了数字化转型，累计应用机器人超过了2.3万台。到2025年力争全市八成以上规模以上工业企业实现数字化转型。

  其二是关联的产业链布局。

  王德华表示，装备制造业是顺德区传统的优势产业，本土的机械装备产业链条完善、根基好，容易吸引外来的机器人企业落户，同时也有部分传统的装备企业与"机器人"联手。与此同时，良好的营商环境、良好的政府服务是招商引资工作的根本。"我们持续在修炼'内功'的同时，创新性做好政府服务工作，像呵护家人一样去呵护企业。"

  "埃斯顿将华南研发生产基地选址在佛山市顺德区北滘镇，是基于这里独特的地理位置优势，便利的交通条件以及优越的营商环境。"在2023年6月的开工仪式上，南京埃斯顿自动化股份有限公司总裁吴侃表示，"埃斯顿-克鲁斯机器人华南研发生产基地项目是埃斯顿发展战略中的重要部署，也是在珠三角经济发达地区发展的重要里程碑，将有效助力埃斯顿在华南地区乃至全球长期战略目标的达成。"

在先天发展基因下，北滘持续以更大的力度培育机器人产业发展的土壤。

一是高位谋划。

2023年初，佛府办一号文件《促进佛山北滘机器人谷智造产业园机器人产业发展扶持办法》落地，重点支持、引导机器人产业资源集聚北滘机器人谷智造产业园，推动佛山机器人产业高质量发展，支撑全市制造业高端化、智能化、绿色化发展。

"这是顺德区委领导亲自牵头制定的，政策力度全国最高。"对这份文件，参与者也是推动者的王德华印象深刻，"当时我们对全国机器人产业发展最好的几个城市出台的产业政策逐一分析，最终政策虽然条数不多，但是个个都是最有竞争力的。"

在库卡落地以来，北滘以此为契机趁势而上助力机器人产业向千亿元级迈进，并打造全国最齐备的机器人供应链。

"回顾过去的五年时间，在市委市政府、区委区政府的正确指导下，北滘镇始终坚持在机器人产业上持续发力，从规划、用地、招商、政策等各方面努力。"王德华坦言，罗马建成非一日之功，千亿元机器人产业好比北滘的罗马，但建设的过程是漫长、逐步累积的，"我们现在远没有建成想象中的罗马，依然任重道远。北滘现在以及未来的主要任务是，将佛山对打造千亿元机器人产业的美好蓝图变成实实在在的施工图。"

这个施工图正在逐渐成型。

如今美的库卡园区内已进驻的产业链上下游企业已达9家，覆盖机器人多个核心零部件，据估计，园区的供应链配套在日后将达到85%。

海创大族机器人智造城项目中已审批入园的企业更是超过100家，重点打造机器人产业集聚平台、产业链企业和孵化创新平台，集研发、生产、中试、办公、生活于一体，构建"上下楼"就是"上下游"的产业聚集效应。

二是政企携手。

"二期项目建设过程中的重点和难点在于把主力供应商引入园区来，在这方面顺德区委、区政府确实帮我们做了很多事情，而且很多工作甚至想在了企业前面。"让库卡中国营运与人力资源总监陈峰印象非常深刻的是,在2022年的某一天他接到了来自长三角一位核心零部件供应企业电话,"客户说我们顺德区委书记亲自到企业拜访交流,提出希望企业能够进驻的我们二期园区。"

如今,这家企业已经进入美的库卡智能制造科技园二期,与库卡成为邻居。

"这样的例子还有很多,不仅是国内配套企业还有国外核心零部件企业,我们知道政府除了行动走在企业之前,还提供了很有吸引力的政策和配套服务,将机器人核心零部件上下游企业落户顺德。"陈峰认为,佛山致力于打造良好的营商环境,在园区全面投产前,政府部门协助库卡推进了筹备工作,在政府的大力支持下,确保了二期项目的如期投产。

愿景　机器人与制造业转型"双向奔赴"

机器人产业链的发展愿景之一就是与制造业的双向赋能。

机器人产业的落地不仅是新兴赛道上加速跑,也让区域传统优势产业焕发新机。

"在发展新兴产业的同时,北滘乃至顺德的优势产业要继续保持优势,如家电、机械装备等,通过数字化智能化转型升级,以及生产技术和销售模式等方面创新,进一步放大和提升产业链优势。"王德华表示,区域优势产业与区域新兴产业实际上是互相赋能、相辅相成的,是应用和被需要的关系。

这种双向赋能的效应在北滘已经显现。

在库卡落地中国,与美的成为"一家人"之后,从研发制造到应用场景,都形成了"1+1>2"的协作和双向赋能。

在陈峰和团队成员们看来,美的为库卡搭建了很好的平台;库卡则助力美的集团工厂的自动化、数字化和智能化生产线升级,为美的集团发展赋能:"我们可以看到自从美的收购库卡以来,美的新增了很多灯塔工厂。"

除了双向赋能,在供应链方面美的和库卡也形成了强强联手。包括芯片在内的原材料采购,在统一采购平台下,美的助力库卡机器人获得更加有竞争力的价格。

机器人产业链发展的愿景之二就是生态圈的建设。

"现在国内工业机器人的本体生产、核心零部件、系统集成服务商以及机器人应用场景和方案,这四大块都已经落地佛山顺德北滘,这也是我们目前重点发力的方向。"王德华介绍，除了库卡、埃斯顿等行业龙头，还有本土发展起来的捷顺，近年招商引资落户的中设、拓野等，以及主攻核心零部件的中大力德等也落户顺德，"接下来我们将区镇携手共同努力，实现核心零部件配套本土化。我们也会继续鼓励企业多采用机器人，包括数字化智能化转型也是整个佛山顺德的发展方向和优势"。

"下一步我们会继续朝着服务机器人、特种机器人方向拓展和努力。"王德华介绍，目前顺德机器人生态圈已经有部分特种机器人项目，比如大族机器人机器产业园区。

关于这座机器人产业落地生根的机会之城和"未来"小镇目标清晰。

王德华介绍，一是继续抢抓招商引资工作，尤其是科技型企业的招商。通过招商，推动城市品质及三产的提升，为人才、青年提供更适宜发展、生活的城市环境。二是推动制造业企业技术研发及成果转化。在推动本地企业数字化应用方面，做好制造业企业与机器人企业对接平台搭建工作。三是鉴往知来，借助外脑之智，纵向梳理北滘发展的经验与教训。取长补短，横向梳理国内先进地区的先进经验，尤其是学习上海等地发展机器人产业的经验和做法，并加以本土化改造。"为佛山打造千亿元机器人产业作出北滘贡献、为佛山高质量发展贡献北滘力量。"

【对话】

库卡中国营运与人力资源总监陈峰：推动供应链本地化　构建产业链生态集群

作为当前华南最大的机器人生产基地，美的库卡智能制造科技园自2019年正式投入使用，截至2023年4月底，园区已经累计生产交付超过5.7万台工业机器人，累计产值近100亿元人民币。

2023年5月30日，美的库卡智能制造科技园二期（以下简称"库卡二期"）正式投产，预计未来机器人年产能为8万—10万台。此次除了布局本体研发及制造，库卡

◇库卡中国营运与人力资源总监陈峰

二期更积极引入产业链上游供应商，完善产业链布局，打造机器人产业集群。

与一期相比，库卡二期的"智造"新亮点有哪些？未来如何扩大机器人制造的"朋友圈"，使佛山率先实现机器人供应链本地化，补足广东机器人产业链研发及供应的重要一环？库卡中国营运与人力资源总监陈峰进行了详细解释。

实现"机器人生产机器人"

南都： 与一期相比，库卡二期的"智造"新亮点有哪些？

陈峰： 与一期相比，库卡二期实现了三个突破。第一个突破是实现了自动化的突破。一期主要还是依靠人工制造机器人，二期则是实现了"机器人生产机器人"，生产线完全实现无人，仅需极少的员工在外围进行数据监控。库卡顺德全自动化产线是广东首条"机器人生产机器人"生产线。该条产线投入约2000万元，目的是打造一个可复制、一流水平的全自动机器人生产线，赋能制造业。

生产线整线长度为35米，全线采用了12台库卡机器人，6台库卡生产的AMR小车，5条库卡的第七轴轨道。自动化和智能化是这条产线最大的优势，该条自动化生产线单班产能提升50%，工时效率提升也超过了30%。依托这一智能生产线，每天可以下线约40台机器人，平均每30—40分钟可下线一台。该条生产线的兼容性强，一条自动化生产线可以产出不同负载、不同臂展的多种型号机器人。

第二个突破是核心零部件研发及制造的本地化。在库卡一期，所有零部件采购回来后，在总装车间组装生产出来，这样生产的周期较长。在二期，未来85%的核心部件都在园区制造，供应链更安全、高效。

第三个突破是重载和轻载机器人并重的产业布局。一期主要生产重载机器人，轻载机器人很少。二期则释放更多产能，预计年产8万—10万台机器人，这就给生产轻载机器人提供了更多空间。也就是说，二期将从一个重载机器人为主变成了重载和轻载机器人并重的一个产业布局。

南都： 从目前应用场景和解决方案来看，库卡机器人目前在自身产品和技术上又有哪些升级和新的研发成果？

陈峰： 汽车是库卡传统的强项领域，同时我们在电子、物流、3C、重工、电子、医疗和消费品等行业的增长都非常迅速，需要更多轻载机器人，它们速度快、精度高。未来，库卡中国将在非传统汽车行业持续发力。

针对行业痛点，推出解决方案。比如，现在焊工越来越短缺，而且这个职业本身对身体有损害。今年，库卡最新推出了适用于通用行业的KR CYBERTECH系列Edition机器人，这是去年弧焊机器人系列的拓展。又如锂电池越来越大，需要越来越大的载重，我们就推出了额定负载在480—800kg的KR FORTEC ultra重型机器人。

园区供应链配套将超85%

南都：库卡二期提出实现产业链本土化，这备受市场关注和期待，可否具体谈一谈目前面临的问题和发力方向？

陈峰：机器人三大核心零部件——减速器、伺服电机和控制器，过去全部、目前大多依赖进口，导致本地供应时常受不确定因素影响。现在我们投入研发、生产，尽量实现自制，加强供应链安全。

此次除了布局本体研发及制造，园区除了库卡自身使用需求，还积极引入产业链上游供应商并完善产业链布局。已进驻的产业链上下游企业共9家，覆盖谐波减速器、伺服电机、线束/线缆、PCBA以及铸件机加工等机器人多个核心零部件，是国内较为完善的机器人本体产业链园区，预计园区的供应链配套将达到85%。一些零部件此前订货周期要90天以上，如今在园区内最快只需要半天即可到达。

南都：顺德的目标是建设一个具有世界影响力的机器人产业高地，对此你还有哪些期待和建议？

陈峰：顺德雄厚的产业基础和完善的产业链优势为库卡发展提供了强有力支撑。依托美的库卡智能制造科技园，未来库卡将持续提升机器人研发应用水平，引领行业技术优势。通过与国内外产业链上下游企业、高等院校和研究机构的深度合作，全面推动供应本地化，构建全产业链生态集群，支持制造业自动化、智能化、数字化转型，带动国内智能制造产业升级与发展。

供应链越完善，产业集群越强，就越高效，越节约成本。目前还存在一些短板，需要政府牵头引入更多行业头部企业，促进行业整体发展。此外，人才培养还要加强，建议政府引导高校、职业院校加强专业研发、技术人才培养。

第二节　全球最大宽扁浅吃水型半潜驳船江门造

2023年3月26日上午，江门市新会区银洲湖，一个比标准足球场还大的巨型"方块"静静停泊在临岸水域，工人们正在其上往来忙碌，这是由中交四航局江门航通船业有限公司（以下简称"航通公司"）承建的全球最大宽扁浅吃水型半潜驳船——45 000 DWT（载重吨）半潜驳船的主船体。

建造全球最大宽扁浅吃水型半潜驳船、国家科考船、国内最大双体超级游艇，小灵便散货船市场占有率全球第一……近年来，江门市船舶与海工装备产业狂飙突进。

2022年江门工业总产值突破6000亿元，成为广东下一个"万亿工业大市"的有力竞争者，而船舶与海工装备产业是江门市15条重点产业链之一。江门依托丰富的海洋资源，积极参与环珠江口"黄金内湾"建设，全面推进滨海城市建设，"海上制造"迎来黄金时代。

龙头企业扎堆　"江门造"海工重器加速出海

"它是江门市目前建造的最大船舶，也是目前全球最大宽扁浅吃水型半潜驳船，总用钢量超2.3万吨，与'万里长江第一桥'武汉长江大桥用钢量相当。"航通公司负责人介绍，45 000 DWT半潜驳船于2021年正式开工，是可在近海航区进行下潜、起浮作业的重要施工用船。

航通公司是世界500强中国交通建设股份有限公司下属企业的全资子公司，成立于1993年，主营业务是研发、设计、制造、维修港航施工船舶、海洋工程辅助工作船、液货运输船等特种船舶。

从"制造"向"智造"迈进，实现高质量发展，建造45 000 DWT半潜驳船是航通公司近年来加速转型的缩影。航通公司至今已承建生产了国内首套潜水无人切割机、首艘遥控抛石船、海上移动打桩平台、深中通道8万吨智能台车

◇在江门市新会区银洲湖，全球最大宽扁浅吃水型半潜驳船——45 000 DWT 半潜驳船的主船体正在加紧建造中

和智能混凝土浇筑系统等一系列海工重器，先后荣获国家优质工程金质奖、交通部科技成果奖、广东省交通运输创新示范企业等荣誉。

"2022年公司完成营业收入16亿元，2023年的目标是计划新签合同额35亿元，其中，船舶业务10亿元，工程业务25亿元，实现营业收入18亿元。"航通公司负责人表示，2023年造船业务回暖、船舶制造订单持续增长，公司将加大科研创新投入力度。

距离航通公司不足一公里的江门市南洋船舶工程有限公司（以下简称"南洋船舶"），同样是江门市船舶与海工装备产业链龙头企业。南洋船舶在2023年中国手持订单量排名前30船厂、2022年全球新签订单量排名前30船厂排名中，分别排在第23位和第17位。

作为广东省规模最大的民营船舶制造企业，南洋船舶在现代节能型小灵便散货船市场占有率全球第一。迄今为止，南洋船舶已经建造交付92艘小灵便型散货船。

南洋船舶现有授权专利288项，其中发明专利30项，实用新型专利258项。凭借技术优势，南洋船舶在回暖的国际大市场中抓住机遇，2022年南洋船舶交付了8艘船，今年计划交付12艘船，总产值预计突破25亿元。

从航通公司向南大约20公里，在新会区沙堆镇虎跳门水道江畔，有江门市船舶与海工装备产业链另一家龙头企业——江门市海星游艇制造有限公司（以下简称"海星游艇"）。2023年1月，海星游艇被广东省工业和信息化厅认定为"2022年'专精特新'中小企业"。海星游艇深耕中大型游艇领域16年，目前在国内中大型游艇销售中保持领先地位。

力争产值50亿元　打造广东船舶产业重要基地

世界大船，江门制造。2022年以来，由于海运价格持续上涨，造船企业承接的订单大幅增长，江门市船舶与海工装备产业呈现蓬勃发展态势。江门市工信局提供的数据显示，江门拥有规模以上船舶企业15家，主要集中在中游的船舶制造、海工装备制造以及下游的船舶拆解回收、修船领域，龙头企业包括南洋船舶、航通公司、海星游艇等。2022年，江门船舶产业链保持快速增长，全年船舶与海工装备产业链累计完成工业总产值30.56亿元，累计增速82%。

广东省将船舶制造业列为全省发展先进制造业的重点产业之一，并形成了以广州为主的珠江口地区造船基地，如今，江门已成为其中重要一环。

江门市船舶与海工装备产业主要分布在江门市新会区和台山市，其中，新会银洲湖区域是核心区。江门市工信局相关负责人士表示，目前江门市正利用海岸线长、靠近南海的独特优势，加强岸线资源的收储和整合，以"集群化、高端化、智能化"为发展方向，立足装备制造产业基础，加快打造成为华南地区具有较强影响力的船舶和海工装备产业基地。

◇ 45 000 DWT 半潜驳船建成效果示意图

2023年，江门市深入推进"工业振兴""园区再造"工程，发挥海洋大市的优势，推动船舶与海工装备产业集群化高端化，为高端装备制造产业发展提供有力支撑。其中，以新会为重点发展区域，依托银洲湖等重点园区平台，谋划建设内河船舶制造特色产业园；依托南洋船舶、航通公司同时拥有省级企业技术中心和省级工程技术中心"双中心"优势，鼓励企业针对关键核心技术实施攻关，争取"首台套"装备取得新突破；同时，抢抓"双碳"新机遇，适应广东省海洋油气资源和海上风电规模化开发需要，充分利用现有造船设施发展海水制氢、海上风电等海工装备产业。

根据《江门市船舶与海工装备产业链培育发展工作方案》工作部署，江门计划到2025年，打造成为全省船舶制造和海工装备制造的重要基地、智能海洋工程装备研发中心和海工装备测试基地，力争船舶与海工装备产业产值达到50亿元。

深入实施"链长制" 提升江门产业发展量级能级

目前，广东已拥有深圳、广州、佛山、东莞、惠州5个"万亿工业大市"，下一匹"黑马"将在哪里？江门备受瞩目。

坚持"工业立市""制造强市"，近年来，江门市深入实施"链长制"助力千亿元级产业集群发展，开辟硅能源、新能源电池、新型储能、盾构机、传感器、安全应急等特色产业新赛道，担当广东新一轮制造业高质量发展主力军。

据2023年江门市政府工作报告，2022年江门市通过深入实施"链长制"，推动石化新材料成为继金属制品、食品、家电后第四条产值超500亿元产业链，新能源电池、智能装备等6条产业链增加值增长超10%，包括船舶与海工装备产业链在内的15条重点产业链合计实现产值4345亿元，拉动工业总产值突破6000亿元，工业增加值、制造业增加值占地区生产总值的比重分别达39.3%和35.8%，均创近年新高，工业投资连续两年增量均超百亿元。

实施"链长制"，推动产业集群化高端化。江门市目前拥有现代轻工纺织、先进材料、现代农业与食品3个千亿元产业集群，拥有新一代电子信息、绿色石化、智能家电3个500亿元规模产业集群。广东省制造业"十四五"规划重点发展的20个战略性产业集群，均把江门作为布局城市。

2023年，江门提出全年引进项目投资额超2000亿元，其中制造业项目投资额占比不少于80%，推动工业投资突破千亿元。通过深入实施"链长制"，做优链条、做大集群、以链促群、做强产业，推动新一代信息技术产业链产值超500亿元、新能源电池产业链产值超300亿元，重点打造新能源、新一代电子信息两个千亿元级产业集群，提升江门产业发展量级能级。

【对话】

中交四航局江门航通船业有限公司执行董事、总经理黄红宇：我国已经成为世界上最大的半潜船制造国家

"海工重器"蜚声海内外，作为江门市船舶与海工装备产业链龙头企业、链主企业，中交四航局江门航通船业有限公司为何这么"牛"？

45 000 DWT半潜驳船　保障浅海项目　可当海上船坞

南都：45 000 DWT半潜驳船最近受到很多关注，作为目前世界上最大的宽扁浅吃水型半潜驳船，它有何用途？

◇中交四航局江门航通船业公司执行董事、总经理黄红宇

黄红宇：这艘45 000 DWT半潜驳船，全长164米，宽65米，总高度超31米，甲板面积达10 660平方米，相当于1.5个标准足球场，入级CCS，挂中国旗，经CCS船级社认证是全球最大的宽扁浅吃水型半潜驳船。

45 000 DWT半潜驳船采用全焊接钢质船体的箱形驳船船型，艉艄船底斜切、举升甲板无脊弧无梁拱、圆舭、单底单甲板钢质焊接结构，具有一层连续举升甲板，四角设置塔楼，可在近海航区进行下潜、起浮作业的非自航甲板驳。它不仅能满足在全球各大洋进行调遣运输的需求，更能到达大型驳船不能深入的港口和河口施工工地进行作业，大幅提高浅海地区大型项目的工作效率和安全保障能力，该船还可充当海上船坞，对受损船舰和装备实施快速维修。

南都：建造这样一艘巨型半潜驳船，难度在哪里？

黄红宇："宽""扁"和"浅吃水"是它最显著的特征。首先，因为体量巨大，所以对船台要求较高，按照常规方案，需要至少6万吨船坞才能满足建造需求；其次，因为厚板用量大，对焊接技术、设备要求高；第三，零件众多，对产品精度控制要求达到苛刻的程度。

南都：你们是怎么解决的？

黄红宇：由于半潜驳船设计的主体尺寸严重超出了公司现有场地。我们利用船台进行建造，根据下水排车能力，将主船体分成四个总段下水，然后再将各总段进行水上合龙，这让整个项目工期和成本都在可控的范围内。

EH36高强度厚钢板焊接要求严苛，假如采用常规的半自动埋弧焊拼板工艺，因为涉及单丝多层多道焊接作业，可以预见"焊接变形大、焊接质量难以保证、焊接效率低"等问题。我们成功探索出一套最合适的工艺参数，编制形成《50mm EH36板焊接作业指导书》指导后续施工，并根据实验数据参与问题分析，就优化剖口设计、焊接顺序等方面提出意见，如针对零件制作和合龙两个不同阶段，提出了X形和V形剖口焊接方案，成功解决了构件翻身困难等难题。

在总段拼装过程中存在浮动的难题。我们采取整体加载降低重心的同时，还创造性地利用调节各总段四角舱位的压载水量，快速而精准地解决了此前为调整总段间存在的纵倾和横倾问题的难题，使对接时间从原来的两天缩短到4个小时，水上合龙工作顺利推进。

南都：目前除了我国，还有哪些国家可以制造这类船舶？我国的制造技术在世界上处于什么地位？

黄红宇：我国是继荷兰之后第二个建造自航式半潜运输船的国家，在制造领域方面，我国已经成为世界上最大的半潜船制造国家。

"海工重器"江门造　200台"蚂蚁"台车搬动8万吨沉管

南都：除了宽扁浅吃水型半潜驳船，你们公司还有哪些国内外领先的产品？

黄红宇：除了半潜驳船，我们公司还生产了国内首套潜水无人切割机、首艘遥控抛石船、海上移动打桩平台、深中通道8万吨智能台车和智能混凝土浇筑系统等。

南都：它们有什么独特之处？

黄红宇：海上移动打桩平台是我们针对强涌浪、长周期波、地震频发、无遮蔽的海域环境量身研制的打桩设备，抗震设防烈度达到8级，拥有极高的安全性和稳定性，可在海上、浅滩、滩涂等不同场景实现全天候作业。而且，这个平台采用装配式设计，所有零部件均可通过集装箱出运，设备出运非常便利。目前，我们的装配式移动打桩平台正参与秘鲁钱凯港口建设，在打造南美洲重要海上枢纽港的进程中树立标杆。

我们建造的"海洋地质二号"属国家科考船，安装150吨具有主动深沉补偿能力的海工吊机，可为其他科考船提供钻具、设备和物资补给，承担井场调查、对外消防、救援、安全守护及应急撤离等任务，还可搭载设备集装箱、冷链集装箱和住人集装箱等，进一步增强科考船人员换乘及食品补给能力。这艘船交付后，搭载"海牛Ⅱ号"海底大孔深保压取芯钻机系统，成功坐底在水深2060米的海底，在海底完成姿态调平后，进行了约15个小时的目标层保压取芯钻探作业，成功下钻231米，刷新了世界深海海底钻机钻探深度。

深层水泥搅拌船"四航固基号"是非自航工程船，是我们建造的国内第一艘自主设计自主建造、设备完全国产化的DCM船型，船长72米，宽30米，深4.8米，设计吃水2.9米，是沿海港口码头、防波堤、护岸、人工岛围海造地的基础处理施工的"利器"，被誉为"深海打桩机"。它参与香港机场第三跑道扩建围海造地的软基处理工程施工、深中通道沉管隧道基础处理施工等大型工程建设，效果显著，获评2017年广东造船工程学会推荐船舶产品，2020年荣获中国水运建设行业协会科技进步奖特等奖。

深中通道海底隧道全长约6.8公里，双向8车道设计，由32个沉管和1个最终接头连接而成。每一节标准沉管长165米、宽46米、高10.6米，浇筑完成后重量可达8万吨，面积足有一个半足球场这么大。8万吨的沉管重量，相当于福建舰满载排水量，如此庞然大物，是如何实现高效移运的呢？为此，我们自主研发了世界最大智能台车编组，它由200台电动轮轨式液压台车组成，每台台车就像一只小蚂蚁，整个"蚂蚁战队"最大可承载16万吨，它们纪律严明、步调一致，行动只需听从一台中控电脑指挥，8万吨沉管移动220米距离仅需3.5小时。除了世界最大智能台车，我们还为深中通道的沉管预制厂自主研发了一套智能浇筑设备，是沉管预制厂实现"一月浇筑一个管节"的重要保障。

第三节 "中国摩托车产业示范基地"发展密码

2023年4月16日,在第133届广交会上,江门摩托车成为一道靓丽风景,吸引了许多客商的目光,江门市委书记陈岸明骑上一辆造型"酷炫"的摩托车,现场支持江门制造。

产业近年平均增速20%以上、年产销摩托车300多万辆、全国摩托车出口量排名前五位企业中占据两席……从20世纪80年代借"侨"牌优势发家,到如今实现产业链年工业总产值超250亿元,江门集聚了大长江集团、大冶摩托、气派摩托、国机南联等一批知名企业。作为"不禁摩"城市,江门目前摩托车保有量超143万辆,摩托车产业是江门的传统特色产业,也是15条重点产业链之一。

一组来自中国摩托车商会的数据也值得关注:2022年我国摩托车产销量下滑16%,大排量摩托车增长47%。面对市场新变化和新挑战,江门作为全国重要的摩托车生产基地将如何突围,又将如何续写摩托车产业的狂飙故事?

"侨"牌优势　约占全国整车市场10%份额

江门摩托车产业起步于20世纪80年代。借助"侨"牌优势,江门开始发展进口摩托车贸易。由于政策宽松、需求旺盛,江门迅速发展成为全国最大的进口摩托车交易基地,国内市场上约有50%的进口摩托车是从江门流向各地的,换言之,平均每2辆进口摩托车中,就有1辆来自江门。发达的摩托车贸易成为孕育江门摩托车产业的摇篮。

随着市场的发展,一些从事摩托车贸易的商人开始瞄准制造业,许多小规模的摩托车拼装和零配件生产企业应运而生。1991年11月,江门市大长江集团有限公司(以下简称"大长江集团")注册成立,标志着江门摩托车产业走向专业化。截至1998年,江门市规模以上摩托车生产厂家迅速发展到9家,年产摩托车23.1万辆,年产值达到19.93亿元。

◇在第 133 届广交会上,江门摩托车产品深受海外客商欢迎

进入21世纪后,江门摩托车产业迎来蓬勃发展。2000年,江门市明确把摩托车产业列为江门市支柱产业之一,并多次成功举办了摩托车工业博览会和机电产品博览会。2003年,江门市被中国汽车工业协会授予全国首个"中国摩托车产业示范基地"称号。

经过数十年发展,江门如今已成为我国主要的摩托车生产基地之一,近几年平均增速一直保持在20%以上,约占全国整车市场份额的10%。数据显示,2022年,江门市摩托车产业链实现工业产值255.74亿元,现有规模以上企业97家,年产销量300多万辆,具备年产整车300万辆、发动机300万台左右的生产能力,已形成完整产业链条,并在发动机、气缸体、离合器、制动器等配件产品均有布局。

值得一提的是,据中国摩托车商会公布的数据,2022年摩托车出口量排名前五位的企业中,江门占据两个席位,分别是排名第二的大长江集团和排名第五的广东大冶摩托车技术有限公司(以下简称"大冶摩托")。同时,大长江集团和大冶摩托车还进入2022年全国燃油摩托车销量前十名,分列第一和第九。

江门摩托车产业不断做大做强,产业集聚效应日益凸显。近年来,国内一些摩托车企业纷纷向江门转移,例如,银河摩托、隆鑫摩托、松铃机车等转移到江门设厂。

异军突起　多企业谋求生产转型　布局生产中大排量摩托车

近年来随着电动车市场的兴起和汽车的普及，国内不少城市实行"限摩""禁摩"，加上东南亚产业成本低廉，向我国传统摩托车出口市场发起冲击，使我国摩托车行业面临复杂严峻的形势。据中国摩托车商会数据，2022年全行业摩托车产销同比分别下降16.08%和15.55%。江门作为摩托车产业"重镇"，行业发展面临产品附加值减少、同质低价竞争激烈等诸多挑战。

面对严峻复杂的国内外环境，江门摩托产业也在积极研发创新，谋求转型升级，其中，一些摩托车企业瞄准了中大排量摩托车。广东建雅摩托车科技有限公司（以下简称"建雅摩托"）就是其中的代表性企业之一。2020年，建雅摩托董事长齐安威与合作伙伴成立建雅摩托，并将其定位为一家专业从事高端中大排摩托车、新能源摩托车、定制改装以及骑行装备、文化用品等相关延伸产业整体发展的创新型专业摩托车制造企业。

"随着消费水平不断上升，摩托车市场必将向高端、大排量、休闲化、个性化倾斜。市场正在对摩托车产业的发展重新定位，除了满足日常出行需求，'拉风'的中大排量摩托车发展机遇已到。"齐安威如是分析。经过两年多的发展，如今建雅摩托拥有六大核心生产车间、1个检测中心，年产摩托车近10万台，产品涵盖巡航、高端定制共六大系列18个车型，现有产品销售渠道已覆盖全国31个省（市、自治区），远销国内外20多个国家和地区。2022年建雅摩托产值已达3.4亿元，较前年的1.2亿元大幅增加183%。

除了建雅摩托这样的新秀专注中大排量摩托车，像大长江集团这样的龙头企业，也早在2011年开始布局中大排量摩托车。2012年大长江集团成功研发250 cc燃油摩托车，并成功上市GW250车型。大冶摩托同样在进军中大排量摩托车市场。大冶摩托总经理谢升表示，大排量摩托车目前仍处于上升期，增长势头预计可持续10—20年。

江门摩托车行业的判断，在数据中得到了验证。中国摩托车商会数据显示，2022年，在50系列（排量≤50 mL）、110系列（100 mL＜排量≤110 mL）、125系列（110 mL＜排量≤125 mL）、150系列（125 mL＜排量≤150 mL）、250系列（150 mL＜排量≤250 mL）摩托车的产销出现不同程度同比下降的同时，250 cc以上大排量摩托车（不含250 cc）的产销"异军突起"，产、销实现同比增长47.51%和44.68%。

高质量发展　　未来培育或引进5—10家品牌企业及配套建设产业园

2021年，江门正式实施"链长制"，聚焦省20个产业集群的细分领域，选取新能源电池、新一代信息技术、生物医药、轨道交通等新兴产业，以及金属制品、食品、造纸及纸制品、摩托车等传统特色优势产业，由市领导担任15条重点产业链"链长"，明确了各产业重点发展方向，落实"一链一策、一企一策"，以链促群，促进战略性产业集群加速崛起。

江门摩托车行业聚焦技术创新，积极推进产业集群高质量发展。如大长江集团、大冶摩托、气派摩托、国机南联、王野摩托等龙头企业和骨干企业，均先后建立了自己的研发团队。其中，大长江集团的"豪爵研发中心"，汇聚了大量高级技术人才，引进了各类高精尖测试分析设备和软件，还建成了摩托车专业试车场；大冶摩托每年研发投入超过1亿元，拥有专利256项，自主品牌4个；国机南联依托强大的工业设计及造型优势积极推动车架研发，车架成为国机南联的"拳头"产品；王野摩托则依托发动机制造、研发与设计的优势，积极进入发动机电喷系统研发领域，力图提升发展的核心竞争力。

近年来，江门摩托车企业创新能力显著增强，呈现差异化竞争发展的良好势头。广东省政协委员、民建江门市委会主委、五邑大学摩托车研究院院长王建生建议，江门可探索打造大排量摩托车之都，鼓励企业研发、制造、销售高端大排量摩托车产品，提高在同类产品中生产销售占比和品牌影响力，通过"工改工"的方式，支持和规划建设2—3个大排量摩托车产业园。

王建生认为，可以探索引进国内外大排量摩托车品牌企业入驻江门，特别是吉利、春风、建设等国内TOP20知名企业和美欧日品牌外企，未来5—10年培育或引进5—10家品牌企业以及条件成熟的配套建设产业园。同时，他还建议规划建设大排量摩托车高端配套市场；对标意大利米兰的国际摩托车博览会，每年举办国际高端大排量摩托车博览会；举办国际高端摩托车发展论坛，通过全年举办丰富多彩的各类讲座、论坛等活动，打造城市名片。

【对话】

江门市政协委员、江门市创新摩托车产业服务中心主任刘大磊：把江门打造为未来智慧二轮出行城市

以"制造业当家"谋划高质量发展，作为传统制造业，江门摩托车产业应该发挥怎样的作用？在电动化智能化的当下，如何转型升级？如何谋划千亿元产业集群？江门市政协委员、江门市创新摩托车产业服务中心主任刘大磊畅聊江门摩托车产业的"昨天、今天和明天"。

◇江门市政协委员、江门市创新摩托车产业服务中心主任刘大磊

谈摩托车转型　未来摩托车附加值会越来越高

南都：近年电动汽车持续火爆，你怎么看摩托车的电动化、智能化转型趋势？

刘大磊：近年摩托车转型朝着两个方向。一是油转电，随着电池和电控、电机技术的成熟和发展，摩托车和汽车一样，燃油车向电动车转型是一个未来发展趋势。二轮车的平衡技术已经是市场应用级别，甚至独轮平衡车也已经商业化。摩托车做两轮平衡，技术也不难，但是它对未来的现实意义在哪里？我认为，随着智慧交通系统和通信技术革命，将来两轮汽车很可能是摩托车车身，加一个全防护外壳。未来随着自动驾驶技术趋于成熟完善，作为个人便利交通工具，智能电动摩托车远远优于四轮车。

二是摩托车从普通的代步工具，发展成了文化、时尚、娱乐的高档商品。摩托车已向着大排量发展，向着细分市场、多层次需求发展。从精益生产到数字化工厂，摩托车不再像过去那样，单一品种生产几十万台，未来品种会越来越多，数量会越来越少，附加值会越来越高。

南都：目前江门摩托车产业转型升级有什么亮点？

刘大磊：江门大排量摩托车近年发展很快。中小排量的摩托车在衰减，大排量摩托车以接近年增长50%的速度发展。人们对摩托车的消费，不仅仅

是物质消费，而是上升到了精神文化层面的消费。江门举办了两届粤港澳大湾区摩托车越野赛，不但吸引了内地和港澳摩托车文化爱好者，连海外都有人来观摩。江门完全可以把摩托车文化和侨乡文化有机结合起来，用未来摩托车的概念，构造一个"智慧出行"的未来交通城市模型。

谈制造业当家 实施"揭榜挂帅"助力技术攻关

南都：作为传统产业，江门摩托车产业如何实现制造业当家？

刘大磊：现在都在讲"制造业当家"，江门摩托车产业应该发挥什么样的作用？充当什么样的角色？其实，定位已经非常明晰，就是扎实搞好先进装备制造产业，建立现代化产业体系。

摩托车在生产制造过程中，很多核心零件都归入到高精制造领域，特别是发动机的零件，所以在智能装备，在现代制造业的支撑平台上，摩托车是最有力的支撑平台之一。装备制造业的发展离不开产业的支持，摩托车正好承担了这样一个任务。

再就是江门的国家摩托车及配件质量监督检验中心，是整个华南地区唯一一个具有全面检测资质的国家级检测中心，作为一个很好的行业服务机构，应该进一步释放它的行业服务能力。

南都：坚持制造业当家，离不开研发创新，对此，你有何建议？

刘大磊：前不久，江门市政府印发《关于促进制造业高质量发展的若干措施》，全力助推江门市到2025年制造业增加值占地区生产总值比重提高到40%，先进制造业增加值占规模以上工业增加值的比重达到50%等目标实现。2023年新建20家以上省、市新型研发机构，以及重点实验室等创新平台，到2025年建成不少于70家省级企业技术中心，力争新增1家国家级企业技术中心。

其中提出，支持制造业企业产学研联合创新，深入实施"揭榜挂帅"助力企业技术攻关。揭榜挂帅，倒推立项。这次我们就想在摩托车企业里头树一个典型，让企业围绕未来摩托车产业发展的一些核心观念出题目，让未来的、新出行的概念在产业里应用，然后通过企业联合立项，由检测机构、服务中心、高校等揭榜。比如，我们目前正在做的一个关于车架减震的项目就是通过揭榜挂帅开展的。

谈未来规划　引入广州摩配市场，打造千亿元级产业集群

南都：江门将摩托车产业列为15条重点产业链之一，你如何看待它的未来？

刘大磊：江门的摩托车产业具有得天独厚的产业优势，建立了比较完整的产业链，如今江门又在大力发展新能源电池产业，我认为这两个产业可以融合发展，从产业链的角度看，摩托车进行电动化、智能化转型升级时，就为新能源电池提供了市场消化能力。

在中创新航进驻江门之前，江门的新能源电池板块都集中在上游，甚至上游的更前端，像芳源、科恒、道氏、优美科都集中在这一块，再往下游，我们缺少派克锂电池，没有电芯。江门市委、市政府发现这个问题后，举全市之力引进了中创新航，把新能源电池成品这块补起来了。至此，江门新能源电池就形成了一个完整产业链。

把江门真正打造成为未来智慧二轮出行城市，江门摩托车产业未来还有很大的发展空间。因此，围绕产城融合进行产业规划建设，我们还有很多事情要做。

南都：你认为目前比较紧要的事情是什么？

刘大磊：广州白云摩配市场是世界级的摩配市场，一年出货量大概有700亿元，现在因为城市升级改造需要搬迁。如果这个摩配市场进入江门，我们测算了一下，它的核心交易区，只要有三四百亩的地方就够了，再加上一个四五百亩的仓储用地，就能够产生700亿元的销售额，创造接近20亿元的税收。对于江门摩托车产业来说，这个世界级市场是补缺，对江门打造摩托车千亿元级产业集群，意义重大。

第四节　汽车零部件"链主"，车轴产销量世界领先

2023年4月3日，国家知识产权优势企业挂牌仪式在广东富华重工制造有限公司（以下简称"富华重工"）举行，富华重工被授予"国家知识产权优势企业"称号。

位于广东江门台山工业新城的富华重工系广东富华机械集团旗下成员公司，是国家级高新技术企业。广东富华机械集团是全球化发展的商用车车轴及底盘零部件制造商。该集团在江门拥有广东富华重工制造有限公司、广东富华铸锻有限公司、富华鹤山产业工业园、台山市公益港有限公司4家子公司，其中广东富华重工制造有限公司是江门市新能源汽车及零部件产业集群的"链主企业"，2021年荣获全国制造业单项冠军示范企业称号，成为江门唯一上榜企业，实现了江门在该领域"零的突破"。

落户　当年省内最大的"双转移"项目

广东富华机械集团最早于1997年在顺德设厂生产。

2007年前后，公司谋划进一步做强做大，却受到土地、劳动力成本等客观要素的制约。作为当年省内最大的"双转移"项目，广东富华机械集团创始人、董事吴志强拍板决定富华重工落户江门台山工业新城。这也是富华集团在江门的首个投资项目。

2009年，广东富华机械集团在江门市新会区沙堆镇金门工业园投资建设富华铸锻工厂，年产铸件30万吨，是中国华南地区规模最大、产量最高的铸造企业之一。每天，各类型号的零件或毛坯铸锻件从这里源源不断地输送到富华其他制造工厂，主要应用于整体式桥壳、挂车轮毂和制动鼓、集装箱角件和锁杆等零部件。

2018年，广东富华机械集团与鹤山市政府共同打造广东富华工程装备制

造有限公司。作为广东省龙头企业发展重点项目、广东省首家规模工程机械主机，富华工程装备专注研发、生产、销售全系高端装载机、挖掘机等工程机械产品及其零部件，规划年产各类高端装载机、挖掘机超万台，年产值60亿元。

目前富华集团在江门市台山市、新会区、鹤山市均建立了公司，形成了以富华重工为核心的先进制造业产业集群。

壮大　富华车轴产销量一直保持世界领先

富华公司在兴建台山生产基地时，正值国际金融危机期间。富华抓住机会从欧美挖了一批国际一流的顶尖专家，大大提高了企业的技术研发水平。

富华重工主营产品包括半挂车车轴、悬挂系统、支腿、卡车前桥、重型卡车驱动桥、鞍座、工程车桥等。富华重工在全球同时运作FUWA（中国及亚洲）、VALX（欧洲）、AXN（北美）、K-Hitch（澳大利亚）四大品牌，产品远销全球100多个国家，主要客户包括沃尔沃、福特、日野等三大汽车制造体系的知名企业，备受全球主流运输装备市场的推崇和信赖。

自2007年起，富华车轴产销量一直保持世界领先。2017年，富华成为全球半挂车车轴行业首家年产突破100万根的企业，创行业历史纪录；2021年，富华重工被国家工信部认定为"'半挂车车轴'单项冠军示范企业"。富华重工也是亚洲唯一一家可以同时生产卡车桥、半挂车车轴、工程车桥的制造企业。全球每天有超过1000台新生产的商用车正在配套富华重工所制造的零部件产

◇广东富华重工制造有限公司是江门市新能源汽车及零部件产业集群的"链主企业"

品。2022年，富华重工的"中国品牌价值评价"结果为89.91亿元。

智能　深度应用智能化生产线

2019—2023年间，富华重工总投资28亿元，改造了约20万平方米车间，全面应用ERP（企业资源计划）、PLM（产品生命周期管理）、SRM（供应商关系管理）等信息化系统工具，并升级集成机器人技术、虚拟工厂模拟仿真技术、图像视觉识别与检测技术等的云计算集成应用，实现生产信息数字化、生产进度实时化，建立信息化高度集成的智能化生产线。

据了解，数字化改造助力富华重工研发周期和产品生产成本减少10%，平均人工生产产值提升30%以上，产品优良率提升5%以上，产能提升15%以上。

2022年，富华重工斥资1.2亿元打造的支腿、鞍座智能自动化生产车间也已经正式投入使用。数百台机器人负责着支腿、鞍座两类产品的自动焊接，大大提升了焊接效率；"量身打造"的高精度加工专机负责铸钢鞍座等毛坯产品实现一次装夹加工，产品加工精度得到有效提升；全新打造的自动电泳喷粉线负责将电泳、喷粉两项不同表面处理工艺进行柔性结合，使得产品的耐腐蚀性能得到明显改善。

随着智能化生产线的深度应用，企业插上科技翅膀，产品飞得更远更高。如今，富华重工出口产品占同类产品整体销售量的65%，海外市场占有率中，在欧洲市场排名第三，北美市场排名第三，澳大利亚市场排名第一。特别是在RCEP（《区域全面经济伙伴关系协定》）生效的2022年，富华重工打开了新市场。2022年，富华重工对RCEP成员国中的越南、泰国的外贸出口额均有大幅提升，同比增长分别达到140%、67%。

创新　打破国外品牌技术"卡脖子"

创新是企业发展的动力。

通过20多年的全球化发展和对车轴技术的潜心深耕，富华产品在各种路况、各种工况、各种应用环境下都有非常丰富的应用经验。为了满足全球不同市场客户的需求，富华重工分别在中国、欧洲、北美以及澳大利亚成立研发团队，并与欧洲TUV、MI，美国LINK、Greening以及澳大利亚ADR等权威实验检测机构进行长期合作，不断对产品设计进行创新与优化，实现全球研发、优势互补，使富华产品的品质持续提升。

富华重工设立研发实验中心，共设立专项实验室20余个，拥有先进的试验台架及国际先进的仪器设备100多套，能够承担90多项检测和试验项目，先后获得广东省"车辆零部件研发中心""广东省专用车及商用车底盘零部件工程技术研发中心"等荣誉。

同时，富华重工采用多方协同合作模式，加强产学研联动和国内外交流。目前，富华重工已与吉林大学、五邑大学等高校建立了长期稳定的产学研合作，通过产学研的协同创新机制，在更高层次上组织学科交叉，能够协同创新攻克战略性、瓶颈型等零部件领域内问题，整合和优化各类优质科技资源，推进科技资源开放共享，提高科技产出效率和质量。

在商用车领域，2014年，富华欧洲分公司VALX便推出了VALX E2能量车轴，使得挂车不再全部依赖于外接的电力，使车辆的油耗更低、更经济。在新能源卡车驱动桥板块，富华重工已经完成了电驱桥技术储备，借助一系列的合作项目，掌握了电驱桥设计与生产技术，为保持与市场同步发展做好了准备。

为了打破国外品牌多年来在全球工程桥市场的技术垄断，富华重工研发与工艺团队排除万难，不断促进自身技术与工艺的改进完善，自主研发的高端工程桥产品，突破了欧美企业设立的技术门槛和壁垒，一举打破国外品牌技术"卡脖子"情况。富华高端工程桥凭借杰出的品质和优异的性能，得到全球工程机械客户的一致认可。

目前，富华重工在共拥有国内授权专利608件，国外授权专利8件。其中国内发明专利43件，国内实用新型专利489件，国内外观设计专利76件。

【对话】

广东富华重工制造有限公司总经理谭嘉骅：为江门制造业高质量发展发挥更积极作用

锚定高质量发展之路，汽车产业仍将扮演重要角色，它是江门工业发展的"助推器"。富华重工将充分利用江门"世界侨乡"的独特优势，进一步提升海外市场竞争力，扩大全球贸易市场份额，为江门制造业高质量发展发挥更加积极的作用。

谈成绩　亚洲唯一一家可同时生产卡车桥、半挂车车轴、工程车桥的制造企业

南都： 企业最近几年的发展情况如何？

谭嘉骅： 富华重工为广东富华集团旗下成员公司，位于广东江门台山工业新城，公司总占地面超100万平方米，共有现代化房车间12座，员工3000人。

◇广东富华重工制造有限公司总经理谭嘉骅

谈建议　加快江门新能源汽车及零部件产业的培育、发展和壮大

南都： 在新能源汽车及零部件产业方面，对江门制造业当家高质量发展有什么规划和建议？

谭嘉骅： 江门市出台的《推进制造业高质量发展的若干措施》，结合《江门市先进制造业发展"十四五"规划》等指引性文件，充分体现江门市发展新能源汽车及零部件产业的决心与信心。当前，江门市汽车行业依托富华重工等头部企业，锚定该细分领域，在重型商用车和商用车底盘零部件等方面独具优势。富华集团、中集车辆、德尔福集团，长优实业、优美科长信、中创新航等，还有专用车及零部件类等100多家企业，重点发展整车制造、汽车零部件、新能源动力电池等优势领域，产品位居世界或国内行业领先地位，潜力巨大。锚定了高质量发展之路后，汽车产业仍将扮演重要角色，它是江门工业发展的"助推器"。

为加快江门新能源汽车及零部件产业的培育、发展和壮大，赢得市场竞争主动权，针对以上问题，建议江门市统筹研究解决新能源汽车及零部件产业发展中的重大问题，对内统筹产业发展，对外争取更多的资金和政策支持，加速新能源汽车产业发展进程；加强产业集聚，扩大规模效应，搭建产业发展平台，以高标准、高水平推进江门汽车零部件产业园建设；通过一系列优惠政策，吸引更多新能源汽车生产企业和零配件企业落户，加速产业发展进程，包括技术研发支持政策、设备投入支持政策、重点项目扶持政策等。

此外，江门市还应该加大对新能源汽车零配件生产企业的引进，尤其是核心零部件企业的引进，实现大部分的零配件本地化采购，提升生产效率，减少成本，提高市场竞争力，实现"强链、补链、稳链、控链、延链"。引进和培养一批新能源汽车及零部件产业研发和生产专业人才，采用各种人才战略，实行多种方式灵活引进、吸引和留住人才，实现人才的交流与合作，为企业员工提供进一步学习和提高的机会。

谈展望　吸引更多产业链上下游的优质企业来江门集群集聚发展

南都：未来发展有怎样的规划？

谭嘉骅：作为全球商用车底盘系统的龙头企业、国际企业，富华重工将致力于推进全球领先的智能化绿色工厂建设工作，不断深化改进，坚持智能制造与科技创新主攻方向不动摇，推进企业高质量发展，持续为全球商用车及运输装备市场提供更具竞争力的产品。与此同时，作为江门市重点培育的新能源汽车及零部件产业链"链主"企业，富华重工也将带头发挥示范作用，以企引企，吸引更多产业链上下游的优质企业来江门集群集聚发展，为江门制造业高质量发展发挥更积极的作用。

第五章

新能源产业样本

第一节　珠海5000亿元新能源产业群雄逐鹿

有了5G智慧矿井，操作员只需轻点鼠标，便可操控挖掘机在井下挖煤；有了移动充电机器人，新能源汽车充电便从"车找桩"变为"桩找车"；有了能源管理系统，坐在办公室即可掌握每条生产线的用电状态……人工智能、物联网等数字技术在能源领域加快落地，推动着煤炭、油气、电力等行业朝着数字化方向转型发展，数字化在新能源领域尤其亮眼。

在"2023碳达峰、2060碳中和"的目标下，珠海近年来一直将新能源产业作为战略性新兴产业发展的重要方向，为做大做强制造业持续注入新动能。而2023年珠海市政府工作报告中再次提出，珠海力争三年内打造5000亿元规模的新能源产业集群，支撑珠海迈向"万亿"工业强市。据统计，珠海市新能源产业现有规模以上工业企业70余家，目前已汇集起新能源全产业链条，涵盖光伏产业、锂电池产业、新能源汽车产业、能源物联网解决方案等。

打造数字化能源解决方案标杆产品

走进位于珠海高新区的派诺科技展厅，一块铺满整面墙的屏幕格外引人注目，屏幕上的数字随着时间的流逝发生着变化，计算着整个厂区的能源使用状态。"我们通过这个数字化能源解决方案，可以清晰地知道每个区域的用电状态并且控制它们，这能够帮助管理者精准掌控能源，在保障用电安全的同时，为管理者进行能源优化提供数据参考。"随着工作人员的介绍，一个安全化、智慧化、低碳化的解决方案徐徐展开，这也是认识珠海派诺科技股份有限公司的关键词。

珠海派诺科技股份有限公司是一家提供数字化整体解决方案的企业，其在珠海高新区拥有两座现代化的科技产业园，并在珠海高新区和深圳南山科技园设有研发中心。

◇产线人员检测锡膏印刷机设备生产参数

作为一家伴随着珠海成长壮大的本土企业，派诺科技于2000年便与珠海结缘，成为珠海新能源领域的中坚力量。"2000年的时候，我们几个年轻人就在珠海创业，多年的时间里，我们已经发展成拥有800多人的企业，科研人员有200多人。"派诺科技总裁邓翔说。

据了解，派诺科技自2000年成立以来，为大型工矿企业等用电大户提供能源物联网产品及能源数字化解决方案，产品包括计量的测控类、保护分析类、电气安全、新能源充电、储能设备，以及微网控制在内的解决方案和软硬件产品。

派诺科技只是珠海新能源产业高速发展的一个缩影，而源头要从2022年说起。2022年4月，珠海召开产业发展大会，宣布"力争到2025年，全市工业总产值突破1万亿元"的目标。2023年，珠海将制造业当家作为头号工程，全面开展"产业项目落地攻坚年"行动，包括新能源产业在内的智能制造领域成为热点。在2023年两会期间，珠海再次在市政府工作报告中提出，力争三年内打造5000亿元规模的新能源产业集群，支撑珠海迈向"万亿"工业强市。邓翔认为时逢"双碳"政策和"产业第一"的浪潮，能源数字化的"春天"来了。

"随着具有间歇性发电特性的新能源的介入，对储能的需求大大增加，加上许多电器的用电，柔性负荷要适配新能源，也就是'源随荷动'。如今负荷跟电源点是要匹配的，这就需要数字化的手段进行调控，也就是我所说的'春天来了'。"

智造广东

新能源产业发展进入"快车道"

作为国内数字化能源解决方案排名前三的龙头企业,派诺科技对珠海新能源产业链的带动作用是显著的,数字化能源解决方案目前已经成为珠海新能源领域在数字化方面的"长板"。瞄准这个万亿级赛道,珠海加快谋篇布局,积极完善新能源产业上下游产业链。

目前,珠海市新能源产业有规模以上工业企业70余家,2022年1—11月工业总产值450余亿元,同比增长超83%,高出全市平均增速75个百分点,是"4+3"产业中增长最快的产业,产值占全市比重达8.5%。产业在光伏、锂电池及新能源汽车等细分领域皆有布局,全市共有"专精特新"小巨人企业1家、省级"专精特新"企业6家,"专精特新"企业集中在锂电池及新能源汽车领域。

值得一提的是,产业细分领域中锂电池产业基础最为良好,已在相关领域深耕20余年,聚集了一批具备自主品牌、创新能力和竞争实力的新能源产业龙头企业,目前已聚集规模以上企业约20家,形成了包括上游隔膜、电解液、中游电芯、电池封装,下游动力电池、消费电池、电池回收在内的相对完整的产业链。

2023年以来,珠海新能源产业捷报频传:高景太阳能大尺寸单晶硅片项目预计2023年年产值破200亿元,格力钛酸锂电池摘得我国锂电行业专利奖首金,总投资约59亿元、产值达到百亿元级的珠海鸿钧异质结新型高效太阳能电

◇ SPM33仪表产品完成贴装焊接

池项目在斗门区富山工业城举行奠基仪式……一个个奖项和项目宣告着珠海打造千亿元级新能源产业发展进入"快车道"。

现在，目标可以更远大一些了。2023年珠海市政府工作报告提到，珠海将深入实施"产业立柱"行动，加快搭建"4+3"产业体系的"四梁八柱"。特别是要在新能源、新型储能、集成电路、电子信息等重点领域，加快引进具有龙头企业影响力的重大项目，加快构建珠海万亿级现代产业体系的战略支点，力争三年内打造5000亿元规模的新能源产业集群，支撑珠海工业"半壁江山"。

在时代与政策的双重利好下，邓翔早已对未来作出规划。"我们现有产品需要更多的场地，还会继续增加一些自动化的设备来提高生产效率。同时，在能源数字化方面，会向电力加算力的交合处即'比特管理瓦特'处重点倾斜，通过微网产品跟大电网的交互，将原本在用户侧的这些用户负荷、用户设备通过我们的算法有机地协调控制起来，后续也会在储能的产品线投入精力，完善整体解决方案。"

政企联手打造新能源产业高地

蓝图已经绘就，如何将画卷变为现实？离不开三个维度——资金、人才、场地，派诺科技成长的背后离不开政府的支持。"前几年，我们拿到了珠海市科技创新一等奖，有1500万元资金的扶持。从设备的升级改造方面，高新区给了我们一些优惠政策。"

与此同时，珠海高新区在人才引进方面打出一系列组合拳，给企业吃下了一颗定心丸。"求职面试来高新，免费提供7天住宿；人才公寓'码'上申请'拎包入住'；人才住房5折购，最高600万元住房补贴、3.8万元租房补贴……这些政策都实打实地惠及企业，为我们招引优秀人才提供有力保障。"邓翔说。

除此以外，园区作为制造业发展的载体以及核心要素，也至关重要。近年来，珠海着力建设"拎包入住""拎机投产"的5.0产业新空间，港湾7号·智造超级工厂一期、二期项目，距2022年5月30日开工仅用时半年左右，实现"开工即签约、封顶即招满、开园即投产"。

2023年，珠海还将进一步加快5.0产业新空间建设进度，计划整备土地8000亩以上，其中千亩以上连片土地不少于3块，持续拓展产业发展空间。

一个个政策与配套措施的落地展现了珠海"制造业当家"的决心，也对企业产生了巨大的吸引力。数据显示，2023年1—2月，珠海工业投资增速达63.3%，位居珠三角第一、全省第二；实现规模以上工业增加值206.92亿元，同比增长5.4%，增加值增速在珠三角排名第三。

亮眼数据的背后是开足马力、全速前进、加速竞跑的珠海。2023年，珠海全面打响"项目落地攻坚年"行动，重大项目的落地、开工、投产，为经济高质量发展注入了强大动能，也折射出珠海与日俱增的产业吸引力。政企联手推动制造业加快跃升，珠海实现工业投资"千亿元级"的历史一跃值得期待。

【对话】

珠海派诺科技股份有限公司总裁邓翔："比特管理瓦特" 珠海在算力部分可以发力

◇珠海派诺科技股份有限公司总裁邓翔

新能源产业在珠海发展如何？目前有哪些瓶颈亟待突破？珠海派诺科技股份有限公司总裁邓翔表示，公司会在新能源领域继续做深做强，坚持高强度的研发投入。期待在高质量发展、制造业当家的目标指引之下，珠海能够坚持差异化发展，多扶持符合"专精特新"特性的具有自主核心技术的企业。

谈产品与成效 对空调自动调控，节能20%—30%

南都：据了解，派诺科技的数字化能源解决方案位于国内领先水平，请介绍一下该产品对于用电单位的意义与作用。

邓翔：首先，工业用户、数据中心、公共建筑等用电大户，对于用电安全是比较关注的。如果单靠人力对能源和设备进行管控，有可能因为人为疏忽或者其他原因导致用电事故。通过数字化的手段，就能对这些占地面积比较大的公共建筑的用电情况进行高效精准监测和预测性维护，最大程度避免安全事故的发生。

其次，数字化能源解决方案能够把能源的使用过程精细化管理起来。随着国家电改进程的不断深入，现在电的时间属性越来越重要，比如说早上11点用电和晚上11点用电，电费差异非常大。通过我们的系统，能够对能源进行精细化计量计费，以此来指导用户优化用电成本。

除此之外，在国家"双碳"背景下，全社会大力发展新能源。原来用户侧只是单纯从电网购电，现在很多厂房会有新能源、储能等分布式电源接入，配电系统兼具电源与负荷的特性，这就更加需要通过物联网技术，通过自动化的手段，把这些设备管控起来，保障用电的可靠性、成本最优以及新能源的吸纳。

最后，就是通过系统对这些关键机电设备进行运维，借用数字化手段来节省人力，未来系统还能参与到电力交易市场，所以现在叫电力加算力的时代。

南都： 搭载了该系统的大型用电单位在节能方面有怎样的成效？

邓翔： 在节能方面，比如说广西的贺州医院、柳工医院等，交给我们做能源托管。院方把10年的电费托管给我们，由我们投资上系统平台和节能手段，给医院做整体能源优化。

目前，这几家医院整体节能率达到了16%。针对具体到细分场景，那么对分体式空调的管控产品，达到的节能率更高。因为设备是24小时在运行的，通过不间断精细化管控以及故障诊断，节能率可以在30%—40%。另外，珠海北师大、北理工、香港浸会大学珠海学院、中山大学珠海校区等4所高校的宿舍基本上都装了我们的系统，实现对空调自动调控，根据使用者的习惯、温度自动进行调控，节能率为20%—30%。

谈新能源领域　数字化是未来新能源领域的趋势

南都： 新能源产业是战略性新兴产业重点发展方向之一，目前国内新能源领域的状况如何？

邓翔： 新能源领域现在还是"这条街上最靓的仔"，因为节约资源是中国一项长期的基本国策。

另外，受我国过去能源结构的限制，我们国家原来是以燃煤为主的，所以碳排放也是世界第一，在人类命运共同体的前提下，怎么去降低碳排放是必须解决的问题。在未来5年到10年，新能源将会逐步取代传统能源，成为主流能源，因此很多相关的领域都极具发展前景，主要体现在以下几个方面：

第一是光伏、风能、水力发电等可再生、清洁能源将替代化石能源占据主流；第二是再电气化，包括交通领域的新能源汽车及汽车充电桩；第三是能量的存储，在大量新能源接入的背景下，如何通过储能技术实现间歇性能源的存储，尤其是现在非常火热的电化学储能；第四就是数字化，只有通过数字化技术，比如微电网及虚拟电厂，才能够实现"源—网—荷—储"的一体化调度。以上这些领域都具备很大确定性，由此也可以看出新能源整个行业的跨度非常大，未来的发展可以有效拉动国家的生产总值，还可以产业出海。

谈现状与环境　珠海新能源产业布局较全但体量较小

南都：目前珠海的能源产业布局如何，上下游产业链是否完整？

邓翔：珠海在电力领域布局较早，之前有个智能电网的规划，珠海在这方面聚集了一部分企业，包括远光软件、许继等等。现在新能源起来以后，华发也开始进入这个市场了。现在珠海引入了不少储能的技术企业，所以新能源领域在珠海的占比是越来越多了。

回到新能源领域，珠海光伏有组件、硅片等，包括高景太阳能、爱旭等等；电池领域有冠宇电池、鹏辉；在应用、数字化领域，我们还有很多其他的企业；软件方面有远光软件。相比较来说，珠海的布局比较全，但总体规模跟深圳比起来还是偏小。

南都：能源产业是智能制造当中的一部分，是"4+3"智能制造体系当中的一个部分。对于珠海而言，智能制造产业的优势是什么？短板又是什么？

邓翔：短板是总体规模不是特别大。除了格力可能规模大一些，其他较大的企业比较少，大规模先进产业集群比较缺乏。并且，产业人才尤其是高端人才方面还是没有像深圳、广州、上海那么充裕。

我认为珠海的优势有三点。第一是珠海有很多的土地可以使用，不像深圳基本上没有什么土地可以用。土地是制造业生产要素之一。第二是珠海政府支持的要素比较好。我们是在珠海创业的企业，政府的服务意识确实好，扶持非常到位，尤其是人才政策，对资产比较轻的，或"专精特新"的企业，有很大的吸引力。第三是珠海的营商环境好，有相对充裕和低成本的生产要素，还有比较开放的政府。珠海的地理位置对出口也有相对优势，我们的客户很多做海外市场，从海外来，到澳门、香港也比较方便。

放眼湾区谈发展　建议珠海多扶持未来有潜力的企业

南都：在你看来，珠海新能源产业链未来应该如何发展或者做怎样的调整，以利于整个行业的提升？

邓翔：新能源产业目前非常火热，各地政府也都提出了进军新能源产业的规划。广东省委书记黄坤明在全省高质量发展大会上强调了"制造业当家"，着重强调要大力发展新型储能，要把广东省打造成新型储能高地。所以我认为储能这块珠海是要重点发力的。

此外，以珠海现有的禀赋来看，我认为珠海可能在数字化方面比较有优势，因为它属于轻资产的投入。而发展数字化，所需相关领域的人才对环境各方面还是有一定的要求，相对于其他城市来说，珠海地理位置优异，环境优美，这就可以吸引到相关人才。尤其是在"比特管理瓦特——电力加算力"的算力部分，珠海有这么多高校有相关专业，并且珠海本身也有智能电网的基础，所以，我认为珠海在能源数字化方面可以发力。

南都：大湾区多个城市推出智能制造，在发展智能制造方面出台了相关政策，你认为珠海如何依托于自己的优势和周边的地区进行联动？

邓翔：大湾区本身是一个智能制造的高地，每个城市都有自己的特色产业集群。珠海有自己的优势产业，除了以格力为首的家电，从最开始，珠海就有智能电网。在新能源这个领域，珠海有一定的优势，可以跟深圳、广州进行互补，我觉得还是要坚持珠海自己的特色，差异化发展。另外，珠海高校众多，政府也在积极建设"青春之城，活力之都"，这可以为周边产业源源不断贡献优秀、干劲十足的人才队伍。

第二节　惠州新能源电池千亿元产业集群呼之欲出

你可能不知道的是，中国锂电池制造行业前10强有4家企业在惠州布局，既有本土龙头企业亿纬锂能、德赛电池，又有外来行业巨头比亚迪电池、欣旺达，惠州还集聚了110多家产业链企业，已经形成了覆盖新能源电池全产业链的优势产业集群。

经过多年的发展，惠州新能源电池产业链生态已日趋完善，基本形成涵盖"电池、电池模组、电池管理系统、电芯、电池材料、电池辅材、生产设备、电池回收利用"等较完善的产业链，已成为国内产业链最完善、品类最齐全的能源电池产业集聚地之一，是国内重要的新能源电池产业基地。

2022年，惠州全市消费类电池产量13.5亿只，全市新能源电池产业集群产值866.7亿元，上榜2023中国百强产业集群，预计2023年新能源电池产业产值将突破1000亿元，千亿元产业集群呼之欲出。

惠州市新能源电池产业发展如火如荼，与其他地方相比有哪些发展优势？如何在区域竞争中脱颖而出？未来哪些方面还需要补足？惠州市能源协会秘书长卓胜坤平时和惠州新能源企业多有交流，他的答案在一定程度上反映了惠州新能源产业从业者的主流意见。

布局　惠州首个千亿元级新能源电池企业明年或诞生

阳春三月，惠风和畅。2023年3月17日，位于惠州潼湖生态智慧区的亿纬锂能国际化新能源生态产业园内，彩旗招展，高朋满座，亿纬锂能第三十、第三十一工厂投产仪式在这里举行。两个工厂投资总额逾31亿元，主要生产动力电池，预计年产值超96亿元。

同样是在这个新能源生态产业园，2021年10月和2022年4月，亿纬锂能第二十八、第二十九工厂相继揭牌投产。3年有4个工厂连续投产，亿纬锂能正行驶在发展的快车道，新能源电池产业风头正劲。

以数字为工厂命名，说明数量之多，在亿纬锂能的规划中，第三十一工厂只是刚刚超过目标的一半多点。包括总部惠州，亿纬锂能还在中国湖北、浙江、江苏、四川、云南、辽宁，以及匈牙利及马来西亚等国内外地区布局了12大生产基地，合计规划54个工厂。

"宁德时代现在都能做3000亿元，3年后2026年我们做到2000亿元应该也不是不可能。"在当天的投产仪式上，惠州亿纬锂能股份有限公司董事长刘金成满怀豪情壮志。刘金成有他的底气，这几年亿纬锂能连续实现倍增。2021年，亿纬锂能实现营收169亿元，同比增长107%；2022年完成363亿元的销售额，比上一年增长114.82%；2023年则计划完成700亿元；2024年有望成为惠州首个千亿元级新能源电池企业。

历经22年的高质量发展，亿纬锂能已成为具有全球竞争力的高质量锂电池平台公司，同时拥有消费类电池、动力电池、储能电池核心技术及全面解决方案。亿纬锂能锂原电池销售量全球领先且连续7年稳居国内第一，消费类电池持续引领，动力储能电池位居全球前列。

2023年初，工信部等六部门发布指导意见，提出能源电子产业是电子信息技术和新能源需求融合创新产生并快速发展的新兴产业，将引领中国制造业发

◇德赛电池自动化生产线，是全球第一条手机电池组装高速线

展方向。站在"风口"上，能源电子产业将迎来大发展。"未来20年，能源电子产业将会是增长最快、发展规模最大、最具影响力的新兴产业，有10万亿级市场规模。"刘金成认为。

集聚　超110家规模以上企业投身新能源电池产业

2023年4月，惠州新能源电池产业的发展已是热火朝天。在亿纬锂能新工厂投产的一个月前，又一家行业领先的新能源企业在惠州仲恺高新区投产，赣锋锂电高端聚合物锂电池研发生产基地项目投产仪式在陈江街道举行，每天20万只消费类电池将从这里产出。

"公司把锂电板块分为3个事业部，惠州公司被定位为消费电子事业部的总部。"惠州赣锋锂电科技有限公司事业部副总裁兼营销总经理徐圣旺介绍，惠州项目2023年力争实现10亿元产值，计划投资8亿元建一条更高端的叠片电池生产线，可适应笔记本电脑、无人机、电动车等高倍率的应用场景，预计到2025年将完成40亿元投资规模，实现60亿元产值。

其实，惠州与电池产业结缘已久，自20世纪90年代初开始，惠州便吸引了一批外资电池制造企业投资落户。当时许多知名品牌电池，如金霸王、东芝、超霸等均由惠州国企德赛和国外公司企业合资生产。到1998年，仅德赛所属公司就生产电池8.6亿粒，9V积层锌锰电池的产量占到世界产量的一半，惠州一时成为国内最大的碱性电池生产基地。

2000年以后，惠州又引育了TCL、德赛、龙旗电子、光弘科技等一批智能终端龙头企业，为电池企业发展创造了巨大的市场空间。近年来，新能源汽车和电化学储能的快速发展，又进一步带动了电池产业的高速增长。经过近30年发展，惠州已成为国内产业链最完善、品类最齐全的新能源电池产业集聚地之一，是国内重要的产业基地。

据不完全统计，全市已建成的动力储能电池项目的产能超过60千兆瓦时。2022年，全市新能源电池产业产值为866亿元。2023年3月，惠州新能源电池产业集群上榜2023中国百强产业集群，预计今年产值将超1000亿元。

包括亿纬锂能、比亚迪电池、欣旺达、德赛电池、赣锋锂业等5家行业龙头电池制造企业，惠州整个新能源电池产业目前已集聚超110家规模以上企业以及一批上下游配套龙头企业，在电池材料、电池、变流器、储能系统集成、电源管理、电池回收利用、生产设备等多个环节均有布局，产业链较为完善，基本形成了产业闭环。例如电解液龙头——宙邦化工，正负极材料龙头——贝特瑞，电池精密结构件龙头——科达利，电池生产设备龙头——利元亨、赢合科技，逆变器龙头——古瑞瓦特、首航新能源，电池回收利用龙头——恒创睿能等。

合力　成立产业联盟，打造国内新型储能产业高地

2023年3月16日，在惠州西湖科学讲坛上，中国工程院院士吴锋指出，锂电池产业这些年快速发展，惠州有了亿纬锂能这样的核心企业和一批电池或与电池材料相关企业。新型二次电池作为能源转化与储存的重要环节，面临着新的挑战，要从基础研究和新材料、新技术、新工艺入手，特别要注意具有颠覆性的创新，做到人无我有，并形成产业链，瞄准市场才能长盛不衰。

为构建更加完善的新能源全产业链生态，3月17日，惠州市35家新能源产业链重点企业成立了惠州新能源产业联盟，亿纬锂能担任产业联盟首届理事长单位。刘金成表示，通过成立惠州新能源产业联盟，将有助于联合新能源产业各方力量，推动新能源技术创新、产业链协同发展、储能应用场景拓宽；将有助于惠州市构建更加完善的新能源全产业链生态，助力惠州加快打造千亿元级新型储能产业。

惠州作为广东省重点布局的新能源电池产业区域，未来在发展新能源电池产业特别是新型储能产业上将面临重大发展机遇。当前，惠州市正聚力打造"2+1"现代产业集群，这其中的"2"是指打造石化能源新材料和电子信息两大万亿级产业集群。通过发展石化能源新材料与电子信息两大产业，为新型储能产业链供应链协同创新发展，创造了良好的产业发展基础。

4月6日至7日，15家新能源电池产业国内领军企业代表应惠州市委、市政府邀约，齐聚"推动惠州市新型储能产业高质量发展企业座谈会"，畅谈对新型储能产业发展的分析判断及各自的产业布局，并为惠州产业发展建言献策。

惠州市委主要领导指出，在当前实施"双碳"战略背景下，新型储能产业迎来"风口"，市场广阔、发展潜力巨大。惠州要占据产业制高点和发展前沿，下定决心在太阳能光伏、新型储能电池、重点终端应用等方面加快发展，努力在新型储能产业发展中抢占先机。

智造广东

惠州将力争打造成为国内新型储能产业高地和粤港澳大湾区新型储能应用示范城市。到2025年，惠州全市动力储能电池产能超100千兆瓦时，产业产值达1800亿元。

【对话】

惠州市能源协会秘书长卓胜坤：期待打造更多本地新型储能品牌

惠州市能源协会秘书长卓胜坤表示，惠州新能源产业优势明显，期待打造更多本地新型储能品牌。

◇惠州市能源协会秘书长卓胜坤

现状：惠州新能源产业优势明显

南都：惠州新能源电池产业发展如何？

卓胜坤：惠州现今在新能源电池方面取得了不错的成绩，国内新能源电池领军企业德赛电池、亿纬锂能和博罗园洲的欣旺达都是惠州的本土企业，德赛电池以新能源电池封装为主，亿纬锂能以新能源电池的电芯生产为主，都在行业中占据重要的地位。除了原有的消费类电池和动力电池，这几家公司近三年都在逐步加大力度布局储能产业，像亿纬锂能、欣旺达等，在动力电池和储能电池方面都已经有不错的产品。

德赛电池以前主要做消费类电池，现在也在转向开发储能的产品，已经和华为合作，提供电芯给华为做光储一体机，这是一个不错的方向，把新能源做成家电产品。惠州本身家电产业是很有优势的，新能源产品家电化，接下来可以是惠州很好的一个发展方向。德赛在储能方面，结合自身的优势做了有益的尝试。

南都：放眼全国，惠州新能源产业现在可以说走在前列了，与其他地方相比，惠州新能源电池产业发展具有哪些优势？

卓胜坤：惠州的优势还是比较明显的。首先，惠州具有区位优势，惠州属于大湾区的珠江东岸储能电池产业集聚区，紧邻深圳、广州和东莞，新能源配套的供应链非常完善，在大湾区内可以找到几乎所有储能产品配套的零部件和原材料，而且价格优惠，运输费用低，交付速度快，这样惠州企业在储能项目的招投标中容易中标。惠州地处粤东的交通枢纽，有优良的海港，铁路和高速运输便利，运输成本低，惠州生产的储能产品通过便捷的交通运输，可以迅速销往国内外。

其次，惠州还有先发优势，已经有一些位于行业前列的新能源电池企业，像亿纬锂能、德赛电池等企业可以带动上下游相关产业，再结合电子信息、石化能源新材料等惠州优势产业，紧密合作，形成竞争优势。

最后，粤港澳大湾区各方面发展都很快，社会经济活跃，是一个巨大的能源消费市场，对新能源和储能的需求是非常旺盛的。利用好本地区位、土地空间、风光资源等优势，科学布局，积极参与构建新型电力系统，加快新型储能应用项目的建设，惠州一定能建成大湾区的清洁能源和新型储能中心。

优势：有完善产业链，发展储能水到渠成

南都： 日前，惠州被委以重任，成为重点建设珠江口东岸储能电池产业集聚区和重点建设储能控制产品及系统集成、先进装备制造集聚区。与其他城市相比，惠州新型储能产业如何在区域竞争中脱颖而出？

卓胜坤： 在国家"双碳"等政策大力支持下，市场对新型储能的需求会有爆发式的增长；粤港澳大湾区将会建成世界级的湾区，新型储能将得到广泛应用。惠州已建成电池品类齐全的产业基地，有完善的新型储能产业链，发展储能产业水到渠成。惠州已经诞生了利元亨、赢合科技、古瑞瓦特等新能源电池智能装备、储能变流器生产研发的明星企业，在储能制造设备、电池管理系统以及储能电池生产等环节具有较强的优势。

惠州新型储能产业蓬勃发展，瞄准万亿级新型储能产业，相关项目建设如火如荼。惠州的动力电池和储能电池的电芯资源丰富，深圳、东莞的部分新能源电池产业（如兴旺达、拓邦电子等）生产线转移到惠州，德赛电池在长沙投资建设电芯工厂，电芯的产能持续加大，供应资源丰富。

接下来，惠州政府部门可以利用惠州市能源协会、惠州市新能源产业联盟等社会组织平台，充分发挥其桥梁纽带和资源整合的作用；进一步大力扶持系统集成商，重点建设储能控制产品及系统集成、先进装备制造集聚区，规划建设各类新能源产业园，打造更多惠州本地的新型储能品牌。

南都： 你认为惠州新能源储能产业发展会面临哪些机遇或者说挑战？

卓胜坤： 惠州新能源储能产业发展前景向好，面临的机会和挑战并存，但仍存在一些值得重视的问题。

目前，惠州缺少大型储能的集成商，缺少统筹储能系统的企业，国内很多储能集成商都是从传统的变压器、高压输电设备的供应商企业发展而来的，要提升惠州新能源电池产业的发展水平，就需要从幕后的生产制造者成为储能系统项目的竞争者。当前投资新能源储能项目还存在着投资收益率偏低，大型风光电站配储利用率不高和源网荷储审批难度大、协同不够等问题，制约着惠州新能源储能项目投资。

随着碳酸锂材料价格下调，锂离子储能电池的成本会持续降低，其技术应用会继续得到优化普及。但对于钠离子电池、液流电池、重力储能及氢储能等方向的研发攻关如果取得重大突破，在原料成本、寿命和安全等方面相比锂离子电池优势明显，将会对惠州新能源储能产业带来重大影响。

建议：加快新型储能示范项目建设

南都： 你对惠州新能源电池产业发展有什么建议？

卓胜坤： 对惠州来说，新能源电池产业有亮点，但是也存在不足。建议在以下几个方面加强新型储能产业的规划和建设：

充分调研，加大政策扶持力度，向长三角等新能源储能产业发展良好的地区学习，在金融、税务、研发和电力市场等方面制定好产业扶持政策，加强新型储能政策的宣贯，加快新型储能示范项目的建设。

加强人才培养，鼓励创新创业。利用惠州新能源电池产业基础好、发展前景广阔、临近广深港等有利条件，在深圳龙岗低碳城、坪山比亚迪等临深、临莞区域规划建设新型储能产业园或孵化园区，引进深莞新型储能的高端人才，在住房、教育、社保等方面对新型储能人才进行政策倾斜。

利用先进能源科学技术省实验室、亿纬新能源研究院等科研力量，创新和拓展新能源储能的应用模式，鼓励储能产品生产企业开发应用先进的储能系统集成、能量管理和智能控制技术，实现电池、PCS、BMS、EMS等有机结合；建设集中式共享储能系统，加快新型电力系统建设，积极推动储能与微电网、虚拟电厂、数据中心等应用共同发展。

把新型储能投资和乡村振兴有机结合起来。惠州的农村农业资源丰富、空间广阔，可以把新型储能投资和乡村振兴相结合。鼓励在电网接入条件较好的乡镇投资建设共享储能电站，提升供电质量，增加当地的税收和就业，带动乡村振兴，搞活农村经济。

第三节　扎根惠州25年，稳坐照明行业"头把交椅"

位于惠州市惠城区汝湖镇的惠州雷士光电科技有限公司（以下简称"雷士照明"）成立于1998年，至今已有25年历史。雷士照明公布的2023年618销量数据显示，其再次夺得照明品类618全平台销冠。此前的6月15日，雷士照明以565.67亿元的品牌价值再次入选2013年"中国500最具价值品牌"榜单，成功实现12年蝉联照明行业品牌价值榜榜首。

"从某种程度上来说，大湾区是照明行业非常重要的聚集地。"雷士照明CEO林良琦认为，惠州周边200公里的湾区内，有着雄厚的照明行业基础，赋能推动雷士照明发展。特别是2019年《粤港澳大湾区发展规划纲要》的实施，加速了大湾区的深度融合，雷士照明也是从那之后开始，走上了产业快速升级的道路。

林良琦讲述了雷士照明如何通过打造品牌、渠道和科技三条护城河，在低门槛、分散型的照明行业，牢牢占据了行业第一的位置。

品牌力　国家级IP体现行业领导地位

品牌价值排行榜，是"全球三大品牌价值评估机构之一"世界品牌实验室发布的研究成果，是衡量世界品牌价值的风向标。连续12年入选《中国500最具品牌价值》榜单，证明了雷士照明在品牌层面已经牢牢占据行业领导地位，在评估品牌价值的三个维度——营业收入、品牌强度和品牌附加值上全面领先。

在中国，照明企业很容易被人联想成"卖灯的"，为了实现品牌形象升级，雷士照明在林良琦的带领下，走出了一条传统制造业的品牌焕新之路。

"以前，雷士照明品牌给人的形象比较专业，或者说比较老气，有25年历史了，大家觉得这个品牌就是一个老老实实做工程的。2021年，我们把品牌形象提高了，做成更加迎合年轻人的品牌形象，返老还童，重新焕发青春。"林良琦说。

第五章 新能源产业样本

◇雷士照明成立于1998年，至今已有25年历史

2021年8月，雷士照明推出全新品牌战略及品牌形象，以及"科技、健康、智慧、品质"的品牌核心价值和"用照明科技改变生活"的品牌使命，并根据用户需求推出"全屋照明、商业照明、酒店照明、公共照明、特种照明"五大业务子品牌。

焕然一新的雷士照明，品牌价值一路走高，其专业的品牌形象也逐渐深入人心，在2023年初更是获得了国家级IP认可，成为行业内首家也是唯一获此殊荣的品牌。对于雷士照明，中国航天基金会理事长吴志坚给出了高度评价："雷士照明能够在众多照明企业中脱颖而出，成为中国照明行业第一家同时也是唯一一家中国航天事业合作伙伴，体现了其科技先行、精益求精的品牌形象，以及雷士照明在照明行业的领导者地位。"

林良琦介绍，雷士照明与航天基金会的合作内容主要是在产品的认可、研发，把雷士照明的产品应用到航天事业上，同时把航天高精尖技术应用到民用上，可以形成一个很好的互补。"有了航天科技的加持，以及IP的提升，企业品牌形象再次上了一个新台阶。"

雷士照明的出色成绩，也得到了国内著名商业咨询顾问刘润的关注，这位前微软战略合作总监表示："雷士照明通过体系化能力的构筑，走出了一条传统制造业的转型之路。"

渠道力　在300个城市完成10万+家网点覆盖

"雷士照明有两个非常重要的资产：品牌和渠道。除了品牌创新，我们也在渠道上进行创新。渠道不只是搬箱子、运产品，而是要深入到产品引流，引入照明设计能力及交互智能的调控能力，在渠道上要赋予他们新的能力。"林良琦说。

雷士照明对渠道的执着与重视，贯穿整个企业发展的历史。成立之初，雷士照明就在中国照明行业率先提出"商业照明"概念，并开设第一家雷士品牌专卖店，开创中国照明行业品牌专卖模式。

如今，雷士照明在线上，拥有全平台、全渠道的网络覆盖；在线下，拥有33家运营中心、2700家专卖店，覆盖全国95%市县，作为走向深度下沉市场的触点和服务中心。此外，雷士照明还新开辟了五金赛道，在300个城市完成了10万+家网点覆盖。

林良琦认为，线上是很重要的领域，现在雷士照明线上销售占四成。目前，整个公司都在做直播，各大平台都有布局，培训开放直播能力并带领所有的经销商全部学会直播，产品线上线下异业同盟、多品牌联盟。

在覆盖中国照明市场的毛细血管之余，雷士照明还积极推动渠道升级，将品牌专卖门店升级为提供用户服务价值、体验价值、情绪价值的场景。全屋光环境体验店里不再是传统的货架，而是照明体验的空间，并将五金网点升级为服务网点，打通消费者最后一公里的服务和维修需求。

◇雷士照明 CNAS 认证实验室

"全屋光环境和五金流通是雷士照明未来两大战略发展方向，雷士照明在做的全屋光环境，是真正意义上按照人的需求来设计照明，不是单纯的无主灯。你需要什么，我们就设计全屋照明方案来满足你的需要。"林良琦说，目前，雷士照明全屋光环境已推出40家店，2023年预计全国将推出100家。

强大的渠道覆盖，不但是雷士照明自己的资产，更是整个照明行业的资产。

作为行业领导品牌，林良琦认为雷士照明要做的是整合整个照明行业的资源，让大家从"用长处互相竞争"的内卷，变成"用长处谋求共生"的竞合。"我们有这样的底气，是因为雷士照明的长处就是拥有强大的生态驱动系统整合。"对上游供应商也是如此，雷士照明有自己的品牌优势，供应商有自己的生产优势，塑料配件、线路板都是找供应商合作，一起做大，形成良好的生态合作。不仅是惠州，雷士照明一直倡议整个湾区的照明行业进行生态竞合，不能互相去拼价格。

科技力　参与国家课题研发及制（修）订标准超110项

"我们提供的不只是一个能亮的灯，而是健康的、智能的、满足人们对美好生活向往的产品。因此，我们特别重视产品研发，现在研发人员有三四百人，研发投入占营收的5.5%—6%。"林良琦介绍，在科技层面，雷士照明更是将核心技术提到公司战略级别来推进研发。

经过20多年的积累和持续投入，雷士照明已建立起领先行业的研发体系，聘请国内外著名电光源专家、灯具专家和顶尖设计团队为顾问，与中科院、同济大学、复旦大学、南昌大学等LED照明领域的顶级科研机构和专家学者展开深度合作。在惠州总部，按国际标准建有照明实验室和多个专业检测室，拥有严苛的CNAS认证实验室，检测产品水准与国际同步，保证产品质量优良、稳定，实现每个产品全流程品质严控管理。

强大的研发团队和资金投入，创造出推动行业前进的产品力。迄今为止，雷士照明拥有研发知识产权发明专利、实用新型专利、外观专利超过800项。雷士照明代表行业高水平积极参与制订国家标准以及行业标准，2002年以来，参与国家课题研发及制（修）订标准超110项。教育部科学技术进步奖、中照科技创新一等奖、中国国际照明灯具设计大赛一等奖……雷士照明尖端科技产品获得荣誉超过30项。

生态竞合同样可以用在研发上，雷士照明研发不是关起门来自己做，而是可以接纳外面已有的技术。跟中国航天科技的合作就是一种典型的开放式技术研发创新路子。

雷士照明启动了行业首个也是唯一的中国航天照明科技实验室，与中国航天展开技术上的深度合作，以该实验室为基础，研发航天级别的光谱和航天级别的照明科技。同时，凝聚各领域的专业力量，共同为打造"满足细分场景真实需求"的好光而努力。

另一面　构建ESG体系，惠及逾10万师生

"公司要整体发展，很重要的一点就是要做ESG[ESG是Environmental（环境）、Social（社会）和Governance（治理）的缩写]建设，我觉得这是新型现代公司必走的道路，可以说是企业社会责任创新的路子。"林良琦表示，ESG在公司治理、环境保护以及社会责任上都要尽各方面的责任，充分体现在员工、社会、政府及环境的关系。

雷士照明公司屋顶上都是太阳能光伏，1/3的电能来源于太阳能。污水废水废气处理、员工关怀、公司整体治理等都跟现代企业建设相关联。雷士照明正在构建着自己的ESG体系，用健康照明科技点亮可持续的未来。

在追求企业发展的同时，雷士照明不忘履行社会责任。2009年至今，坚持改善边远山区中小学教育和照明环境，足迹遍及贵州遵义、四川阿坝州、重庆荣昌、河南兰考、辽宁阜新等18个省市。通过"光明教室""光明支教""走访特困学生家庭"等爱心项目，改善200多所学校教学环境，令10万多名师生获益。

作为大湾区企业的一员，无论是举世瞩目的广州亚运会，还是意义非凡的港珠澳大桥，抑或是弥漫爱意的珠海情侣路，都有雷士照明点亮的那束光。新冠肺炎疫情期间，雷士照明第一时间参与援建包括雷神山医院、火神山医院在内的多家医院，并积极担任抗疫志愿者。

无论是行业和消费者的认知，还是错落在全国各市县的毛细血管级渠道，又或是行业唯一的中国航天照明科技实验室，都是其他企业短时间内无法复制的"护城河"实力。在低门槛、分散型的照明行业，雷士照明正是凭借这3条护城河，牢牢占据了行业第一的位置。

【对话】
雷士照明CEO林良琦：大湾区是照明行业非常重要的聚集地

"大湾区是照明行业非常重要的聚集地"，"惠州是可以提供进一步成长的土壤。"雷士照明CEO林良琦如是说。

品质至上、顺势而为、上下融合、内外同心

南都：雷士照明品牌价值连续12年居行业第一，这样的成就非常难得，雷士照明是如何打造品牌的？

◇雷士照明 CEO 林良琦

林良琦：首先，信任是品牌最重要的东西。品牌价值评估是从多维度来考虑的，包括营业收入、品牌强度和品牌附加值。我们在品牌建设上所付出的一系列努力，带来了品牌强度，也产生了深入消费者内心的品牌形象。品牌附加值包括渠道、产品、科技含量以及现在大家都在讲的健康、智能，对雷士照明来说，品牌经历了一个从卖照明产品到卖整体解决方案的过程，这也是提升品牌附加价值的重要基础。

雷士照明作为行业领导品牌，在这三个维度上下力发功，提倡用科技照明改变人们的生活，其实我们做的这些事情很简单，可以总结为16个字的经营方针。第一个是"品质至上"，所有产品、品牌、品质，如果没有以质量作为中枢神经来指导，那么品牌是没办法存在的。第二个是"顺势而为"，我们要顺渠道的势而为。第三个是"上下融合"，要思考线上线下如何融合同步发展，而不是互相产生矛盾。第四个是"内外同心"，就是我们组织内部和外部一定要团结起来做一件事：为客户服务。如果把这16个字贯穿起来，实际上就形成了支撑我们整个品牌发展的基础，贯穿在生产、研发、销售全流程中。

电商做得好是因不断了解市场需求

南都：2023年的五一以及618大促，你们都是行业销冠，可以分享一下成功的秘诀吗？

林良琦：市场销量是消费者们用手投票的结果，这么多人愿意掏腰包来支持雷士照明，我感到很荣幸，也说明他们对品牌是支持的。

为什么这几年我们的电商一直做得很好，很重要的一点是不断了解市场需求。市场上有那么多年轻人，特别是年轻小女孩，他们都是未来的购买影响者或决策者。比如我们推出的韩国Linefriends联名款灯具，就是夜灯、感应灯等小灯具，女孩子很喜欢，一上网就被这些小布朗熊灯吸引了。

包括Logo，现在NVC的品牌形象跟以前不一样，"V"亮出来，就是一个非常动感的照明品牌形象。所以，这一系列动作，从品牌内容营销到渠道建设，到产品解决方案，都围绕着很重要的一点：把公司的价值、品牌的价值提高。目前，我们要带领所有经销商学会直播，培训他们的开放直播能力，我们整个公司都在做直播。

南都：我们了解到，2022年整个中国照明产业的销售产值是下降的。但雷士照明这几年来还是能够持续地增长，在行业中你们是怎么做到的？

林良琦：应该说潜心于扎扎实实地做事，这是很重要的。雷士照明在过去几年里，面对那么复杂的环境，疫情也好，市场竞争也罢，只做几件重要的事情：从产品研发创新、卖产品到卖整体解决方案，从卖单一的产品到卖健康智能综合化的产品，建设品牌，线上线下融合。

过去三年里，公司整体非常坚定地沿着既定战略往前走。再者，是渠道的进一步融合，公司提出了五大业务子品牌，这也是非常大的改革，五大业务子品牌进一步巩固了主品牌和子品牌的架构。

惠州有企业进一步成长的土壤

南都：高质量发展时代，雷士照明如何创新发展？

林良琦：创新当然是非常重要的，品牌价值一方面是消费者信任，另一方面就是要创新。但是创新在什么地方？创新在于如何让它更年轻化，如何更好地服务产品提升换代，如何把卖产品变成卖整体解决方案，从某种程度上说，这就是品牌的创新。

雷士照明有两个非常重要的资产：品牌和渠道。渠道也要创新，渠道创新不是在于利润价值分成上的创新，原来每个运营中心以产品为主的渠道，现在整合起来就是全屋光环境。渠道不只是搬箱子、运产品，而是要深入到产品引流，培训大家去做直播，产品线上线下异业同盟、多品牌联盟。再就是引入照明设计能力及交付智能的调控能力，渠道上要赋予他们新的能力。此外是五金流通，把产品送到乡镇，送到各个角落，这也是渠道创新、重新整合。

对产品的理念创新，明确我们提供的不只是一个能亮的灯，而是健康、智能的、满足人们对美好生活向往的产品。因此，我们特别重视产品研发，公司现在有三四百名研发人员。

南都：每年研发投入占营收比例有多少？

林良琦：从目前来看，有5.5%—6%。

南都：你们为什么选择一直在惠州扎根、做强、做大？对惠州及大湾区的照明产业发展，你有什么想法和建议？

林良琦：雷士照明在惠州已经发展25年，总部一直就在这里。雷士照明留在惠州是因为真正觉得惠州是一个好地方，对雷士照明发展有很大的帮助。

从大湾区建设来说，以惠州为中心，方圆两百公里之内，是整个中国甚至全世界照明行业的集聚地。从某种程度上来说，大湾区是照明行业非常重要的聚集地。从城市的规划建设到城市的环境，我们觉得惠州是可以提供进一步成长的土壤。

雷士照明作为一个品牌，公司未来最重要的角色是要在照明行业生态里起到一个引领作用。生态是什么？生态就是要大家互相融合。我在惠州做照明，有很多供应商合作伙伴，塑料配件不需要自己做，线路板可以找供应商合作，你赚你的生产优势，我赚我的品牌优势，这就是一个良好的生态合作关系。大湾区内，雷士照明也是一直在倡议行业要生态竞合，而不是互相去拼价格。

第四节　中山"氢"装上阵，力争弯道超车

氢能产业作为战略性新兴产业重点发展方向之一，将为经济高质量发展注入新动能。尤其是在"2030碳达峰、2060碳中和"目标下，发展氢能产业更具有紧迫性。目前，中山已经汇集起氢能全产业链条，涵盖自主研发、生产、存储、运输到应用场景等。

按照《中山市氢能产业发展规划（2022—2025年）》，到2025年，中山氢能产业规模达到100亿元；展望2030年，中山氢能产业规模将超过500亿元。中科富海（中山）低温装备制造有限公司（以下简称"中科富海装备公司"）总经理汪新认为，提早布局氢能产业，能给中山提供弯道超车的机会。

助力"'双碳'战略"，打造"国之重器"

先进低温技术装备，是认识中科富海装备公司的关键词。低温在工业生产中有非常重大的作用，然而降温是一件难事。先进低温技术，是指-253 ℃到-273 ℃高效可靠的低温获得和应用技术，广泛应用于大科学装置、航空航天、氢能、量子计算等，其中液氢技术在氢能领域有广阔的应用前景。

中科富海装备公司是中科院理化所产业化公司。中科富海装备公司成立以前，中国不能制造出温度低于-196℃的大型低温装备。它一诞生，就带着铸造"国之重器"的使命。2017年，在完成中科院理化所大型低温科研成果的工程化设计后，中科富海在全国范围内选择产业化公司的落地城市，经过几番考察，最终落户中山翠亨新区。

汪新介绍，公司是目前国内唯一拥有20K以下（-253 ℃到-271 ℃）大型超低温装备自主知识产权技术的高端装备制造企业，是全球唯一能够同时提供4.2K（-269 ℃）和20K（-253 ℃）大型超低温装备非标定制、租赁、托管运营的制造商和服务商。

氢能是构建现代能源体系的重要方向，在我国"十四五"规划和2035年远景目标纲要里，氢能是前瞻谋划的六大未来产业之一。我国对发展氢能持积极态度，但是如何储存、运输氢能源，是极大的技术挑战。

汪新介绍，氢最大的特点就是轻，因此在储运中必须经过压缩，提高密度。-253℃是氢气的液化点，大型低温制冷装备能帮助实现氢气液化，密度比气体提高了七八百倍。汪新算了一笔账，一辆载重40吨的重卡，如果装运高压氢气一次只能运输不到400千克，但是如果运输液氢，一次就能运输4—5吨。从运输半径来看，高压氢气往往只能辐射制氢点200公里的范围，而液氢能覆盖500公里范围。由于液氢便于储存、运输，使用成本大幅降低后，利于在各个行业推广利用。

近两年来，中科富海装备公司的技术优势正逐渐转化为产品优势，先后实现了多项突破。2022年1月，该公司的1.5吨氢液化器顺利出口加拿大，是国内首套氢液化出口产品；2022年12月，国内首台全国产化工业用液氢装置调试投产，该设备正是由中科富海装备公司生产；2023年1月，国内首套天然气化工弛放气提氦工业装置投产，其也是由中科富海装备公司研发生产。

值得一提的是，低温系统也是大科学装置的必要保障。中山周边分布着多个大科学装置——东莞散裂中子源、江门中微子实验室、惠州强流重离子加速

◇大型的低温设备可用于氢能储运

器等，这些都是中科富海的服务对象。

2023年2月19日，广东省委书记黄坤明，广东省委副书记、省长王伟中到中山市调研时，中科富海低温装备制造有限公司就是其中一站。黄坤明勉励企业，以更大力度开展核心技术攻关和产品创新，不断提高技术含量和附加值，在做精做特中推动做大做强。

领帆起航，新时代"十大舰队"之一

中科富海装备公司，是中山氢能产业链条上的重要一环。实际上，近年来中山发展氢能产业的路径图越来越清晰。

2021年8月，国家多部门批复广东燃料电池汽车示范应用城市群为首批示范城市群之一，中山市名列其中。这里的燃料电池是氢氧混合燃料，与普通化学电池相比，燃料电池可以补充燃料，通常是补充氢气。

2022年8月，广东省印发《广东省加快建设燃料电池汽车示范城市群行动计划（2022—2025年）》，提出以广州、深圳、佛山、东莞、中山、云浮为重点建设燃料电池汽车产业创新走廊。

从中山本地层面来看，氢能产业布局接连取得突破：

2021年8月，出台《中山市推进加氢站建设工作方案》。2022年，统筹布局清洁能源与智能装备主题产业园，多个重点项目先后落地。2022年8月，翠亨新区与清华苏州环境创新研究院签约共建"中山碳中和技术与绿色产业协同创新实验室"。2022年9月，中山市氢能源产业发展技术联盟成立，加快推动氢能技术创新、成果转化和产业应用示范推广。

2022年10月，一份更为系统的规划——《中山市氢能产业发展规划（2022—2025年）》（以下简称"《发展规划》"）正式出炉。其中明确，以氢燃料电池汽车及船舶示范应用为抓手，推动氢能产业成为新的经济增长点，助力加快构建清洁低碳、安全高效的现代能源体系，将中山市打造成为粤港澳大湾区氢能关键材料、技术及装备研发制造基地。

从目标任务来看，《发展规划》明确，到2025年，氢能产业规模达到100亿元。其中给出一系列具体指标：创新能力建设方面，组建重点实验室、工程研究中心、企业技术中心等创新载体不少于10家；产业集聚发展方面，建设清洁能源产业园区，培育和引进重点领域优质企业不少于50家；应用示范推广方

◇中科富海装备公司位于中山翠亨新区

面,生产示范氢燃料电池汽车不少于1000辆,氢能船舶不少于20艘,建设加氢站不少于15座,分布式能源、热电联供及备用电源应用不少于100套。

《发展规划》展望,到2030年,中山氢能产业规模达到500亿元。从空间布局上,《发展规划》提出,打造中山市氢能产业"一核、两带"创新发展高地。其中"一核"指翠亨新区,"两带"指东部环湾产业带、西南沿江产业带。

2023年1月6日,中山市委经济会议进一步提出,打造新能源、生物医药与健康、新一代信息技术、智能家电、高端装备、光电光学、灯饰照明、中山美居、现代农业与食品、现代时尚产业等新时代中山"十大舰队",新能源产业被放在突出位置,并被列为四个"率先起航"的产业集群之一。中科富海装备公司则被纳入中山新时代"十大舰队"的领军企业之一。

氢能产业链条初步建成

从产业链条来看,中山目前已汇集了中科富海、明阳智能、大洋电机、晓兰客车、喜玛拉雅等一批氢能产业链关联企业。

自主研发方面,中山先进低温技术研究院于2022年6月正式开工建设,

2022年12月关键技术楼封顶。中山先进低温技术研究院计划于2024年研制出国际领先的万瓦级超大型低温制冷装备，保障液氢、液氦在氢能、半导体、医学、航天等关键领域的发展需求。

生产方面，中科富海目前有太阳能制氢、天然气重整、尾气回收、工业副产氢等制氢方案，也在全国建立起多个制氢基地。2022年6月，中科富海"综合气体岛"项目在三角镇动工，这是粤港澳大湾区首个涵盖氦气、氢能源、电子特气及空分装置的综合气体岛，预计2023年陆续投产。这也是中山首个氢能供应基地，并辐射周边地区的氢能供应需求。

此外，明阳智能已于2022年推出了每小时2500标方的碱性电解水制氢电解槽产品，该产品制氢能力和各项性能位居全球碱性电解槽前列，单位电耗低至3.87度/标方。

储运方面，中科富海装备公司是目前国内唯一拥有完全自主知识产权的大型低温装备制造公司，其氢制冷液化器在行业内具有绝对优势。通过零蒸发液氢储罐进行储存，零排放车载液氢储罐进行运输，液氢增压泵与加氢站配套设备实现加注，完成整套储运方案。

应用方面，大洋电机将"氢燃料电池业务"定位为未来事业板块，现阶段聚焦产品研制和关键技术研发、产品的性能和高可靠性，重点开展氢燃料电池BOP的研发与生产，包括燃料电池多合一控制器、高速离心压缩机、DCDC、高压电子泵、氢气循环系统。

晓兰汽车则在2023年1月6日举行的新产品发布会上，一次性发布21款自主研发的专用车、客车等，其中就包括氢燃料重卡和专用车4款、氢燃料客车2款（1款公交车，1款通勤车）。

【对话】

中科富海装备公司总经理汪新：低温不低调，我们是奔着百亿产值去的

中科富海装备公司总经理汪新表示："中科富海中山装备公司准备再建设3个生产基地，第一步目标是每个生产基地做到10亿元的产值。未来5—10年，我们是奔着百亿元产值去的。"

政府诚意　连夜赶到理化所，讲规划送政策

南都：中山实施"制造业当家"战略，推动经济高质量发展，发展氢能产业有哪些重要意义？

汪新：石油化工、汽车尾气是"排放大户"，而风电、太阳能发电波动性较大，不够稳定，短期来看，风电和光伏还不具备替代煤电的实力。氢能是一种来源广泛、清洁低碳、灵活高效、应用场景丰富的新型能源。如果用风光电来制氢，再用氢来替代化石能源，等于拓展了风能和太阳能的利用模式，也实现了风光电的稳定消纳。

◇中科富海装备公司总经理汪新

另外，目前我国主要能源消费类型是煤炭、石油和天然气，同时石油、天然气的对外依存度很高，因此能源安全问题集中在油气能源的供应安全上。长远来说，发展利用氢能，也是解决国家能源安全问题的有效方式之一。

从应用角度来看，提早布局氢能产业，能给中山提供弯道超车的机会。比如汽车行业，跟欧美等发达国家相比，我国起步时间晚、技术水平相对落后，但是如果从氢能汽车赛道来考量，大家都在同一起跑线上，差距不大。中山的晓兰汽车，已经频频发布氢燃料的重卡和小车车型等。

南都：中山发展氢能产业有哪些机遇？

汪新：中山确实很重视氢能产业发展。中科富海装备公司落户中山有一个小故事。2017年，我们在全国范围选择产业化公司的落地城市，当时中山市翠亨新区相关领导听说后，连夜赶到理化所，跟我们讲规划、送政策，诚意满满。中科富海装备公司落在翠亨新区，是中科富海进一步布局粤港澳大湾区，参与粤港澳大湾区国际科技创新中心建设的重要一步，也是中山积极部署氢能产业结出的硕果。

先进低温技术有重大经济效益，其中依托低温技术获得的液氢在氢能领域的应用是一个超万亿元级的市场。中山现在的氢能产业链已经比较完善，涵盖自主研发、生产、存储、运输到应用场景等，从上游生产端到下游应用端，整个产业布局比较好，关联企业互相支撑。

未来，随着低温制冷机和氢氦液化、储运、技术方案的相继落地，将带动氢能源的上下游产业落户中山，推动中山氢能产业加速"串珠成链"。

南都：落户中山后，中科富海装备公司的发展速度如何，下一步发展计划是什么？

汪新：公司的发展速度比我们的预期的要快得多。2020年正式投入运营后，第一年公司租了3000平方米的厂房，当年就不够用了；第二年厂房面积增加到1万余平方米，又不够用了。现在我们准备进一步扩大生产面积。

从产品序列来看，公司最初做低温装备产品，现在已经实现了三大产品线：低温装备产品、气体装备产品、储运装备产品。特别是储运装备，这是解决氢能源应用的一个关键问题，我们不仅成功研制、生产，还出口到加拿大，证明产品经得住考验。短短几年时间，中科富海中山装备公司已经获评国家高新技术企业、省工程技术中心、省"专精特新"中小企业、市企业技术中心等荣誉资质。

中科富海中山装备公司目前是中科富海集团在中国唯一一个先进低温装备生产基地，接下来我们准备再建设3个生产基地，第一步目标是每个生产基地做到10亿元的产值。未来5—10年，我们是奔着百亿元产值去的。

轻装上阵　推进优势技术转化为国家标准和行业标准

南都：在发展氢能产业过程中，公司目前面临哪些挑战，准备如何应对？

汪新：从企业的感受来说，人才是目前面临的短板。比如我们现在负责生产的厂长、负责工艺的部长，都是从华东地区挖过来的。他们不一定要有很高的学历，但是需要有相当时间的专业积累。现在生产线上的一个焊工，我们大概要培养半年时间，因为除了焊接的基本技能，还需要掌握一些特殊的操作要求。人才结构上，由于广东几乎没有低温、气体相关专业，因此会出现人才缺失的情况。

2023年，公司将通过内部选拔培养、外部引入的方式，针对每个产品线培养出一名领军人才，计划是8人。现在公司在建立矩阵式的人才队伍，横向上，每个产品的领军人才成立专家室，下面有供应室、专业室等提供支撑；纵向上，由领军人才带领团队进行产品开发。

建厂至今，公司的生产体系已经逐步建立并完善，但是总体量还不高，离十亿级、百亿级的目标还有一段距离，我们只有吸引更多、更优秀的人才，才能支撑企业快速、健康发展。

南都：中山已经成立氢能源产业发展技术联盟（以下简称"氢能联盟"），在推进行业发展上，氢能联盟应该如何作为？

汪新：现在氢能产业发展的困境是，还没有形成一套规范的行业标准，比如液氢运输要达到什么标准。好消息是，团体标准已经陆续出来。所谓团体标准，是指由团体按照自己（团体）确立的标准制定程序，自主制定、发布、采纳，并由社会自愿采用的标准。比如，佛山南海在全国率先发布《氢能源有轨电车运营技术规范》《氢气运输车辆运营管理规范》《加氢站经济运行指标及计算方法》等氢能团体标准，对以后制定行业标准有指导意义。中山氢能联盟也应该起到类似作用，推动氢能标准研制，推进中山优势技术转化为国家标准和行业标准，加强与专业机构合作。

此外，氢气联盟应该更多推动政策落地。中山现在从氢能产业规划，到实施路径、时间安排，都有了相对明确的计划表，但是感觉这几年政策推进速度还不够快。比如几年前中山已经提出建设加氢站，我们也跟相关单位探讨过建设方案，但是至今还没有落地。现在，中山也明确，在示范推广方面，生产示范氢燃料电池汽车不少于1000辆，氢能船舶不少于20艘，建设加氢站不少于15座。要尽快实现这些目标，中山氢能联盟应该积极发挥协调功能，促进各方开展协商，加快政策推进速度，让中山氢能产业进一步发展壮大。

第六章

其他制造业样本

第一节　广东首个神经介入产品是如何炼成的

生物医药与健康产业是广东近年来重点打造的20个战略性产业集群之一。广东"十四五"规划提出，加快发展生物医药产业，在生物药、化学药、现代中药、高端医疗器械、医疗服务等领域形成竞争优势。《广东省制造业高质量发展"十四五"规划》更提出，力争实现2025年营业收入1万亿元的目标。

随着广东省委十三届二次全会提出"坚持制造业当家"，广东正加快实施"大产业"立柱架梁行动，谋划再打造若干新的万亿元级产业集群，前瞻布局未来产业。接下来，生物医药与健康产业应当如何以万亿级产业集群建设，赋能广东"制造业当家"？珠海通桥医疗科技有限公司（以下简称"通桥医疗"）总经理李峥分享、探讨了产业高质量发展路径。

企业　申请专利、商标200余项

在珠海高新区北围片区，一栋占地面积约1.6万平方米的建筑已见雏形。这是通桥医疗于2022年11月奠基的创新基地项目，建成后将用于神经血管颅内植介入医疗器械的研发和生产。

什么是植介入医疗器械？它具有哪些作用？根据《医疗器械分类规则》，植入器械为"借助手术全部或者部分进入人体内或腔道（口）中，或者用于替代人体上皮表面或眼表面，并且在手术过程结束后留在人体内30日（含）以上或者被人体吸收的医疗器械"。介入器械在植入器械的基础上，侧重于短时间的治疗或检查，治疗或检查完毕即从体内取出。

李峥介绍："使用植介入医疗器械是治疗心脑血管疾病和骨科疾病最有效的手段之一，相较于传统手术方式伤口更小、恢复更快、预后更好。例如，神经介入手术就是经由股动脉穿刺，将治疗器械送达病变血管处，通过取栓、扩张、栓塞等方式进行血管内治疗。"

医疗器械的研发与生产本身涉及多项专业技术，植介入医疗器械的精密性、复杂性，则对企业科研水平、生产工艺等提出了更高的要求。李峥表示，通桥医疗长期致力于产品研发、优秀人才引进等，持续推动产品迭代。"我们共申请专利和商标200余项，前瞻布局了超30项新产品的研发。我们组建的'广东省神经血管植入介入医疗器械工程技术研究中心'，已成功入选广东省工程技术研究中心名单，接下来将加快推进研发与成果转化的深度融合。"

据了解，通桥医疗已获国家药品监督管理局三类医疗器械注册证9张、二类医疗器械注册证2张，3个产品获欧盟CE认证。2020年，其取栓支架产品成为全国第89个获批上市的创新医疗器械产品，这也是广东省第一个神经介入创新产品、珠海市唯一的医疗器械创新审批产品。

产业　新技术成发展新动力

选择深耕植介入医疗器械领域，源自通桥医疗对产业发展前景的判断。李峥表示，随着全球经济复苏、生物技术进步及社会老龄化程度加深，中国生物医药与健康产业将迎来快速发展。"具体到植介入医疗器械领域，随着医保

◇通桥医疗创新基地项目（效果图）

体系的完善以及持续利好创新医疗器械政策的发布,其发展空间也越来越广阔。"

据了解,《"健康中国2030"规划纲要》提出,加强高端医疗器械等创新能力建设,并对加快医疗器械转型升级,提高具有自主知识产权的医学诊疗设备、医用材料的国际竞争力作出了要求。《"十四五"医药工业发展规划》则指出,支持企业整合科技资源,围绕药品、医疗器械生产的关键技术、核心装备、新型材料开展攻关,开发和转化应用一批先进技术,构筑产业技术新优势。

李峥认为,从国家政策与产业的现实需求来看,技术创新仍然是企业发展的重要动力,在新一代信息技术逐渐普及的背景下,其对于生物医药与健康产业发展的推动作用不容小觑。"例如,在脑血管疾病的诊断、治疗中,运用人工智能技术,将大大提升诊断的质量和效率。在神经植介入领域,介入机器人将提升手术中各项数据的可量化水平,从而促进手术临床推广,培养更多高水平医师,助力行业可持续发展。"

李峥指出,新一代信息技术对促进企业生产经营数字化、信息化的作用,同样值得关注。目前正在稳步推进建设的通桥医疗创新基地项目,将通过提供大带宽、低时延的无线网络通信覆盖,建立设备远程控制、无人值守等全园区全要素感知环境体系,提升生产效率。

李峥表示:"我们将通过部署统一的智能制造平台与自动生产、自动检测生产线,实现生产、质检、灭菌、包装等全流程智能管理,打造万物互联、智能化生产、网络化协同的'未来工厂'。"

区域 政策利好推动产业发展

"未来工厂"的落地建设,蕴含着通桥医疗对珠海产业发展环境的认可。李峥表示:"在企业刚刚成立时,珠海高新区帮我们找办公空间,给予租金补贴,还有一对一的产业与人才政策指导,帮助企业成长壮大。每年很多员工都享受到高新区'凤凰人才'政策的支持,产业人才最高能拿到80万元补贴。"

对生物医药与健康产业发展的重视,在珠海由来已久。2013年印发的《珠海市进一步扶持生物医药产业发展的若干政策》,从产业专区建设、财税扶持、人才培育等多个层面出发,力求进一步提升产业竞争力。2020年印发的《珠海市促进生物医药产业发展若干措施》,则明确提出"培育千亿元级生物医药产业集群"。

放眼至整个广东，生物医药与健康产业发展同样备受关注。《广东省制造业高质量发展"十四五"规划》对化学药物品质提升、岭南中药发展、高端医疗器械研发等工作作出了表述，并提出到2025年，生物医药与健康产业力争实现营业收入1万亿元，建成具有国际影响力的产业高地。

2022年，广东生物医药与健康产业集群完成营业收入4 112.83亿元，虽然位居全国第一方阵，但也仍面临种种挑战。《广东省发展生物医药与健康战略性支柱产业集群行动计划（2021—2025年）》指出，当前广东生物医药与健康产业仍存在关键技术与装备缺乏、产业链不健全、高端人才偏少等问题。随着发达国家和兄弟省市纷纷加大产业发展支持力度，广东面临的竞争也日趋激烈。

2023年以来，广东正从多个层面出发，提升生物医药与健康产业发展水平。广东省科学技术厅近期启动了2023年度省重点领域研发计划重大重点专项指南建议征集工作，包括生物医药与健康、高端医疗器械等领域；2月举办的"2023'大手拉小手'暨战略性产业集群产业链供应链对接活动（生物医药与健康产业集群专场）"期间，多家大型骨干企业与中小企业间达成上下游意向合作；4月举办的粤港澳大湾区青年科技人才系列对接会生物医药专场，66家知名企事业单位现场提供岗位1353个，吸引了不少硕博人才。

【对话】

珠海通桥医疗科技有限公司总经理李峥：医疗器械产业成长空间广阔

科技创新是医疗科技行业的发展动力，广东的生物医疗产业如何推动产业链配套水平提升，驱动优势资源充足，未来通桥又将如何降本增效，助力产业高质量发展？珠海通桥医疗科技有限公司总经理李峥分享了他对医疗器械产业成长空间的思考。

谈行业发展动力　科技赋能和创新驱动　创造出高附加值产品

南都：哪些要素是推动植介入医疗器械行业发展的重要动力？
李峥：科技创新是其中的重要一环。新技术的应用，有利于提升各类植介入医疗器械的性能，通过更准确的置入和定位，简化手术操作，提高手术

◇珠海通桥医疗科技有限公司总经理李峥

效率，进而克服传统医生带教模式下不能建立精确手术体系的问题。

政策扶持的作用同样不能忽视。国家近年来鼓励医疗器械发展和创新，将医疗器械相关设备与材料列入《战略性新兴产品重点产品和服务指导目录》，出台了《加强脑卒中防治工作减少百万新发残疾工程综合方案》等政策，进一步推广脑卒中防治及神经介入技术，这些政策都为相关产品的研发、落地创造了机遇。

此外，药品与器械从研发到上市，涉及临床前研究、临床试验、申报注册等漫长过程，不仅需要投入巨大的资金、时间，研发过程中还充满各种不确定性。对此需要强有力的知识产权保护，保障企业合理收益，从而更好地鼓励企业持续创新。

南都：结合产业发展与贵公司实际情况，如何看待科技创新对于企业高质量发展所起到的作用？

李峥：中国已于2011年成为世界第二大医疗器械市场，医疗器械产业在中国具有高度的战略性与广阔的成长空间，加上产业本身涉及高分子材料、机械工程、生物医药等专业技术的融合交叉，具有多样化、创新快的特点，这些都对企业进一步提升创新水平作出了要求。

当前，科学技术飞速发展，对企业而言，全面的产品线组合、系统性产品的创新以及持续的技术迭代，将是应对各种环境变化的核心竞争力。对行业而言，只有科技赋能和创新驱动，才能创造出高附加值的产品。

谈广东着力方向　驱动优势资源重组　实现产学研联动

南都：广东生物医药产业应当从哪些方面出发，加快打造万亿级产业集群？

李峥：广东地理位置优越，省内高校林立，外加近年来一系列政策的出台，有利于资金、技术与人才的集聚，为产业的创新发展提供良好的土壤和环境。

在此基础上，我们认为科技创新仍然是重中之重。我国目前创新医药占总体医药市场的份额仍然较低，研发投入和专利数量与国际巨头差距较为明显。坚持以创新为驱动力，以需求为引领，有利于企业掌握核心技术，实现产业创新驱动转型。

同时，当前广东在高端生产装备、专用耗材试剂的研发和推广环节还存在瓶颈，对此要推动产业链配套水平提升，促进产业集群发展，以产业上下游的集聚，驱动优势资源重组。

此外，广东还应当充分发挥校企资源，搭建合作平台，实现产学研联动，进一步吸引、培育人才，为产业未来发展奠定基础。

谈公司未来举措　推动产品降本增效　打破校企育才边界

南都：接下来，通桥将从哪些方面出发，响应"制造业当家"，助力生物医药与健康产业高质量发展？

李峥：在产品研发方面，我们将凭借先进的技术和成果转化能力，解决神经植介入医疗器械领域关键技术"卡脖子"难题，推动完全自主知识产权的植介入医疗器械产品研发工作，以技术进步推动产品降本增效，真正惠及病患。

在人才培育方面，我们将与使用产品的医生进行深度沟通，与行业人士共享神经介入领域的最新技术成果。同时，打破高校与企业之间的人才培养边界，搭建校企合作平台，促进高校课堂与企业的相互浸入，将课程学习与行业动态有机结合，构建校企协同育人机制。

此外，我们还将针对当前脑卒中防控技术普及程度低、科普教育宣传力度不够的现状，与政府多部门联合推动脑卒中通识教育，向大众宣传脑卒中预防知识，并结合植介入医疗器械的使用，降低脑卒中疾病的发生率、致残率、死亡率，提高治愈率。

第二节 做强做优泛家居，有家就有"佛山造"

48小时内，一整间儿童房可以全部装修布置完成，不仅高效，改造后的家更加绿色健康与环保，精准解决市场需求痛点。这是位于佛山禅城一家家居生活馆的展示空间，也正是佛山家居产业在"双碳"战略下，实现绿色化智能化高质量发展的蓝图与实践。

2023年3月，佛山正式发布《关于高质量推进制造业当家的行动方案》，提出做强做优泛家居、装备制造两个万亿元级产业集群，到2026年实现工业总产值超过3万亿元的发展目标。

如何做强做优、从"量"到"质"？佛山泛家居产业的发展路径有两条主线：从"单打独斗"到"联合作战"；从生产端向研发、销售服务两端延伸，全链条协同转型。

实力　依托深厚的制造业基础　形成国内最完善的家居配套产业链

在位于佛山南海狮山维尚五厂的车间里，每一块加工板件都有自己的"身份证"：工业互联网标识，制造实现"一码到底"。未来由这些加工板件组成的家具，将从车间走向家居生活或办公空间。

在位于南海西樵的蒙娜丽莎智能化车间，每条窑炉都实现了智能调控，还能够根据外部温差自动调节，这条"聪明"的生产线还可以实现柔性生产，从这里生产的陶瓷大板或岩板，将被铺在家庭的地板、墙面以及城市多个公共空间和应用场景中。

在位于佛山高明的佛山照明厂区自动化立体仓库，一排排大约10人高的立体货架直达房顶，货架中红色的巷道机轻盈滑动，找准目标货物后伸出"手臂"，在十几米高处取下货物，稳稳运送到出库口。

在位于佛山禅城的鹰牌生活馆，客厅的电视大屏也是智能环境监控系统，

◇国家级实验室（CNAS）

除了设备在线，室内温度、湿度和空气质量也实时监测，一目了然。绿色、健康与环保的家居方案，正从佛山走向全国。

这些都是佛山制造迈向佛山智造的转型实录，也是佛山家居产品走进千家万户前，热火朝天的生产场景。

作为全国唯一的制造业转型升级综合改革试点，佛山全市工业增加值占地区生产总值50%以上，规模以上工业总产值、增加值在全国城市中排第五，自主品牌产品销往223个国家和地区，"有家就有佛山造"享誉全球。2022年，佛山的地区生产总值为12 698.39亿元，增长2.1%，经济总量居广东省第三名。

多年来，佛山依托深厚的制造业基础，孕育了家电、家具、陶瓷、卫浴、建材、五金、家纺等家居产业，形成了国内最完善的家居配套产业链，泛家居产业集群规模已突破万亿元，涌现出一大批优秀民营企业和知名商标品牌，包括维尚家具、新明珠集团、美的集团、万和集团、大自然家居、鹰牌实业、金意陶陶瓷集团、蒙娜丽莎集团、轩尼斯门窗、恒洁卫浴等。

在2022年9月佛山召开的企业家大会上，佛山市市长白涛就企业转型发展分享了四点意见，其中两点与佛山家居产业紧密相关：一是坚持组团式发展，由单打独斗向联合作战转变；二是坚持品牌化发展，由埋头苦干向品牌带动转变。

目标　做强做优万亿集群产业IP　推动产业链高质量发展

短短几个月后，"有家就有佛山造"产业IP正式发布。白涛表示，这昭示着"全球家居看中国、中国家居看佛山"的底气和魄力，树立起佛山家居企业"联合作战"的一面旗帜。"这面旗帜代表着佛山家居产品的质量标杆，广大家居企业要坚持'质量就是生命'的理念，主动练好质量'内功'，推动家居产品品牌品质再上新台阶。"

大会为首批获得产业IP使用授权的30余家企业授牌，招牌将在授权企业的全国首批优秀经销商近5000家门店同时揭牌亮相。

"为什么要说'擦亮''有家就有佛山造'这个名片，而不是'打造'？因为家居产业本身已经是佛山制造的靓丽名片。"佛山一位产业观察者说，佛山家居产品本身已经走向全国，实现了真正的"有家就有佛山造"，但要实现从产品销售到品牌实力、品质"代言"以及生活服务，真正从"量"到"质"，这需要企业真正抱团发展，推动佛山家居产业加快向高质量发展迈进。

◇广东省聚合物工程技术研究开发中心

2023年3月，佛山正式发布《关于高质量推进制造业当家的行动方案》。根据行动方案提出的发展目标，到2026年，佛山制造业企业研究与试验发展（R&D）经费投入强度较2022年提高25%，80%以上的规模以上工业企业实现数字化智能化转型，做强做优泛家居、装备制造两个万亿元级产业集群，发展形成10个左右新兴领域的千亿元级产业集群，工业总产值超过3万亿元。

在观察者看来，佛山制造业的转型升级和家居产业联合抱团"破圈"路径十分一致。做强产业IP和推动产业集群高质量发展紧密相关。

转型　全链条数字化　"双碳"战略下迈向绿色化"新赛道"

2023年广东省政府工作报告提出，加快发展数字经济，支持佛山、东莞打造制造业数字化转型示范城市。过去两年，佛山大力推动制造业数字化智能化转型，目前佛山全市9400多家规模以上工业企业中，超四成已实施数字化转型，佛山的目标是力争2023年55%、2025年80%以上的规模以上工业企业实现数字化转型。

在不少企业家看来，作为佛山两大万亿级产业集群之一，泛家居行业的龙头、标杆企业已经实现了生产端的数字化转型，下一步的发展重心是与消费端大数据应用打通，实现研发、生产、销售和服务全链条数字化转型。例如维尚家具利用前端云设计系统加AI系统，为用户提供免费设计效果图，展示未来家的效果。随后上门为客户量尺寸，将产品在工厂中进行数字化虚拟制造。后端用"装修导航"App清晰展示全部施工进度路线。

客户家居生活中的使用习惯和需求，也会通过大数据反馈到研发和生产端，例如美的电器、万和电器通过家电的联网，可以更好地积累和完善产品使用数据库。鹰牌生活则通过对不同消费年龄层的使用习惯，对整个家装的空间设计和色彩风格进行更精准的匹配。

除了全链条数字化，佛山家居产业转型的另一个方向是绿色化。天安新材和鹰牌集团推出的鹰牌生活健康人居体验馆于2022年正式开业。依托天安新材多年来根植于高端环保饰面新材料的技术沉淀，鹰牌生活引入墙面、地面新材料，用环保新材料替代木皮、墙布、金属、真皮、石头，环保无菌高颜值的饰面材料，延伸到家居生活领域的方方面面。

佛山"制造业当家"行动方案对此提出包括规模以上家居企业100%通过清洁生产审核、新增绿色建材目录产品1000项、新增绿色制造示范项目20个以上等目标，对佛山市未来三到五年家居行业提出更高的要求。

【对话】

佛山市禅城区工商联主席、广东天安新材料股份有限公司董事长、广东鹰牌实业有限公司董事长吴启超："三网合一"是数字化转型方向

天安新材是一家专业生产环保高端装饰材料和汽车内饰材料的科技企业，据不完全统计，目前路面上，平均每10辆车就有约5辆的内饰材料来自这家企业。2021年9月，天安新材完成对鹰牌的并购。2023年，由佛山市政府指导的"有家就有佛山造"产业IP发布，鹰牌陶瓷是首批授权使用该IP的企业之一。在整个家具产业抱团发展的背景下，新材料企业和陶瓷企业的"联合作战"又为产业转型带来哪些新机

◇佛山市禅城区工商联主席、广东天安新材料股份有限公司董事长、广东鹰牌实业有限公司董事长吴启超

遇和新方向？佛山市禅城区工商联主席、广东天安新材料股份有限公司董事长、广东鹰牌实业有限公司董事长吴启超发表了看法。

从传统制造型企业向综合服务商转型

南都：有观点认为，经过近年佛山大力推动数字化转型，龙头和标杆泛家居企业已经实现了生产端的提质降本增效，并向微笑曲线两端延伸。目前企业在这方面的实践和经验有哪些？

吴启超：数字化潮流不可逆转，企业发展战略也正是从传统制造型企业向综合服务商转型，即制造加服务。数字化转型正从传统工业互联网、产业互联网到消费互联网延伸，这"三网合一"是我们的转型方向。

首先，工业互联网方面。我们将生产设备的MES端到整个客户端的CRM打通，通过传输将客户信息和ERP系统连接，再和整个MES端连接起来，打通了to B（企业与企业之间的商务模式）业务上的整个全数字化链条。

其次，产业互联网方面。企业上市后，我们把整个数字化系统重塑。将之前存在"断点"、需要靠手工链接的信息打通。现在客户需求和生产端的信息，可以实时在数字化系统里面看到，不仅决策更快、更加智能，精细化管理也得到更进一步推动。

再次，消费互联网方面。天安新材收购瑞欣和鹰牌后，整个企业从传统制造业向制造服务业进军，鹰牌终端有1300多个门店逐步实现数字化转型。在鹰牌业务从陶瓷变成整装产品，多品类的产品体系就对数字化提出更高要求，如此才能满足客户的一站式服务需求、设计需求。

终端数字化系统建立好后，消费者的需求逐渐沉淀成数据，我们就会归纳总结什么样年龄段的消费者或者什么样收入的消费人群，他喜欢什么、他的消费力在什么状态，给我们的制造提供了更多的精准决策依据。

所以，从消费互联网到产业互联网再到工业互联网，我们现在正朝这个方向把三个网打通，形成了数据从终端到制造端的一条龙系统组合。

南都：可否举个例子，"三网合一"组合拳的实际应用和解决的痛点？

吴启超：通过数字化可以反映不同年龄消费者的色彩喜好。比如25岁到30岁的年轻人喜欢养宠物，家居的色调会比较暖，也要满足抗菌类需求；30岁的人的顾虑是孩子，关注儿童房；35岁的人的考虑的是工作怎么进步，需要加班也需要读书，他可能就需要个书房；等到他40岁以上就更需要圈层和交往交际，家居也偏爱经典的、新中式，以及有点岁月沉淀的东西了。

不同年龄阶段的人生活方式不一样，包括收入、学历、爱好等，这些消费数据对生产制造和产品研发都会有重要的参考作用。过往一个陶瓷品牌包含几千个SKU（最小存货单位），实际上很多已经不符合当下的消费需求。通过数字化系统，我们把数据拿来做分析后，可以得出我们真正需要研发些什么东西。

关键是要解决客户、市场的痛点

南都：佛山打出"有家就有佛山造"产业IP，这一举措除了为销售端赋能，其更大的意义体现在哪里？

吴启超：通过这次活动，我相信佛山家居产业的企业家会更加团结。大家交流更多了，就会产生很多融合。2023年3月在北京的机场、高铁站到处都能看到"有家就有佛山造"的产业IP，我觉得这会让所有企业都受益。

此外，现在佛山制造的品牌能做到全国驰名，甚至世界驰名，我觉得是因为这里不仅民营经济发达，更拥有一群有思想的企业家群体。当把这些来自不同行业的智慧"大脑"聚在一起，去思考和推动一件事情的时候，会产生很多创新，即异业同盟。

我们经常讲要"破圈"，是要"破"自己的"圈"，"破"思维的"圈"。当思维边界打开了，产品边界打开了，营销边界也就打开了。在市场需求、品牌运营，还有创新合作这几方面，这都是一个蛮有意义的事情。

南都：推动销售端和品牌影响力提升的同时，如何"反哺"传统制造业更好转型升级、实现高质量发展？

吴启超：对于所有企业来说，我认为关键还是要解决客户的痛点，解决市场的痛点，不管用商业模式来解决，还是用技术创新来解决。

天安新材在汽车两个立方空间内做的事情，在家居方面同样也在做，那就是要解决消费痛点——环保问题。

我相信，消费者装修首先会考虑安全、健康和环保的问题，我们就用核心技术来解决这些问题。天安新材着力于高分子复合饰面材料的技术研发，我们把汽车内饰饰面材料的环保能力转化到家里来了。我们对于产品的质量足够自信，能够用于容量狭小的汽车内部而不产生污染的材料已经证明了材料自身的质量，其更不会在家装中产生污染问题。

同时，我们需要有终端来体现产品，所以收购了鹰牌。收购鹰牌后我们把终端连锁这种美学和健康环保的材料结合起来，打造了"鹰牌生活"的品牌。鹰牌生活就是天安使命的一个聚焦点，也是落地的一个版本，通过核心技术和商业模式，打造出一个健康人居生活的品牌，这个品牌是真正要解决客户的痛点。例如家居生活中格外关注儿童的健康，我们的儿童房内所有的产品都不用油漆、胶水，而是新材料，它很环保。

南都：要实现这些，在技术上要解决哪些要素或难题？

吴启超：从技术上要解决三个问题，在狭小的空间如汽车内如何确保它的甲醛、TVOC（室内有机气态物质）气味处于很安全的状态，应用在整个房子中也是如此。第一，面料上基本使用水性原辅材料、非溶剂型的表面材料。美学是一方面，环保也是很重要的一个方面。第二，基材上基本不采用需要胶水作为链接的材料。技术中心每天都在做供应链材料的溯源和测试，对含有TVOC的材料，TVOC就是各种挥发性有机化合物的总和，包括甲醛、甲苯、二甲苯等物质，都会通过溯源的方法把这些材料排除在外。第三，施工和安装交付方面要用装配式结构来做，装配式基本不用胶水，只用公母槽的结构就能做到，就算用胶水也是用可食用级别的环保胶水。这就解决了整个房子的三个痛点，如果做到了这三点，整个空间也就很安全了。

住房城乡建设部提到要像做汽车一样来造房子，其实这个标准我们一直在践行。企业在10年前就开始研究怎么样用做汽车的技术来做室内空间，因为只有这样才能够更环保、更有效率、更低碳，让整个社会、整个国家、整个地球能够真正符合"双碳"政策、达到"双碳"要求，让老百姓能够住上更健康、成本更低的房子。

第三节 霸榜家电产业的"佛山造"越来越"聪明"

在佛山市顺德区容桂街道的一间家电展厅里，有一台"历史感"满满的热水器。

这是中国第一台超薄水控式全自动燃气热水器，于1993年由本地企业研发制造。凭着这台热水器，企业迅速打开了市场，产品走进了全国消费者的家庭。

20多年过去了，企业自主研发的各式热水器已经摆满大半个展厅。包括中国第一台强排/恒温式燃气热水器、第一台无线式遥控燃气热水器、第一台平衡式燃气热水器、第一台冷凝式燃气热水器……不久前，行业首款5G热水器也在此诞生。

这间展厅的产品迭代"路线图"，是佛山家电行业发展的缩影。根据2022统计年鉴计算，2021年佛山生产了全国超三分之一的油烟机，近五分之一的家用电风扇；生产了全省接近50%的洗衣机，超四分之一的空调，以及近五分之一的冰箱。

这些数据背后，我们看到"霸榜"中国家电产业的"佛山造"，正努力奔跑在数字化、智能化、绿色化的前沿，正变得越来越年轻，越来越"聪明"。

实力强劲　全国每三台油烟机，就有一台"佛山造"

今天的热水器已经越来越"聪明"。开关、调温、故障保修都可用手机实现远程操作；家电企业还通过大数据分析市场需求，研发出"零冷水"燃气热水器。"有家就有佛山造"的实力有多大？

根据2022年全国统计年鉴不完全统计，2011年至2021年，佛山燃气用具年平均产量达1564.426万件，家用洗衣机年平均产量达364.773万台，家用电冰箱年平均产量达672.716万台，电风扇年平均产量达4026.174万台，房间空气调节器年平均产量达1962.478万台，电饭锅年平均产量达3344.421万个，电光源（灯泡）年平均产量达到约14.7亿只。

过去十年，不少品类的"佛山造"家电，呈现增长趋势。燃气用具、家用洗衣机、电风扇、电光源（灯泡）年均增长率分别为11.5%、1.5%、3.7%、8%。

据统计，2021年佛山生产了全国35.6%的家用吸排油烟机，18.06%的家用电风扇等等。同时，佛山还生产了全省49.57%的家用洗衣机，26.25%的房间空气调节器，19.3%的家用电冰箱。

顺德是家电制造业大区，在佛山市家电总产值中位于首位。其中，家用电冰箱、电冷热饮水机、微波炉、家用洗衣机、家用燃气热水器、显示器占全市品类产值的100%。

另一组数据显示，2018—2020年，顺德区规模以上企业燃气灶具年均产量约为800万台，约占全国的20.5%；其中，2020年，顺德全区灶具产量840万台，占全国的22%。

家电产业是佛山制造业的家底，也是高质量发展的增长极。

广东省家电等产品产量位居全球第一。《广东省制造业高质量发展"十四五"规划》将智能家电产业列入"十大"战略性支柱产业。佛山是重点布局地之一。该规划提到，大力推动制造业高质量发展，加快建设现代产业体系，重点打造"2+2+4"产业集群。其中第一个"2"就是做大做强包括泛家居在内的2个产值超万亿产业集群发展水平，进一步提升产业链、供应链稳定性和竞争力。

◇ 万和电气位于高明区杨和的生产基地

迭代发展　从制造到智造，从佛山向全球拓展

家底殷实，但不代表能一路"狂飙"。

尽管多款产品占全国相当比重的份额，但是不少"90后"或者"95"后对不少来自顺德乃至佛山的制造业品牌并不熟悉。

年轻化的消费群体和智能化的消费场景，对家电行业提出了更高的要求。这也是曾以"国内首个"身份打下行业江山的企业，面临新一轮发展的压力和转型动力。

在生产工厂，家电产业正从制造迈向智造。在消费者应用场景中，家电必须变得越来越"聪明"。

如今，通过冰箱可以控制洗衣机，热水器能升降晾衣杆；空调更加制冷舒适，同时低能耗，就算关键零部件坏掉，还能通过自己备份，"坚持"运转着等维修人员到了再"罢工"。

不仅如此，热水器也能连接Wi-Fi。通过收集用户使用习惯大数据，家电企业调整产品开发的策略，使产品更加贴近用户。

"以前的热水器都需要在出热水之前放一下冷水，造成水资源浪费。但我们通过收集大数据，了解市场需求，研发出零冷水燃气热水器。"在万和电器高明工厂，数字化转型不仅能为生产线降本增效，更反哺产品生产研发。

5G、物联网加速普及，数字化走进制造工厂，更走进日常消费领域。

除了从制造到智造，佛山家电产业的迭代更在于从本土到全球。

当地时间2023年4月12日，投资超过7亿元的美的巴西Midea Industria do Brasil（以下简称"MIDB"）新工厂正式奠基，预计于2024年7月竣工投产。这家新工厂面积超过7万平方米，年产能可达130万台。这座工厂将融入大量的数字化生产技术和创新科技，首批智能冰箱产品将在2024年7月投产下线，并同步上市销售。产品除供给当地市场，也将销往南美洲的其他市场。

目前，美的在全球拥有约200家子公司，在海外设有20个研发中心和18个主要生产基地，海外员工约3万人，业务覆盖200多个国家和地区，结算货币达22种。近两年，美的海外市场营收占公司年度总营收已超40%。

2022年底，万和也决定在埃及与泰国分别投资建设生产制造基地。据介绍，海外布局的深化，将进一步助力万和在国际市场的业务拓展，有利于进一步完善公司的国际化发展战略。

转型探路　产业链式数智化转型的企业实践

从制造到智造，数字化转型是一条必由之路，也是时代大潮。

2021年佛山市政府工作报告就提出，要推进数字产业化和产业数字化，打造数字经济产业集群，深入推进"互联网+先进制造"。2022年，佛山进行数字化转型的企业实践，也为全省转型探路。

"佛山家电产业链转型走得比较靠前。"早在2003年，万和就已经开始进入信息化阶段，并在2015年全面铺开数字化转型升级，目前公司数字化转型已投入超1.3亿元。万和电气董事长卢宇聪告诉记者，企业决定数字化转型并不是单纯为了节省人工成本，其主要目的是提升产品质量，保证产品出厂的一致性。

在万和电气位于高明区杨和的生产基地，目前企业生产车间已经拥有了一套较为完整的数字化生产模式，并与佛山移动共同搭建5G系统。车间里，随处可见的数据展板实时显示着每台设备的状态，例如年份、产量、故障情况等，通过数据的及时展示，可以总体把握整个车间的运营情况，及时发现问题，为车间生产提质增效。工厂相关负责人介绍说，整条产线可以支持无人化运营，相比之前的人工运营方式，原来要六七个人才能完成的工作，现在的数字化产线在六台机器运作的基础上，只需一个人就可以完成最后的物料收集。

对佛山家电产业来说，推动产业集群数智化转型是企业之间更大协同力度的"联合作战"。2022年底，佛山印发《佛山市加快制造业产业集群数字化智能化转型工作方案（2022—2025年）》，探索产业集群数字化智能化转型"佛山模式"。

在数字化转型及赋能重点方向，智能家电产业集群支持行业龙头骨干企业以个性化定制和供应链整合为切入点，加速向生产柔性化、经营管理平台化、产品服务生态化转型，建设家电行业级产业协同转型平台，推动企业内外部供应链协同优化，实现以用户为中心的大规模个性化定制，做到零库存生产、100%物流追踪管理；支持中小型家电企业开展自动化、数字化升级改造，探索发展协同制造、共享制造、众包众创等新模式。

在企业看来，此举将为全产业链的发展注入新的动能，推动利益共享，提高产业链的整体核心能力，引领全产业链高质量发展。

"未来的企业和区域竞争力不在于土地资源有多少、厂房有多大，而是有多少数字资产可以沉淀下来。"卢宇聪说。

【对话】

广东万和新电气股份有限公司董事长卢宇聪：布局氢能产品新赛道，构建新型竞争优势

佛山市顺德区，是一个知名家电企业扎堆的地方，这里有美的、格兰仕、科龙。20世纪80年代，万和电气也在此发迹。从1993年研发出中国第一台水控全自动燃气热水器，到如今万和电气在国内燃气热水器、厨房电器市场名列前茅。2023年，万和电气更是入选中国品牌价值500强，品牌价值再创新高，达243.61亿元。

◇广东万和新电气股份有限公司董事长卢宇聪

在经济内生增长动能不足与厨卫行业市场环境不明朗的大环境背景下，万和电气遇到怎样的挑战？又有怎样的探索与思考？

撕掉"中年大叔"标签，打出"年轻牌"

南都：我们留意到你接班之后在营销战略上有很大的动作，尤其是在推动品牌年轻化方面。当初制定品牌年轻化战略时，你作出怎样的分析与思考？

卢宇聪：当时我们对万和消费者画像进行分析，发现消费者的主力年龄段是35—45岁，我认为这样是缺乏活力的。

通过对消费者进行大数据分析，万和的消费群体有明显的年轻化趋势，现在我们的目标群体是25—35岁的"新生力量"，所以必须作出改变，要在适当的时间、适当的场合进行发声。

南都：详细谈谈万和是怎么做的？

卢宇聪：紧跟市场变化、拥抱年轻世代已成发展必经之路。我们把年轻化分为两个方面。一是组织年轻化，为了适应年轻化发展战略需要，万和大举提升管理团队年轻人才比例，这不仅有利于公司团队结构优化，还有利于培养和建设专业化、年轻化的人才梯队，这为万和从上到下，从里到外的年轻化发展打下基础。

二是品牌年轻化，万和更加注重的是与年轻人的沟通，过去一年，万和着力强化了"影视综"领域的品牌营销合作，赞助热播综艺，注重不同细分用户群体，借势热门IP迅速触达用户情感，由此去完成从流量到品牌心智的高效连接。大家在年轻化的综艺里看到万和，这可能就会打破大家对万和传统的印象，而呈现一个新的形象。我们就是要做年轻人喜欢的事情。

在营销方式上也采用了更年轻的打法。在抖音、快手、小红书、B站等年轻人喜欢的平台上加大了投放力度，也非常重视直播带货新模式。

此外，年轻化消费者对产品的需求，一是看性价比，二是看颜值比。其中颜值比占的比重更大。由于现在产品的同质化太严重，所以我们通过工业设计赋能来对品牌年轻化进行升级。

南都：下一步，围绕"双碳"目标，将有哪些重要部署和具体举措？

卢宇聪：围绕"双碳"目标，万和在持续对主要产品进行技术改造和升级之外，也在行业内率先进入了氢能利用领域，2021年3月，万和率先发布7种富氢天然气型家用燃气具产品，可适应氢气混合比例为20%的常规天然气和富氢天然气。万和在氢能技术方面的前期研究和开发工作成果，使自身实现了与世界氢能燃气具技术发展进程同步，目前我们已经做好了承接国内外商业订单的准备，可根据具体市场的法规、标准和性能要求等，提供不同规格的产品用于测试。

应对逆全球化，积极布局海外工厂

南都：在全球化逆流、国际贸易转移的趋势下，广东制造正面临诸多挑战。在这方面企业有哪些新思考、新布局和新举措？

卢宇聪：在国内需求收缩、供给冲击、预期转弱的三重压力之下，在全球流动性收缩和加息周期开启、通胀持续上行、新冠疫情反复的复杂形势下，很多企业的国际、国内经营都面临严峻的考验。

其中，广东出口型的企业比较多，受到的冲击比较大。我们出口业务占总业务的1/3以上，在这样的大环境下，会对出口业务带来一定影响。

海外市场是万和业绩持续增长的稳定器，目前出口业务已经成为万和业绩持续增长的重要助力，占到了万和整体销售收入接近四成。在国内厨卫市场高景气度难以持续、市场竞争越发激烈叠加全球经济形势复杂动荡的背景下，贴近海外市场快速感知形势变化，并通过海外市场制造增长点，成为万和的重要策略。

南都：接下来，万和如何布局海外市场，实施国际化发展战略？

卢宇聪：经过前期一系列的调研，2022年底，万和相继决定在埃及与泰国投资建设生产制造基地。

泰国的生产制造基地，落户在离芭提雅大概半小时车程的一个工业园。因为泰国的机制是非常开放的，我相信它的发展会非常快。泰国生产制造基地在2013年4月底奠基，预计一年后建成，投产三年后盈利。此外，我们也会在埃及建设生产制造基地，计划从埃及出发辐射整个欧洲市场。

海外布局的深化，将进一步助力万和在国际市场的业务拓展，有利于进一步完善公司的国际化发展战略。

南都：佛山正打造"益晒你"营商环境服务体系，对于政企携手推动制造业高质量发展，有何思考和建议？

卢宇聪：营商环境是企业生存发展的土壤，更是经济发展的"晴雨表"，佛山政府拿出一系列最大诚意、最"硬核"、最实在的服务举措，全方位、全流程为企业提供服务。作为民营企业，也要以改革创新为动力，全面秉持企业家精神，把自己的事情做好，包括战略、经营、研发创新、国际化等多个方面，要善于从"危"中发现"机"，善于逆流而上，去实现企业的高质量发展目标。

企业家是经济活动的重要主体、"关键少数"和特殊人才，是社会的稀缺性、战略性资源。为此，需要营造企业家健康发展的环境，激发企业家精神。政府要坚定不移地真心呵护好企业家、真心服务好企业，让企业家安心投资发展，为企业"走出去""引进来"合作共赢铺路搭桥。政府部门可以搭建各类企业"朋友圈"，打造一个共享、共建、共商交流的平台，通过平台，政府部门能快速了解、及时解决大家关注的"堵点""痛点""难点"，实现"政府搭台，企业唱戏，各方受益"。如此，政府各部门能更好服务企业，企业也能更好地发展。

第四节 "水都"绿色智造：节能节水也让世界解渴

1分钟，2000罐啤酒在生产线上"快闪"而过，拉成了一条跳动的红线；相隔不远的另一间饮料厂，同一时间同样规模的饮料灌装完毕，延展出一条蓬勃的橙色动线……一瓶瓶"小罐子"，每天从这些厂区走下生产线，被运往大湾区乃至东南亚各地，来到消费者的手中。

位于佛山市三水区西南街道的"水都"小镇，已经引入健力宝、百威、红牛、可口可乐等优质企业，诸多消费者耳熟能详的饮料都在这里生产。这里是中国（三水）国际水都饮料食品基地，自2008年起已发展15年，成为全国最大食品饮料产业集聚基地和全省首个食品饮料特色产业园。

除了"量"，更重要的是"质"。佛山三水借助得天独厚的地理位置和优越的自然条件，为企业提供了一片肥沃的土壤。"水都"小镇的企业，也正迎来新一轮的数字化、智能化与绿色化转型。

实力　173家国内外知名企业集聚　争创全国质量品牌提升示范区

从佛山三水下高速后沿着进港大道前行，尽管距离广佛市中心只有一小时左右的车程，但这里满眼已是绿意盎然，佛山三水因水而名，傍水而生。

"水"是佛山市三水区最亮丽的名片，也是高质量发展的底气和实力。

2022年，三水区食品饮料规模以上工业总产值实现771.69亿元，是佛山市培育全国标杆食品饮料千亿元级产业集群的主力军。目前，中国（三水）国际水都饮料食品基地（以下简称"水都基地"）在饮料食品行业形成了"航母级"的产业集群，成为全省首个食品饮料特色产业园、全国最大食品饮料产业集聚基地，百威、红牛、可口可乐、益力多、三全、健力宝、嘉士伯等173家国内外知名食品饮料及相关企业均集聚于此，其中产值超千万元的企业有46家。凭借得天独厚的水资源优势和知名饮料产业的品牌集聚效益，水都基地已

◇百威（佛山）工厂位于佛山三水西南水都工业园，2022年获评佛山市首批"数字化智能化示范工厂"

助力三水区获得"中国饮料之都"，助力西南街道获得"中国饮料名镇""广东省技术创新专业镇（饮料食品）""佛山市三水区西南食品饮料产业集群升级示范区"等荣誉称号。2021年，水都基地被纳入佛北战新产业园核心区范围，并入选"广东首批特色产业园"；2022年，水都基地入选佛山"十大创新引领型特色制造业园区"；2023年，三水区被中国轻工业联合会授予"中国食品饮料产业基地·三水"称号。

三水能成为"中国饮料之都"绝不是浪得虚名，被誉为"中国魔水"的健力宝在1984年诞生于三水，随后在15年间雄踞着"国民饮料第一品牌"宝座。2007年，"世界啤酒之王"百威啤酒在中国的首家酿酒厂也花落三水，此后12年间连续5次在三水增资扩产，产能从26万吨跃升到160万吨。2022年，百威（佛山）工厂荣获佛山市首批数字化智能化示范工厂、佛山市高质量制造业百佳企业、佛山市纳税贡献大户等称号。

"百威（佛山）的发展壮大与佛山三水良好的营商环境是分不开的。"百威（中国）广东省企业事务副总监吴子阳表示，三水区以及西南街道的系列政策与政府服务力，都为企业扎根发展振奋信心。2023年三水区政府工作报告提出，坚持制造业当家，建设一流产业园区，佛山水都饮料食品产业园要争创全国质量品牌提升示范区。

智造广东

动能　制造业数智化转型居全市前列　"专精特新"企业增至247家

通过数智化转型，密集型传统制造业重新焕发蓬勃生机。从每人需要看管1个设备到如今1人能通过数字大屏远程监控10个以上设备，数智化转型为企业提质增效，节省成本，这是"水都"通过数智化和绿色化赋能带动企业高质量发展的生动企业实践。

除了产业集聚形成的规模效应，在三水西南街道，食品饮料行业正以政企携手之势迈向数智化新赛道。

近年来，佛山市政府以及三水区政府出台了一系列鼓励企业数字化转型的政策。位于佛山三水的健力宝、嘉士伯等企业也在积极推进工厂数字化转型升级。健力宝致力打造5G智慧工厂项目以及"比邻"组网建设模式，携手佛山电信、佛山移动等推进新一代"灯塔工厂"的建设，将新技术引入新经济。

为推动三水制造业企业数字化智能化迈上新台阶，2022年以来，三水深化"示范引领+专家辅导+全程跟进"的数字化服务品牌内涵，印发《三水区制造业数字化智能化转型发展实施方案》，强化服务商培育，先后引进3家市工业互联网产业生态供给服务商，推动中小企业数智化转型。

走进百威工厂的中央控制室，数十块数字大屏上不同的颜色数据实时跳动，更精确地辅助员工进行更加专业的判断。生产110万吨啤酒，只需要410名员工，每条生产线从30人精减到8人。由"纸和笔"到一个系统全搞定，大大优化了原来的用纸笔记录再制作表格上报领导的工作程序，提高员工的工作效率。

同样位于三水西南街道的健力宝，也在探索产供销一体化数智化转型。一箱五码的业务模式实现产品全流程追溯，线上快捷售后服务，赢得消费者、客户信赖。利用大数据建立庞大的数字化体系，形成双向可追溯的数据链条，解决饮料行业模式创新难题。

作为最早实现自动化的产业之一，三水西南的食品饮料行业龙头还在探路产业集群转型。例如，百威啤酒上下游企业就包括佛山本地的华星玻璃、万昌印刷等，这些企业也携手积极与上下游的供应商建立战略联盟，将整个产业链打通到一条线上，共同推动集群转型。

数据显示，过去一年三水区制造业数字化智能化转型走在全市前列，高新技术企业申报通过率走在全省前列，"专精特新"企业增加到247家。

"双碳" 以绿色化赋能可持续发展 "水"产业率先践行"节水"

作为"中国饮料之都",三水区的自然生态环境十分优越。在国家"双碳"战略目标下,"水都"有优势,但更重的是责任。

三水区在保护生态环境的同时积极招商引资,推进经济发展。为了实现生态城市建设,当地生态环境部门采用严格的生态招商模式,引导企业使用低挥发性原辅材料、做好废气收集处理,推行有机废气"一企一策"等整治措施。2023年1月29日,19个重大项目在佛山市三水区集中动工,总投资额超188亿元,掀起了三水"竞标争先·百日攻坚"行动。它们不仅是"坚持制造业当家,再造一个产业新三水"目标的具体实践,更是三水对绿色经济(打造3.0产业园区)、循环经济、实现"双碳"目标的具体展示。

百威(佛山)啤酒有限公司的停车棚顶棚将改造成光伏发电设施,这个小小停车棚的背后是整个厂区的系统改造。改造项目正在推进百分百使用绿色能源,绿色能源三期项目中利用太阳能储能的储能站正在建设。

进入企业展厅,映入眼帘的就是头顶上红色海报上标注的"承诺到2025年100%使用可再生能源酿造"。吴子阳告诉记者,百威承诺,2025年之前实现所有的电力都采购自可再生能源。

在绿色化可持续发展中还有一个有趣的问题,作为与食品饮料直接相关的"水"产业,企业是怎么做到节能节水的?

同样以百威(佛山)工厂为例,企业于2022年被国家工信部认定为"绿色工厂"。世界级智慧低碳的百威(佛山)工厂十分注重绿色能源项目的投入。企业十分重视节能回收(热能回收),即通过热能回收技术将废气中的蒸汽转换成热水,充分利用热能资源,节约能源;同时还可以将回收的热能用于加热和清洗设备,从而减少常温水的使用。

【对话】

百威(佛山)啤酒有限公司厂长胡晨光:食品饮料行业也有"灯塔工厂"

作为一家世界500强企业,也是全球五大消费品公司之一,百威还是佛山三水西南水都工业园首家进驻企业。数据显示,百威是三水区唯一一家纳税超

5亿元企业，连续领跑三水区纳税第一，陪伴水都食品产业园走过14年。作为三水区食品龙头企业，百威是如何从传统产业实现数智化、绿色化转型升级，成为行业高质量发展的探路前行者？

谈数字化转型 "人"的转型是成功关键

◇百威（佛山）啤酒有限公司厂长胡晨光

南都：作为三水区食品龙头企业，百威也是一个数字化转型的探路者，在这个过程当中有什么实践性的经验要分享给其他行业？

胡晨光：数字化转型，可能大家想到的第一件事是要去投入各种硬件或软件，这个当然是很重要，但是我们感触很深的是"人"的转型。其中非常重要的是观念的转型，也包括个人技能、数字化技能等的提升。管理人员尤为如此，拥有大数据思维和前瞻性预判，这些都是转型的成功关键。

南都：数字化转型过程中有没有遇到一些困难？

胡晨光：其实啤酒行业是一个非常传统的行业，过去行业谈到数字化还是非常陌生的，更多关注的自动化系统，但向数字化智能化转型过程中，系统的使用效率、便利性，以及数据互相打通等环节上面临新的困难。这也是为什么我们去年和华为开始合作做数据工厂项目，目标就是把所有底层数据标准化并整合到同一平台。有了这样一个平台，就可以从数据中去提取生产经营决策等方面所需要的数据、信息。

南都：数字化转型给你们工作带来了什么好处？接下来将怎么提升优化？

胡晨光：我们目前看到数字化转型带来的最大好处是人工效率的提升。过去，大部分手工作业都需要花很多精力进行数据监控，员工在操作的时候，一个人可能要同时盯着十几块屏幕监控所有的设备参数和运行状况。现在，数据会辅助监控和决策，控制中心系统会自动提醒你什么时候应该去干什么。生产过程数据可视化，自动报警，这将帮助员工快速发现生产中的主要问题，以提高员工的工作效率。

然后是设备的可靠性和效率的提升，让我们的产品质量更加稳定，同时也降低了整个设备维护的成本。

接下来我们会在现有的基础上和总部一起设置一系列的战略，尤其是将朝着AI技术的方向，不断去摸索、去应用，让我们的食品饮料行业最终也能够像汽车行业那样变成灯塔工厂、黑灯工厂。

谈规划　着力与上下游的产业链形成战略联盟

南都：百威计划进一步携手园区上下游企业、兄弟企业，共同打造一片三水区食品饮料产业森林，可以具体说明一下举措吗？

胡晨光：百威佛山工厂创建数字化工厂虽然时间不长，但已在提质降本增效等方面获得明显收益，同时我们也看到，上下游供应商与合作伙伴也有数字化转型的迫切需求。因此，目前我们也着力与上下游的产业链形成战略联盟，产业链数字化是其中很关键的内容之一。例如我们的合作伙伴华兴玻璃是中国最大的玻璃制品厂，其数字化也已经具有一定规模。未来我们也将探索与上下游产业链开发数据共享的渠道，将整个产业链打通，相互赋能。

南都：百威（佛山）作为龙头企业，会通过什么样的政策、管理方式来保持或增加优势？

胡晨光：首先，是公司在安全管理层面的交流，每年我们都会组织安全日活动，与周边的企业和政府应急局，做一些应急和消防演练，大家互相交流帮助企业改进安全管理。其次，是质量文化的交流，三水西南水都有很多食品饮料行业，大家的质量管理体系各具优势，在当地党委政府的组织之下，我们与各个企业共同探讨、携手推进三水食品饮料行业高质量发展。最后，就个人职业成长而言，百威是我大学毕业后的第一家单位，刚进入百威就发现企业对员工的关怀和支持，帮助我们与企业一起进步。在这里，每一天都觉得有学不完的新事物、新方法、新流程，每天都很新鲜、很有收获。

谈绿色智造　未来将持续关注绿色蒸汽方向

南都：在过去百威围绕上市公司ESG评价体系［环境（Environmental）、社会（Social）、公司治理（Governance）］受到社会各界的一致好评，你们的经验和战略重点是什么？

胡晨光：百威佛山工厂实际上也是国家级的绿色工厂，在绿色制造上，我们非常重视ESG企业社会责任。

在水方面，百威全球在2018年提出了百威供应链生产用水总水耗的目标，希望在2025年实现吨酒水耗2.5吨的目标。在过去，每一吨啤酒大概要用3.5吨的水。到2023年为止，佛山工厂实际上已经降到2吨以下，目前每一吨酒只用1.9吨水，这个过程使用了许多节水的措施，包括水的回收再利用。随着目标的不断达成，2022年百威全球也推陈出新了理念，每生产1吨酒仅使用1吨新鲜水，旨在追求啤酒生产的水耗极限值，共建节水、护水型企业。

在电方面，2021年我们就实现了100%使用绿电，这在百威中国区各工厂内也是比较靠前的。在电耗上也在持续改进，2023年上新了二期光伏项目，目前这也是百威集团在中国唯一一家储能项目。碳排指标在2022年比2021年至少下降了50%。

南都：在国家"双碳"战略下，未来还有哪些部署和具体举措吗？

胡晨光：未来我们也将持续关注绿色蒸汽方向。包括与供应商去做一些技术上的研究，和地方相关职能部门去沟通，更好响应国家"双碳"目标。

此外，目前我们还在探索怎么样利用以上优势助力"碳中和"目标达成。当然，过往的努力已经得到了正向反馈和实际收获，但我们会一直持续向着"绿色智造"这条路坚定地走下去。

第五节 惠州向世界级绿色石化产业高地奋进

2023年5月19日上午，中海壳牌惠州三期乙烯项目（以下简称"中海壳牌三期项目"）在大亚湾石化区举行开工仪式。项目总投资额约521亿元，将生产高端聚烯烃产品，满足国内紧俏石化产品的需求。

中海壳牌三期项目由中国海油和壳牌集团共同投资建设。从2000年中海壳牌80万吨乙烯工程合营合同（一期项目）在北京签署，到2016年二期项目再度牵手，再到2023年三期项目开工，23年来，中海壳牌扎根惠州，持续深耕石化产业，投资总额超千亿元（1180亿元），实现了企业的可持续发展，带动了惠州大亚湾开发区向世界级绿色石化产业高地奋进。

落户　百万多字资料促成最大中外合资项目

中海壳牌项目的落户，让原本是一个偏僻小渔村的惠州大亚湾备受关注。

据介绍，1988年初，中国海洋石油总公司谋划在我国沿海有深水港的城市筹建一个产量达250万吨/年的炼油厂。在中海油总公司选址之际，英荷壳牌提出与中国海洋石油总公司合作，建设一个巨型炼油厂，并在珠三角某个港口城市寻求最佳投资地。中海壳牌项目最初出具的可行性报告，提到总投资额是43亿美元。面对这个足以改变整个广东经济格局的大项目，广州、深圳、珠海、东莞、中山等市闻风而动，但是，没人想到最后"胜出"的是惠州大亚湾。

当时的惠州市领导获知这一消息后，马上组建了石化项目领导小组，并拨出专项经费，要求组织人力对大亚湾的建港条件进行调研。短短一个多月，便形成了100多万字的资料。后来，中海油专家组抵达惠州，面对详尽的推介资料，他们非常震惊。最终，经过层层筛选，初步决定落户惠州大亚湾。

1991年1月，中海壳牌南海石化项目（一期项目）获国务院批准立项。1993年5月，惠州大亚湾（国家级）经济技术开发区经国务院批准成立。2000

年，中海壳牌石油化工有限公司（中海壳牌）成立。2002年11月1日，中海壳牌南海石化项目在大亚湾举行建设奠基典礼，宣告总投资43亿美元的中外合资项目正式进入实施阶段。

这个当时国内最大的中外合资石化项目，改写了惠州的产业格局乃至城市定位——使惠州产业空间向沿海推移，带动城市空间向沿海发展，意义深远。

值得一提的是，为服务中海壳牌项目，惠州前后投资数十亿元，直接或间接为中海壳牌石化项目提供服务配套，进行征地、供水、能源、道路、铁路、港口等基础设施建设。

深植　20多年可持续发展，如今成为行业标杆

2006年1月，中海壳牌一期项目正式投产，2010年产能提升后，其乙烯年产量于2012年首次突破100万吨。

2014年12月，总投资约49亿美元的中海壳牌二期120万吨/年乙烯项目开工建设，2018年4月建成投产。随着二期项目投产，中海壳牌乙烯总产能达到220万吨/年，成为目前国内在运行最大单体乙烯工厂之一，每年向市场提供600多万吨高品质、多元化的石化产品，产品可广泛应用于农业、工业、建筑、医药和消费品等领域。

◇大亚湾石化区是国内炼化一体化规模最大的石化产业基地

◇中海壳牌二期仓库

在中海壳牌一期、二期的基础上，中国海油再次携手壳牌集团各持50%股份投资三期乙烯项目。2023年5月19日，中海壳牌惠州三期乙烯项目（以下简称"中海壳牌三期项目"）开工。该项目计划总投资约521亿元，拟投建160万吨/年乙烯裂解装置及下游等共18套化工生产装置、公用工程及配套设施。中海壳牌建设的乙烯裂解装置是世界上规模最大的裂解装置之一，项目还将建设世界级规模的聚烯烃装置和高端聚醚多元醇装置，并在国内乃至亚洲首次引进生产α-烯烃、合成醇和合成润滑油基础油的新技术。

深耕惠州20多年，中海壳牌实现了一期优质高效运营、二期项目安全成功投产，再到如今三期项目顺利推进，演绎了这个"巨无霸"石化项目在惠州的可持续发展。

对此，中国海油副总经理俞进表示，将发挥双方优势，与各方团结协作，把中海壳牌三期项目打造成精品工程、创效工程、安全工程和廉洁工程，确保项目高标准按期建成投产。

壳牌集团执行委员会委员海博表示，壳牌集团与中国海油建立了多年战略合作伙伴关系，而广东拥有优良的投资环境，很自豪可以通过中海壳牌对广东和惠州的发展作出一份贡献。

值得一提的是，中海壳牌自落户惠州以来，带来的不仅是石化产业的崛起，还有其绿色可持续发展理念在当地的"深植"：先进的工艺技术、保护生态环境的举措以及支持当地经济发展的行动计划——"请专业队伍搬迁海底珊瑚""为鸟儿孵化修订作业计划""为不打扰海龟上岸不安路灯""建临时污水处理厂"，落户的20余年间，中海壳牌可持续发展的案例屡不胜数，荣膺"国家首批绿色工厂"，连续十多年获评"广东省环保诚信企业（绿牌）"，被誉为"石化与民和谐共处的典范"……

其间，绿色、可持续发展也一直是大亚湾石化区为之自豪的底色。当前，园区循环经济产业链关联度高，化工原料就地消化率达71%。比如在产业链上，中海油惠州石化向惠州市华达通气体制造股份有限公司供应二氧化碳，而中海壳牌的环氧乙烷又用华达通的二氧化碳生产碳酸酯，惠州市宙邦化工有限公司再使用碳酸酯生产锂电池电解液，提供给电池制造商……石化产业规模的不断扩大，让环境面临着巨大的挑战。但在这里，空气清新，绿水蓝天处处可见。

展望　助力建设世界级绿色石化产业高地

南海之滨，大亚湾畔，从中海壳牌石油化工有限公司办公楼顶层远眺，整齐划一的巨大储罐、纵横交错的管廊映入眼帘；更远处，万吨油轮缓缓驶入港口……

在广东惠州大亚湾石化区内，原油经过提炼后，通过"隔墙供应"就地转化，分解生产出化工原料，加工出各种化工材料。这些原料和材料将被送至全国各地的下游企业，生产出化工产品，走入千家万户。

大亚湾石化区于2001年开发建设，2014年入选国家重点发展的七大石化产业基地之一（全省唯一）；2019年至2022年连续四年位列"中国化工园区30强"第一。凭借石化区的规模质量优势，大亚湾开发区2018年获评国家新型工业化产业示范基地，2020年获评国家新型工业化产业五星级示范基地，2022年获评智慧化工园区。

提及石化区的发展，绕不开中海壳牌项目。以该项目的落户为开端，石化产业"榕树效应"在大亚湾石化区内迅速生根发芽，在2010年就推动石化产业成为惠州市的两大支柱产业之一。2018年4月中海壳牌二期项目投产，至此，中海壳牌乙烯总产能翻番，增加至220万吨/年，成为目前中国在运行的最大单体乙烯生产工厂，也宣告大亚湾石化区一跃成为国内炼化一体化规模最大的石化产业基地。

"中海壳牌落户后，吸引了科莱恩、巴斯夫等16家优质企业落户园区，让中海壳牌的液体产品就地转化率达50%。"2022年，中海壳牌石油化工有限公司公共事务总监唐凤灵介绍。

而自中海壳牌这个世界级石化项目落户起，惠州便将大亚湾石化区的建设也瞄准了"世界级"。

大亚湾石化区一方面坚持"一核心、三集群"（以大炼油大乙烯项目为核心，壮大石化下游深加工产业集群，发展高端化学品和化工新材料产业集群，培育生产性服务业产业集群）；另一方面，不断促进产业关联发展，大力发展高端产业链。同时，石化区瞄准500强和行业领先企业，制定"招商图谱"，抬高门槛，精准招商，打造"优等生俱乐部"。

"大亚湾石化区现有世界500强企业13家，投资项目53宗。"大亚湾开发区相关负责人介绍，目前，大亚湾石化区已实现炼油2200万吨/年、乙烯220万吨/年的生产能力，炼化一体化规模位居全国前列；已落户企业65家，投资项目114宗，总投资3252亿元，其中世界500强和行业领先企业投资占比近90%。已形成碳二、碳三、碳四、碳五、芳烃、碳九等优势产业链。2022年，石化园区工业总产值2425亿元，增长28.1%。

当前，在埃克森美孚惠州乙烯项目、中海壳牌三期乙烯项目等重大项目加持下，惠州正在加快打造万亿级石化能源新材料产业集群、建设世界级绿色石化产业高地。

"在我们仅有的土地上引进高精尖的新材料产业，继续做大延伸我们的产业链条。"大亚湾开发区相关负责人介绍，未来五年，随着埃克森美孚惠州乙烯（一期、二期）、中海壳牌惠州乙烯三期及一大批中下游项目陆续建成投产，大亚湾石化区综合实力将迈入全球第一方阵；远期，将实现年炼油生产能力3200万吨，乙烯生产能力800万吨，芳烃生产能力500万吨，高质量建成世界级绿色石化产业高地。

【对话】

中海壳牌石油化工有限公司总裁唐令力：伴随惠州腾飞，中海壳牌实现可持续发展

中海壳牌石油化工有限公司总裁唐令力表示，短短二十多年的时间，伴随着惠州的腾飞，中海壳牌实现了可持续发展，成为目前国内在运行的最大的单体乙烯工厂之一。中海壳牌的成功得益于股东双方的强强联手和优势互补，更离不开各级政府部门的大力支持。

◇中海壳牌石油化工有限公司总裁唐令力

谈合作　看好中国市场，两大石化巨头三次携手

南都：中海壳牌已在惠州扎根20余年，如何评价在惠州的发展成绩？在惠州继续布局三期项目的原因是什么？

唐令力：从2000年股东双方签署合资经营合同，到2016年二期项目再度牵手，再到2023年三期项目开工，短短二十多年的时间，伴随着惠州的腾飞，传承股东双方"优秀基因"的中海壳牌实现了可持续发展，成为目前国内在运行的最大的单体乙烯工厂之一。作为首家落户大亚湾石化区的企业，中海壳牌充分发挥"榕树效应"和大项目的带动优势，吸引了10多家优质的"隔墙"客户落户大亚湾石化园区。中海壳牌的成功得益于股东双方的强强联手和优势互补，更离不开各级政府部门的大力支持。基于公司一期和二期项目的优质运营，对中国市场前景的信心，企业与政府共同打造的良性生态圈以及惠州服务效能的显著提高、营商环境的不断优化，中国海油和壳牌再度携手投资建设三期项目。

南都：对于项目顺利推进，有哪些营商环境、供应链、技术等方面的原因？能否举例说明。

唐令力：在党中央、国务院及省委、省政府高度重视下，在国家部委和省直相关部门积极协调和支持帮助下，惠州市加快了项目推进：2019年2月，三期项目列入第二批国家重大外资项目。数年时间，在国家部委、省市各级领导、大亚湾当地政府、股东双方及各界的关心和大力支持下，三期项目历经转规、核准、实施协议和投资协议签署、专利选择、工艺包编制与总体设计等重要阶段和节点。2023年5月19日，隆重的开工仪式举行，预示着项目正在紧锣密鼓地稳步向前推进。

三期的产品具有高附加值、高差异性、高竞争力、高品质等特点，将减少中国市场对高性能茂金属聚烯烃、高端聚醚多元醇、高碳烯烃聚合单体、高碳醇和高品质润滑油添加剂等产品的进口依赖。惠州建设"世界级绿色石化产业高地"的目标定位和建设"3+7"产业园的布局，可通过中海壳牌优质稳定的产品供应和高水平的客户服务，吸引更多下游客户就近落户，如惠东的惠州新材料产业园等。

谈亮点　多个工艺技术，首次在亚洲和国内应用

南都：中海壳牌三期项目的投资额是多少？主要建设内容是什么？

唐令力：三期项目预计总投资521亿元，以160万吨/年乙烯裂解装置为核心，将建设包括约65万吨/年环氧乙烷/乙二醇、聚α-烯烃5万吨/年等18套化工装置、公用工程及配套设施。

南都：与一期和二期工厂相比，三期所采用的技术有哪些特点？该项目将在未来的资源整合方面发挥什么作用？

唐令力：三期项目引入多个在亚洲和国内首次应用的工艺技术，各工艺装置能耗指标达到国内或国际先进水平，并通过优化项目范围、大型压缩机组电气化、使用低碳燃料等，实现项目总体二氧化碳减排，推动可再生绿色能源电力的利用，助力国家"双碳"战略实施。三期项目建成投产后，将对现有化工、炼油一二期项目挖潜改造、优化整合，进一步提高炼化一体化程度，发挥已有的各方面优势，提升资源利用效率、增强综合竞争力。

谈发展　面对市场竞争，将技术优势转化为效益

南都：三期项目与国内其他乙烯项目相比具有哪些优势？中海壳牌计划如何应对未来市场的竞争？

唐令力：中海壳牌是中国海油和壳牌集团的合资企业，已在华南地区深耕20多年，具有优秀的客户基础及业界口碑；公司地处中国经济最活跃的粤港澳大湾区，亦是化工产品消费的主要地之一。公司近30%的原料来自大亚湾石化区的"隔墙供应"客户，液体产品在园区内的就地转化率近50%，可最大化节省物流费用，降低安全风险，提升企业效益。

在规模和技术方面，三期建成后，中海壳牌乙烯产能将达到380万吨/年，成为国内最大的乙烯生产企业之一，规模效益显著。与现有化工、炼油一二期项目优化整合，可进一步提高炼化一体化程度，提升资源利用效率。

随着我国乙烯产能的快速增长，市场竞争愈发激烈。面对竞争，我们的

应对策略包括以下几点：一是将技术优势转换成市场效益，利用壳牌的先进技术，对已有产品做差异化生产，同时引进新的产品工艺，生产新的产品，填补国内产品空白；二是利用现有的技术服务团队进一步开发不同牌号新产品；三是发挥协同优势降成本，利用一期、二期及三期的协同效应，从原料加工到产品销售的统筹优化及改造，减少投资费用，降低成本；四是创新销售模式，引进厂库销售、竞价、换货等多元化的销售模式。

第六节 "1+6"擦亮"中国女鞋生产基地"招牌

40余年的发展，5600多家鞋企，从业人员16万人，年产鞋超9亿双，"全世界平均每4个女人中，就有1个穿惠东鞋"——这是来自"中国女鞋生产基地"惠州市惠东县的一组数据。

数据背后映射着改革开放以来惠东县民营企业的创业史，曾经辉煌无两：从20世纪初80年代的家庭小作坊到20世纪90年代的"花园式厂房"，再到进入21世纪的"广东女鞋名城""中国女鞋生产基地"。女鞋无疑是带动惠东当地发展、帮助百姓致富的"拳头产品"。

然而，由于受到全球经济下行、生产成本攀升、代工业务利润逐渐稀薄、品牌管理成本居高不下等因素影响，作为传统制造业的惠东女鞋短板暴露，遭遇发展瓶颈。

惠东女鞋如何突围，实现2025年全县鞋业总产值达到450亿元，年均增长不低于9.5%这一目标？让我们走进"中国女鞋生产基地"。

香港来的鞋厂老板

惠东县，地处珠三角地区最东端，位于"大湾区之角"，走在吉隆、黄埠街头，鞋厂和鞋材商铺四处林立。

说起惠东的制鞋业，可以追溯到20世纪80年代。1981年，从香港学成归来的李炳好带着制鞋手艺和一些专用设备回到家乡黄埠镇办起惠东县第一间制鞋小作坊，由此掀开了黄埠女鞋发展序幕。

1983年，港商赖华坤在吉隆开办"东南鞋厂"，成为吉隆第一家鞋厂。"我们吉隆这家鞋厂，是'三来一补'的'大企业'。"65岁的惠东鞋商邱天宁回忆，"那个年代上班的人一个月工资才四五十元，而当时进鞋厂打工一个月能挣一两百（元），因而吸引了很多人'挤破脑袋'要进鞋厂。可那时想进鞋厂打工没那么容易，要找熟人介绍才能进厂，做鞋面的还要求是年轻的女工。"

彼时的邱天宁还是一名摩的司机，为了挣一块五一趟的路费，常往返于吉隆和黄埠之间。摩托车时常搭的"香港来的鞋厂老板"，是他当时极其羡慕的对象。整日奔走于泥泞道路上的邱天宁不会想到，自己也会成为新一批弄潮者之一。

受赖华坤影响，1986年的冬天，敢闯敢拼的邱天宁卖掉了赖以为生的摩托车，决定和另外两个摩的司机一起开鞋厂。"我的摩托车卖了3000多元，大家凑够了一万多元开了鞋厂，没有做鞋的经验，就拆开新买的鞋子来研究，照着样子做鞋。没想到，鞋厂第一年就赚了五六万元，让我们成为当时的'万元户'。"

这一时期，惠东本地人开办的鞋厂开始大量涌现，扎根最早的港资企业在竞争中逐渐失去优势，纷纷关停。随后的十几年里，以制鞋业为主的民营经济异军突起，成为惠东最不容忽视的一股经济力量。

代工生产核心竞争力不强

然而，由于当时鞋厂扩张速度过快，且多数是家庭手工作坊式经营，缺乏制约，产品未经质量检查就直接包装出货，这样的生产模式下产出了大量"礼拜鞋"——只能穿一个星期的鞋子，导致销路越来越少。

鞋厂老板从中吸取了教训，普遍开始重视质量。1991年后，众多鞋厂引入生产流水线，让生产规模与产品质量上了一个新台阶。短短几年，惠东鞋的合格率从90%提升到99%以上。邱天宁同样感受到了紧迫感，1994年，他从中国台湾引入流水线，开始使用标准化的现代生产模式。

此前，惠东生产的鞋子主要在国内销售，进入2000年后，很多鞋企通过广交会等大型展会，开始走出国门。很快，惠东鞋业迎来了鼎盛时期。

2002年，邱天宁在吉隆圩镇选了一块6000平方米的地，把新星鞋业的工厂搬到那里去了，这家企业自此开始了它最好的光景。这一时期，新星鞋业雇佣了200多名工人，并陆续接到国外订单，开始转做外销。

不愿付出更多成本升级工艺和规模，大部分鞋企更愿意做代工生产，销售终端就难免受制于人，一些鞋企尝试做自主品牌。远东鞋业打造了"牧羊女"的女鞋品牌，并在2005年开始进驻全国各地的大型商场，最高峰时开了60多家连锁店。遗憾的是,这些专卖店仅在3年后的2008年就被尽数撤回。

2008年,是让多数从事代工外销鞋企记忆深刻的一个时间点。全球金融风暴下,外销通道停滞了,大量订单延期付款甚至取消。随后几年里,受全球经济复苏缓慢、国际市场环境不佳、原材料价格上涨、劳动力成本上升等因素影响,惠东鞋业无奈进入了一段寒冬期。

邱天宁的鞋厂也是在这一时期遭遇重大挑战,被外商欠了款,难以追回。

虽然从2010年起,惠东鞋业开始复苏,但短板也逐渐暴露,发展面临诸多困境。进入产业转型升级"阵痛期",惠东鞋业不断进行探索与实践。意想不到的是,2020年1月一场突如其来的疫情,让惠东鞋业遭受二次冲击……

"经历了不少风风雨雨,还好鞋厂熬过来了,刚开始和我一起做鞋子的人,99%都没做了,没想到我却坚持下来,做了36年,成为吉隆办鞋厂办得最久的那批人。"2023年邱天宁退休,时至今日,他感叹自己抓住了鞋业发展的好机遇。

生产工艺向信息化智能化发展

在一台海飞数控机器面前,仅有2名女工在操作,只需按下操作按钮,机器就会完成智能裁切任务,一次操作下来,能抵得上七八个工人的工作量。这是惠州市华江鞋业贸易有限公司(以下简称"华江鞋业")生产车间日常的一幕。

华江鞋业是一家集技、工、贸于一体的大型鞋业企业,是世界鞋业多个奢侈品牌的供应商。工厂现有12条现代化的制鞋生产流水线,年产量达200万双。华江鞋业相关负责人林经理介绍:"每年华江鞋业都会投入几百万元升级设备。鞋类制造业今后的出路就是必须实现智能化,如此才能彻底地降低人力成本,提高生产率。"

惠州龙源鞋业有限公司是从20世纪80年代在香港起家的企业,年产量超400万双鞋。其不断寻求出路,在产品创新研发、培养人才方面下了不少功夫:投资兴建了惠州上正鞋业集团有限公司;作为总部经济开发中心,建立了一条由大订单转型小订单柔性模式生产的流水线;同时,设立制鞋产业研发中心和实验室,并搭建一个研、产、销高度融合的一站式公共服务平台,以技术创新为导向,示范和引领惠东鞋业创新发展。

面对激烈的市场环境,越来越多的惠东鞋企通过科技赋能、研发创新等多种措施减少人工成本,提高产品附加值,实现转型升级。

来自惠东县中小企业局的相关统计显示,在生产研发上,惠东有近500家制鞋企业实行机械化流水线生产,流水线600多条,其中有4家采用了智能化流水线生产,有1家建成了智能化生产车间,有2家实现了关键岗位智能化,生产工艺往信息化和智能化发展,部分企业已实现碎片化接单、个性化定制与柔性化生产、智能化管理、零库存销售等目标。有1000多家企业投入超过10万元推进技术设备改造或创新研发,其中100多家投入超过50万元。118家设立了技术研发中心等研发机构,其中省级有9个,市级有29个,研发人员共有2000多人。

线上销售女鞋超一亿双

"办企业要成功靠的是眼光和魄力,但关键还要加一点运气!"就在惠东鞋业近乎一蹶不振之时,电商开始在全中国兴起,惠东鞋企再次找到了新的销路。

"2014年,惠东县政府工作报告的征求意见稿讨论会中,惠东县政府第一次将电子商务写入报告。转型过程一定非常痛苦,但电子商务可能是鞋业弯道超车的机会之一。"曾任惠东电商协会会长的赵世飞回忆。

惠东女鞋的电商之路已经超过10年,其随着国内服装零售行业的网销渠道转型而发生着变化。据不完全统计,目前惠东在阿里巴巴、淘宝、京东等知名平台注册的女鞋类网店超过6000家,线上销售女鞋超1亿双,销售额超过70亿元。

为了摆脱一直代工生产的局面,惠州市中明实业有限公司(以下简称"中明实业")从2019年7月就开始尝试跨境电商业务。让总经理林美祥觉得意外的是,尽管疫情期间传统外贸受到冲击,但跨境电商的优势却逐渐凸显。

前期起步比较艰难,订单量较少,从2020年下半年开始,情况开始好转,中明实业陆续收到不少订单,从几十万到八百多万元的产值,当年实现从0到1的突破。企业通过全球各电商平台,把原本滞销的产品直接卖到国外市场去。

2021年,中明实业继续加大对跨境电商的投入,优化团队,调整发展模式,开启了跨境电商供应链之路。同时,在国外创建欧盟商标。2022年中明实业实现了销售额超1700万元。"背靠惠东女鞋核心资源,2022年铺渠道,2023年深化、优化各平台建设,打造跨境电商2.0模式,让中国制造的国货以品牌方式出海。"林美祥深知自己还有很长的路要走。

惠东电商协会秘书长顾斌最近忙着对接各方电商大平台官方资源,在信息、运营、物流、知识产权等多方面帮助企业更好出海。比如,通过惠东企业联盟的方式汇聚优质企业共同触网，降本增效；通过惠东女鞋服务平台，推动惠东鞋业品牌的共同成长，提升优质企业群体的发展质量。他对手头上的工作充满了期待，平台将影响和带动更多鞋企形成联盟，将分散的产能集中化，提高产业整体的抗风险能力，为惠东女鞋行业的"品牌化""品质化""质保化""可溯化"发展提供有力保障，进一步擦亮"惠东女鞋"行业品牌金字招牌。

政府搭台助力鞋企打造品牌

2002年，在当地政府部门的牵头下，惠东办起首届鞋文化节，此后每两年举办一届，至今已成功举办十一届。

经过二十载的精心打造，鞋文化节逐渐成为促进鞋业发展的交流平台、展现惠东形象的重要窗口，以此为契机，惠东鞋业逐步往品牌化方向发展，培育了"中国女鞋生产基地"区域品牌。

目前，惠东鞋业共创市级以上品牌107个，其中中国驰名商标2个，省名牌产品11个，省著名商标21个。"热风""GUCCI""玖熙（Nine West）""杰西卡""ZARA""玛莎"等60多个国内外鞋类知名品牌选择惠东企业作为制造商。

◇中国·惠东第十一届鞋文化节，模特展示女鞋新品

为推动惠东制鞋业转型升级，为鞋企就地就近提供国字号高端检测技术服务，惠东县政府积极争取并大力支持"国家鞋材及鞋产品质量检验检测中心（广东）"（以下简称"国家鞋检中心"）落户当地，并于2020年5月正式揭牌运作。该中心副主任苏辉介绍说："自2020年5月8日正式揭牌对外运作以来，国家鞋检中心已为惠东鞋企提供价值1462.5万元的技术服务，包括检验检测、团体标准制修订、检测标准培训等，其中检验检测3697批次样品，价值1116.04万元，涉及360家企业，获得企业的广泛赞誉与好评。"

据介绍，在传统制鞋方面，惠东县委县政府一直坚持因势利导，强化扶持措施，制定并组织实施《惠东县制鞋产业发展规划（2020—2025）》，创建成立了"惠东县国家外贸转型升级基地（鞋类）""国家鞋检中心"和"时尚创意学院"，为惠东女鞋的转型升级、品牌打造、质量把关和技术人才支撑打下了坚实基础，谋求鞋业高质量发展之路。

【对话】

广东鞋业厂商会执行会长、惠州市鞋业商会会长林伟金：引导产业链向研发设计、品牌营销两端拓展

惠东的鞋业带动了商贸、物流、饮食等行业的蓬勃发展，广东鞋业厂商会执行会长、惠州市鞋业商会会长林伟金认为，惠东鞋业应当加大科技投入和创新研发力度，降低生产成本，提高产品质量标准，并着力打造"惠东女鞋"区域品牌，引领行业向更高质量发展的目标出发。

◇广东鞋业厂商会执行会长、惠州市鞋业商会会长林伟金

鞋业带动商贸物流饮食蓬勃发展

南都：惠东鞋业目前是什么格局？收获了哪些成绩？

林伟金：惠州制鞋产业，主要集中在惠东县，走过了由手工作坊向流水线生产转变、由贴牌向自主品牌生产转变、由单一市场向国内外市场兼有转变、由低端产品向高端和特色产品转变、由家族式管理向现代企业和集团化发展转

变的艰辛历程，形成了原料供应、模具加工、成型组装、包装装潢、产品销售一条龙的以时尚女鞋为主打产品的鞋业发展格局。2006年，惠东被中国轻工业联合会和中国皮革协会和省有关部门授予"中国女鞋生产基地""广东女鞋名城"和"广东省鞋材生产基地"称号，并于2011年、2015年和2020年连续三次通过复评。2020年和2021年，惠东先后通过全球采购基地（惠东·女鞋）和国家外贸转型升级基地（鞋类）认证。

南都：惠东提出，将坚持制造业当家，猛攻新能源、新材料、传统制鞋"两新一老"产业，这"一老"指的就是传统鞋业，鞋业给惠东带来什么社会效益？

林伟金：制鞋产业依然是惠东县吸纳劳动力和创业人员最多的产业，截至目前，全县鞋业从业人员16万左右。鞋业税收约4亿元，虽对增加财税收入贡献不多，但在鞋业带动下，全县人流、物流、资金流十分活跃，商贸、物流、饮食、休闲、娱乐等产业蓬勃发展，近年来全县社会消费品零售总额、住宿餐饮营业收入等指标位居全市各县区前列，黄埠、吉隆、大岭成为继县城之后又一个城市集群。

加大科技投入降低生产成本

南都：惠东鞋业在发展过程中遇到了哪些瓶颈？

林伟金：确实遇到多个问题：国际形势影响、订单减少，欧美的鞋业订单大部分向东南亚国家转移；企业规模小、管理不规范，惠东规模以上制鞋企业133家，仅占鞋厂总数的3.4%，除了规模以上企业，其余鞋厂普遍规模较小，都为家庭作坊式，管理水平普遍不高；生产成本上升、企业利润缩窄，鞋业原材料、运输、人工等生产成本普遍上涨，近两年来平均上升约20%，加之外贸订单结算最快也需3个月，进一步压缩了制鞋企业的利润，利润平均下降5%—10%；产品同质化严重、存在恶意竞争；缺乏自主品牌、核心竞争力不强，大多鞋企热衷于"代工生产"模式，企业普遍缺乏核心竞争力，每双鞋的毛利润平均只有3—4元；制鞋企业门槛低、抗风险能力差。

南都：面对利润缩窄的问题，惠东鞋企如何实现转型升级？效果如何？

林伟金：为适应市场需要，惠东鞋企近年来不断加大科技创新投入，引进先进的信息数据系统，精准计算生产用料、工时，有效降低生产成本。另外，通过加大产品创新研发力度，提高产品质量标准和科技含量来提高产品附加值。在销售渠道上，不少鞋企通过互联网方式转变销售策略，实现转型升级。

南都：如何看待现在的惠东鞋业发展前景？接下来，行业协会希望政府部门给予哪些支持？将如何推动鞋业发展？

林伟金：有人存在，就有穿鞋的需求。鞋子不会过时，只有倒闭的企业，没有倒闭的行业，经过40余年的发展，惠东打造了较为完整的产业链，这是惠东鞋业的优势，未来还有很大发展前景。我们希望政府部门能加大产业政策引导，持续优化营商环境，为鞋业发展谋篇布局。接下来，惠州市鞋业商会将全力配合政府部门推进鞋业发展"1+6"（一个鞋业发展规划，每两年举办一届鞋文化节，建设一个电商产业园、一个国家鞋检中心、一个时尚创意学院、一个鞋业总部经济园，培育一批鞋业龙头企业）战略部署，引导制鞋产业链向研发设计、品牌营销两端拓展。

南都：目前惠东正着力打造"惠东女鞋"区域品牌，会在哪些方面下功夫？

林伟金：主要通过两大方式：一是申报注册"惠东女鞋"集体商标，加大区域品牌宣传力度，把"惠东女鞋"打造成为高品质、高性价比、时尚舒适的女鞋代名词，提升惠东女鞋的知名度和影响力。二是加快推进"惠东女鞋"联盟建设，制定和发布《"惠东女鞋"联盟标识使用规范》，编制《惠东女鞋高品质鞋材物理机械性能达标指南》《惠东女鞋高品质鞋材化学限量物质达标指南》《惠东女鞋高品质鞋材抗菌性能达标指南》三项惠东县鞋材团体标准，呼吁惠东女鞋联盟的单位、企业，使用并推广这三份团体标准；还会制定《惠东女鞋优质供应商评价规范》团体标准，推动惠东女鞋基地外贸创新发展、优化和稳定产业链供应链，推动内外市场衔接联通与一体化发展，引领和促进基地企业向更高质量发展，实现县委、县政府"十四五"规划期间对惠东女鞋提出的向高质量再出发的目标。

第七节 "灯塔工厂"诞生，中山智造驶入快车道

制造业数字化网络化智能化转型，是中山传统制造业转型升级、实现高质量发展的必由之路。2022年，《中山市推进制造业数字化智能化转型发展若干政策措施》全面实施，全市投入50亿元，支持制造业数字化智能化转型。

破局 越来越多企业踏上数智化转型之路

2023年初，在瑞士日内瓦举行的世界经济论坛宣布，全球"灯塔网络"新增18家工厂。其中，纬创资通（中山）有限公司（以下简称"纬创中山厂"）入选，成为中山首家全球"灯塔工厂"。"灯塔工厂"由达沃斯世界经济论坛（WEF）与麦肯锡咨询公司于2018年开始启动全球遴选，是工业4.0技术应用的最佳实践工厂，代表着全球智能制造的最高水平。

纬创中山厂上榜，使得中山成为全省第二个摘得这一制造"灯塔"荣誉的地级市，这对于中山制造业来说，意义重大。

在美的环境电器的生产车间内，员工通过看板及时下达指令，自动化生产设备联机后，能实时采集生产关键数据，机械臂按设定不停进行相应操作。过去这一个区域需要100余位员工，如今只要6个人就能高效完成同等量任务。2022年企业相关指标较上年整体提升：市场的维修率下降了50%，运营成本整体下降了27%，人均产值整体提升24%。

在中山辰元纺织科技有限公司无人仓库里，AGV智能小车在仓库和车间穿梭，通过地面上一个个二维码，数十辆小车直接从云端系统接收指令，承担起原料入库、车间原料配送、生产成品出仓等运输工作。2018年迁入新厂后，辰元科技开始5G数字工厂建设，在云端建起"数字工厂"，信息一体化应用覆盖供应商、采购、研发、生产、仓储和销售的各个环节。

在大洋电机数字化生产车间，工厂数字化管理系统能监测每条生产线的实时

◇榄菊免拆蚊香自动生产线

产量、质量信息，包括员工在岗情况，完成当日的生产计划后每位员工都可以通过智能终端或者手机查看到当日的计件工资。从企业效益来看，2021年大洋电机研发费用增长4.8%，而营业收入、净利润分别增长28.82%、238.72%。

2022年9月27日，榄菊在数字化智能化转型上迎来重大节点——生产总部智慧工厂项目奠基。智慧工厂的改造，使制造成本得以大幅降低，企业在综合制造成本、市场竞争力等方面将有更强的竞争优势，为企业的长远发展打下更加坚实的基础。项目建成后，预计新增年产值超6亿元，榄菊小榄工厂将成为行业乃至全球领先的灯塔智慧工厂。

数据显示，2022年，中山共有157个增资扩产项目动工建设，计划投资总额252亿元；596家规模以上工业企业实现数字化转型，在全市规模以上工业企业中占比超过12.4%。越来越多的企业踏上数智化转型之路。

提效　带动产业集群转型，实现"群狼效应"

中山市地处粤港澳大湾区腹地，以传统制造业为主，市场主体以中小企业为主。数字化、智能化转型，是制造业实现高质量发展的最有力途径，然而多数传统制造业企业智能制造水平比较低，在规划数字化转型方案时往往缺乏清晰的战略目标与转型路径，同时也存在工业数据采集和应用能力不足的短板。

纬创资通、辰元科技、大洋电机等企业，数年前就在数智化转型道路上开疆拓境，为中山制造业数字化转型升级提供了可复制的样板。与此同时，中山针对数智化转型企业推出一系列帮扶政策和举措，打破了企业"不会转""不敢转""不想转"的困局。

2022年初，中山出台《中山市推进制造业数字化智能化转型发展若干政策措施》。每年将认定不多于10家数字化智能化示范工厂，每家给予最高500万元的一次性奖励。2022年11月1日，"中山企业家日"启动仪式举行，中山市委书记郭文海为10家企业颁授了"中山市数字化智能化示范工厂"牌匾。

此外，2022年中山出台《中山市制造业数字化智能化转型银行贷款贴息与风险补偿实施细则》，围绕进一步加强中山市产业园区数字化管理、加快产业集群数字化转型等重点工作，力争到2025年，支持10个以上产业园区实现数字化管理，推动10个以上产业集群进行数字化转型试点建设，建设5个以上产业集群数字化服务平台。

对于提升区域竞争力而言，更深一层的要义在于促进产业集群实现数字化转型。未来的商场上，不是一个企业跟一个企业的竞争，是产业链的竞争。"一个企业是一个拳头，而供应链则是一个手臂，拳头肯定赢不了手臂"，这是不少制造业老板的共识。从这个层面思考，促进产业集群实现数字化转型，是市场的必经之路，也是政府应该鼓励和支持的方向。

中山市东凤镇毗邻顺德，是全国小家电行业创新基地，仅美的环境电器的供应商就有300余家。全镇80%的工业企业都是家电以及配套的企业，产业链条十分健全，企业充满活力。目前在该镇299家规模以上工业企业当中，有160家企业已经开展数字化智能化转型工作。推动"链主"企业带动上下游配套企业进行数字化转型升级，从而实现"群狼效应"，东凤镇逐渐打造出小家电行业的核心竞争力。

在火炬开发区，各大产业集群正在开展智能化整体升级，比如光电、智能装备等重点产业，"光电产业集

◇榄菊洗洁精自动生产线

群"和"高端装备制造——精密零部件制造产业集群"正在申报广东省数字化产业集群试点。未来，火炬开发区将聚焦深圳"20+8"产业集群，结合火炬开发区"3+3"现代产业体系，推动全区产业向数字化转型。

【对话】

中山榄菊日化集团董事长骆建华：既要"星星"变"月亮"，也要"群星"更闪亮

中山榄菊日化集团（以下简称"榄菊"）董事长骆建华认为，数字化智能化是推动中山制造业高质量发展的重要引擎，民营企业发展既要"星星"变"月亮"，也要"群星"更闪亮，以"名牌名标"战略不断扶持、壮大本土"星星"企业，让"群星"照亮中山高质量发展的道路。

◇中山榄菊日化集团董事长骆建华

创新是制造业高质量发展第一动力

南都：2023年2月8日，中山市十六届人大三次会议第二次全体会议决定将《关于坚持制造业当家推进高质量发展的议案》作为大会议案，制造业高质量发展已经成为中山高质量发展的首要命题。在实现高质量发展方面，榄菊有哪些举措？

骆建华：制造业要高质量发展，科技创新能力至关重要。1997年，榄菊成立了行业内首个技术研发中心，首批高端人才的引进，为榄菊科技兴企奠定了坚实的基础。后来榄菊成立了行业内唯一的博士后创新实践基地，承担重大科研项目。如广东省产业技术创新项目"超低VOC（挥发性有机化合物）的水基杀虫气雾剂的研制及产业化"，以水为介质代替溶剂油，开发出超低VOC气雾剂产品，目前产品完成研发并产业化，实现VOC排放降低10%；携手中国气象局联合成立"节气与病媒生物习性联合研究院"，开展病媒生物生长与天气的关联研究并建立预测模型，取得了多项关键技术成果，为促进蚊虫科学精准防控奠定基础。

除此之外，榄菊打造了行业一流的技术研发团队，其中，内部专家团队包括化学、精细化工、生物医学、高分子等领域的专家；外部专家团队包括世界昆虫领域专家、天然农药领域专家、气象领域专家、蚊虫防制领域专家等。榄菊把产品研发建立在基础研究之上，每年在全国范围内收购蚊虫，建立蚊虫饲养室、观察室，对蚊虫进行专门研究。榄菊解决了不少"卡脖子"技术难题，如低容量喷药技术，突破低容量喷药不均匀技术瓶颈，每年可降低630吨溶剂油用量，减少二氧化碳排放1980吨；溶剂油脱味技术，极大降低溶剂气味，实现国产替代进口……科创力量，是榄菊实现高质量发展的第一动力。

南都：2022年《中山市推进制造业数字化智能化转型发展若干政策措施》全面实施，榄菊数智化转型推进情况如何？

骆建华：回顾榄菊40多年的发展历程，由烜赫一时，到陷入低谷，甚至濒临倒闭，再到涅槃重生，没有一个企业的成功是一帆风顺的，但是我们通过多次的变革、创新，最终走出困境，不断壮大、发展，从一个地方小企业，成长为一个国内、国际知名的大企业。未来榄菊要实现高质量发展，数字化智能化转型势在必行。

2022年榄菊生产总部智慧工厂项目正式动工，建成投产后，我们将真正意义上建成一个数字化、智能化的智慧工厂。项目总投资4.5亿元，对整个消杀产品的生产制程实行全流程自动化、智能化规划设计，同时利用物联网与监控技术，强化信息服务，提高生产过程中的高度可控性，构建高效、节能、绿色、环保、舒适的智慧型工厂。

项目建成后，将实现"3增长4下降"的目标，即生产效率与产量双增长30%，库存周转率提高25%，"双碳"排放下降20%，产品单位能耗下降10%，运营成本下降35%，用工减少70%，让榄菊在未来的发展中具备更大的竞争力。

南都：榄菊在数智化转型中尝到什么甜头，未来还打算怎么做？

骆建华：实现智能化之后，对我们的产品质量稳定性、生产效率和成品率的控制大有帮助。智慧工厂的改造，使制造成本得以大幅降低，让企业在综合制造成本、市场竞争力等方面会有更强的竞争优势，为企业的长远发展打下更加坚实的基础。希望榄菊的转型升级，为更多小榄、中山的传统制造业，提供一个转型的借鉴和参考，共同助力中山高质量发展。

未来，榄菊将围绕产品创新、技术突破、平台搭建和知识产权建设，力争用3至5年时间将科创中心打造成本行业国内外领先的技术创新平台、人才集聚平台、产业链孵化平台、产学研合作平台和科技服务平台。至2035年，实现建成世界领先家护创新研发平台和产业孵化器这一目标。

中山市地处粤港澳大湾区腹地，以传统制造业为主，市场主体以中小企业为主。近年来传统制造业的优势逐渐减弱，只有帮助更多中小企业实现数字化智能化改造，才能为"中山制造"的转型升级注入新动能。

企业回归故乡是中山吸引力提升的体现

南都：近年来中山加大力度推动"中商""榄商"回归，是哪些因素促成了中山企业的回归？下一步应如何促成更多的中山企业回归？

骆建华：近年来，中山从市到镇都高度注重中山企业的回归，民营企业确实对中山的经济发展作出了巨大的贡献。从对企业家的尊重、对民营企业的认可到服务意识的大幅提升，我们也深深体会到了，只要企业有困难，只要在法理范围之内，政府都是大力支持的，这是值得高度认可的，也是中山企业回归家乡的根本所在。中山企业纷纷回归故乡，是中山城市吸引力提升最直观的体现。

除了服务意识有了很大的提升，政策的导向也很重要，2023年来出台的各项政策、举措，同推动制造业高质量发展是非常对口的。比如从市政府到镇政府都大力推动制造业数字化、智能化的改造，也提出相应的激励机制，对于打造制造业数字化、智能化标杆示范企业有着积极的引导作用，从而推动整个制造业的数字化、智能化转型升级工作。

产业用地利用低效、碎片化严重等问题，成为近年来制约中山制造业发展最突出的问题，近两年中山的工改力度不断加大，也收获了不少成效。腾出厂房是好事，但是还是希望能够锦上添花，能够腾出空地，为以后的招商引资打好基础，更好地针对落地企业的需求修建厂房，更好地满足企业的生产需求。

南都：2023年中山提出实施制造业当家"一把手工程"和招商引资"一把手工程"，中山在这方面有哪些优势？从企业的角度来看，中山应如何去落实两个"一把手工程"？

骆建华：在改革开放初期，中山就有着"广东四小虎"的美誉，当时中山的产业布局是满天"星星",如果我们回顾它历史的辉煌,会发现这辉煌其实就是一方水土滋养了一方企业,企业也成就了这座城市在经济发展上的辉煌。放眼周边地区,如顺德,可能几个大的"月亮""太阳"就照亮了整个顺德,当我们"星星"足够多的时候,一群明亮的星星也可以照亮整个中山。

近年来,不少在中山孕育、成长的企业,因发展需求或是其他原因迁移到外地,其中不少都是"星星"企业,虽然不是"太阳"企业,没有几百亿元、几千亿元的产值,但不乏产值10亿元、20亿元的行业单项冠军,它们要么就走向没落,要么流出去,这些"星星"企业不应变成人家的招商对象。中山提出"中商""榄商"回归是非常有必要的,中山要守住现有的企业,促成中山企业的回归,同时做好新商的引进。

实现制造业的高质量发展,打造品牌也十分重要,中山在发展本土企业方面有经验、有人才、有渠道,培育了不少享誉全国的品牌。未来民营企业发展既要"星星"变"月亮",也要"群星"更闪亮,以"名牌名标"战略不断扶持、壮大本土"星星"企业,让"群星"照亮中山高质量发展的道路。

第八节　中山小榄企业铸造大国"基建之基"

中国以令世人震惊的建设速度，被世界称为"基建狂魔"。

我国拥有全球最大的混凝土与水泥制品生产能力和消费市场，其中预制混凝土桩被称为"基建之基"。

这个细分赛道里产量最高的，是从中山小榄走出去的一家企业——建华控股集团。京沪高铁、珠港澳大桥、特斯拉工厂等大家熟知的超级工程，都采用建华产品。

响应"榄商回归"号召，2023年2月，建华控股有限公司与中山市人民政府签订战略合作框架协议，将在小榄镇投资10亿元，成立建华（中国）供应链集团有限公司，预计达产5年内实现营业收入不低于200亿元。

隐形冠军　连续26年销量全国第一

预应力高强混凝土管桩是基建发展的主要产品之一。在我国近30年的城镇化进程中，高楼大厦如雨后春笋，预应力高强混凝土管桩在各类建筑中得到大量应用。由于桩身混凝土强度高，对各种地质有较好的适应性，预应力高强混凝土管桩也广泛用于大型设施基础、桥梁和码头的基础以及支挡工程中等。

2022年7月初，中国混凝土与水泥制品协会公布了"2021年全国重点企业产量"。其中在预制混凝土桩产量排行榜单中，建华建材（中国）有限公司以19 652万米的产量，位居榜首，占前十名总产量的61.96%，以断崖式的优势领跑预制混凝土桩行业。

这家隐形冠军企业，就创建于中山小榄。20世纪90年代，受港澳技术影响，预制混凝土桩在广东快速发展，1992年4月3日，中山建华管桩有限公司在小榄成立，即建华建材的前身。产品于1994年进入市场后，连年亏损，建华控股创始人、董事长许景新本着对股东投资款负责任的态度，发奋图强，不断改进工艺，逆市而上，大胆提出扩建生产线。1997年，建华管桩一跃获得全国管桩产销量第一，到1998年底，5000万元投资款全部收回并进行了分红。

"当年中山市政府国有和镇、区的集体企业办的管桩厂大多都是亏损的，有的甚至血本无归，只有小榄镇政府投资的建华管桩项目赚了钱"，这让许景新引以为荣。

产销量冠军的宝座，建华从1997年一直坐到今天，连续26年，在全国预制混凝土管桩行业处于绝对领先地位。

随着技术迭代发展，当前，预制混凝土桩应用领域已从传统的工业与民用建筑拓展到了高铁、大型桥梁、特高压、光伏、风力发电、基坑支护、地基处理、河道护理等工程。在生产环节，机械化、自动化预制桩生产线的数量也在不断增加。

预制混凝土桩行业正在从"生产技术落后、生产装备简陋、工作环境较差、劳动力密集、生产效率低、安全事故较多"的低端制造业向中、高端制造业迈进，生产也从机械化、自动化逐步向智能化发展。

聚焦"双碳"　全流程创新升级推动绿色制造

建筑行业一直是隐形的"碳排放大户"。在"双碳"目标下，节能减碳

◇从中山起步的建华集团生产的预制混凝土桩连续26年全国销量第一。这是建华集团位于江苏镇江的生产基地

必须找到突破点，这也是近年建华建材的努力方向。在生产方面，协同水泥行业减排降碳，比如在管桩生产过程中通过采用固废粉体改性多功能复合掺合料，可减少30%以上水泥用量。在施工方面，提升建筑的装配化比例，采用低碳、环保的建筑材料大幅降低建筑碳排放。此外，混凝土拥有"吃废吞渣"的性能，通过材料的合理配比，用部分废弃物替代天然原材料，可有效消纳工业固废和建筑垃圾。

从源头降低原辅料消耗和固废生产，强化生产耗能管控，建华集团的管桩生产工艺较传统工艺节能节材超过15%。

近年来，装配式建筑日渐兴起。所谓装配式建筑，就是在工厂加工制作好建筑用构件和配件，运输到建筑现场，通过可靠的方式在现场装配安装而成的建筑。这是推广超低能耗、近零能耗建筑，发展零碳建筑的主要途径，而预制混凝土构件则是混凝土装配式建筑的核心。这个板块也成为建华建材新的业务亮点：2021年，该集团的预制混凝土构件产量在全国排名第二。

由于混凝土的可塑性强，便于进行各种造型，在生态公园、旧城改造、市政项目中，预制混凝土构件能很好与艺术创意相结合，为城市景观注入独特的生命力。建华建材在全国各地打造了不少经典案例：位于南昌的鱼尾洲项目，由数个草木茂密的生态岛组成，串联链条就是清水混凝土栈道板；在西安"三河一山"绿道，景观驿站以灰白原色混凝土为主材，降低对周边色彩和景观的侵略性，同时混凝土构筑物与地坪架空，为保持生物多样性和排水提供便利；在上海电站辅机厂东厂原址改造项目中，用11种不同规格的预制混凝土砌块形成透空立面，与原有的香樟树，形成开放式的共生构架……

榄商回归　投资10亿元成立供应链集团

从2001年，许景新提出"沿海北上、沿江西进"的发展战略，到2004年初在上海、江苏、天津、福建、湖北建立5个生产基地，经过多年不断发展，目前，建华已经在全国23个省、自治区、直辖市建立了80余家管桩生产基地。此外，建华在越南先后成立了2家生产基地，产品销往东南亚多个国家。

从小榄出发，向故乡回归。2023年2月17日，中山市人民政府与建华控股有限公司签订战略合作框架协议，建华控股将在小榄镇投资10亿元，成立建华（中国）供应链集团有限公司，整合其集团的客户资源、供应商资源，发挥集中优势，服务于大客户的国内供应链管理、大宗商品国际供应链管理，预计5年内实现营业收入不低于200亿元。

榄商，曾在广东改革开放历史上书写了浓墨重彩的一笔。时间倒回至1992年，在那个"少年英雄出中山"的年代，小榄被视为一座年轻人在轻工领域创业的标杆城市。何伯权、骆建华、黄文枝、黄启均、关锡源、李家康、邓新华、潘权枝、杨建辉……榄商"黄金一代"创造的乐百氏、榄菊、华帝等品牌，是"国货"发展史上绕不开的名字。

获得过多少光环和赞誉，就要能承受多少压力和挑战。2023年是小榄"攻坚突围年"，要冲刺几大发展目标：一是实现地区生产总值增长6%，二是实现规模以上工业增加值增长6.5%，三是社消零总额增长7%，四是工业投资增长64%。

响应"榄商回归"，企业家迅速行动。

2022年4月24日，以许景新、何伯权等为代表的15位榄商乡贤自发筹集经费，发起小榄镇发展战略项目。"以向养育我们的这片小榄的土地致敬，向小榄的历史、向小榄的开拓者、开创者致敬。"何伯权在手写稿中提道。

经过近一年的调研、研究以及研讨，累计访谈239人，2023年2月28日，《中山市小榄镇经济高质量发展战略》正式对外发布。这个方案听取了中山市及小榄镇相关领导、相关部门、村（社区）等多层面、多角度的意见，吸收了包括15位发起人在内的近百位企业家的真知灼见，也聆听了包含青年创业者、行业专家、经济专家、规划专家、文化教育界等相关人士的建议。

"过去小榄人有好的'基因'，这个'基因'来自商品意识和经济的头脑，率先办企业，先富起来。但是这十多年来，跟全国其他一些发展比较快的地方比，小榄的发展滞后了。"许景新在发布会现场表示，我们要通过这次活动让外界知道"小榄人"积极向上，想方设法把经济发展好。

《中山市小榄镇经济高质量发展战略》为小榄谋划了"精造小榄，雅致菊城"的新时代城市定位，提出了区域融合战略、隐形冠军战略、产业平移战略、平台孵化战略、数字引领战略五大战略举措，以及"精造小榄"产业振兴计划和"雅致菊城"城市突破计划两大计划，为小榄描绘了清晰的发展目标和方向。

【对话】

建华控股创始人、董事长许景新：粗放型模式被淘汰，要换新的"打法"

走进中山小榄，建华控股创始人、董事长许景新探寻建华30年来伴随中国基建一路前行的发展历程，以及对中山小榄整装再出发的思考。

谈创新　靠投机取巧、模仿抄袭去赚钱的门路越来越窄

◇建华控股创始人、董事长许景新

南都：预制混凝土桩是一个有多年历史的传统行业，你如何看待传统制造业的创新？

许景新：一个企业能做到不断创新并不容易，必须有好的经营管理团队，加上符合现实和人性需要的激励机制和规章制度，以及优秀的企业文化和充满智慧的领导者。

一家企业如果跟不上形势发展的需要，就很难把企业做强做大。尤其是借助40多年来改革开放政策红利成长起来的创业者们，挖到了第一桶金，过往穷日子的经历导致他们过于看重财富，不舍得在人才、研发、创新方面花钱，致使管理团队存在因循守旧、思维固化、自以为是、不思进取的思想观念，更没有终身学习的意识习惯。

最普遍存在的现象是企业经营者只重视市场、生产、供应，而不重视人力资源、财务和研发、创新这几项现代制造业所必备的经营管理要素。我认为过往靠投机取巧、模仿、抄袭去赚钱的门路现在已越来越窄。如果企业的人才培养和研发创新跟不上形势发展的需要，那么制造企业必然会被市场淘汰。

谈榄商回归　小榄已不是一张白纸，很多画上去的笔墨不能改

南都：作为"黄金一代"榄商的代表之一，你认为改革开放后小榄为什么能"先富起来"？

许景新：我个人认为小榄的"魂"是历史上小榄人重视设馆授教、尊师重道、读书蔚然成风而形成的深厚的文化底蕴；传统经济作物的农耕模式形成了勤奋认真、精耕细作的习惯和实干、苦干、巧干、反应快、协作能力强、勇于进取的民风，这也可以说是"小榄公精神"。

小榄人就凭着这种深厚的文化底蕴和民风，"头脑有准备"赶上了改革开放的好机遇，所以率先富起来了。

南都：在你看来，当前小榄发展面临哪些问题？有什么建议？

许景新：一张白纸很容易画出一幅美好的图画，但现在的小榄已经不是一张白纸，有很多已经画上去的笔墨是不能改的，比如土地、规划、规范要求等问题已经存在，解决起来最为棘手。

现在中山大力推进低效工业园改造，"工改"牵涉面广，必须考虑到投资者利益，要考虑到村民和私人业权的既得利益，也要考虑到历史遗留下来的土地等诸多问题的妥善处理，还要考虑到能否保证现代社会的产业结构及产业链的需要，所以必须有深思缜密的方案以及较强的综合平衡能力才能解决。

过去，小榄推行"宜工则工，宜商则商"的方针举措，起到了搞活经济建设的积极作用。到现在，粗放型的经济发展模式要被淘汰了，我们要换不一样的"打法"。

另外，从人性角度来看，先富起来就容易产生不思进取、安于现状的心态，那么就肯定不会去艰苦奋斗、开拓进取了。近十年来小榄的存款率比贷款率高很多，从这个侧面来看，小榄的发展缺乏足够动力，与小榄人"小富则安"的保守思想有关系。

我认为要重视教育事业，这是关系到今后经济建设长远发展的重大问题。成人教育、企业培训和职业教育，这三方面的工作应该是教育事业的重要议题，也关系到小榄发展的百年大计。

谈高质量发展　加快项目落地建设投产，带动小榄产业提质增效

南都：中山市提出实施制造业当家"一把手工程"，建华控股如何助推中山实现高质量发展？

许景新：改革开放已经四十多年，我国的经济发展取得了举世瞩目的成绩，但主要靠的是粗放的"资本"型增长，这种无以为继的模式伴随着中国

经济发展的上半场结束，已经逐渐失去了驱动力。下半场，国家要求企业向"专、精、特、优"去发展，也就是向高质量发展。制造企业也要靠"严、精、细、活"的经营管理才能取得经济效益，所以我们只有及时转变发展思路，改变落后、过时的经营管理理念，循道而行才能生存和发展。

2022年受疫情的影响，建华控股下属的两个集团公司营收有所减少，但税后利润却增长了，这都是得益于加强了以控制内部为主的经营管理以及通过创新性研发推出的新产品取得了不错的业绩。

2023年，中山市人民政府与建华签订战略合作框架协议。我们将以此为契机，组织专业团队全力配合，进一步推动集团业务回归小榄，加快项目落地建设投产，带动小榄产业提质增效，以实际行动反哺家乡发展，为中山高质量发展贡献建华力量。

第九节 "中山造"真空压缩袋18次进入太空

制造业企业的发展，离不开标准的制定。中山有着雄厚的制造业基础，要推动制造业的高质量发展，离不开标准化战略的引领和支撑。

多年来，中山市积极推进实施标准化战略，以标准引领创新。中山标准体系建设不断促进中山产品和服务提质增效，助力"中山标准"掌握行业话语权和主动权。而这，也引导着中山企业争先制定行业标准。

笔者走进广东太力科技集团股份有限公司（以下简称"太力集团"），探寻企业产品跟随中国航天升空18次背后的技术力量，以及牵头制定多项国家标准的制造业底气。

龙头企业　专注产品品质，牵头制定国家行业标准

"无需抽气泵，轻松按压排气……"太力集团的直播间，一位年轻男主播将压缩袋密封后，轻抬排气阀，用身体的重量往袋上一压，一袋棉被的体积几秒钟便缩小至原来的1/4。这是太力集团多年来深耕真空收纳领域的技术成果之一。

太力集团创立于2003年，是一家专注于真空收纳技术领域的国家高新技术企业，拥有广东、上海、湖北三大工业园生产基地。顺应产业数字化浪潮，2018年，太力集团着手搭建公司直播团队，通过建立"直播矩阵"，打通"人""货""场"的销售路径。

在这背后，是过硬的产品质量和产品标准。太力集团是中国航天产品研制合作企业，此前产品曾先后18次进入太空，为中国航天员的太空生活提供服务。此外，太力集团近年来还牵头制定多项国家标准、行业标准。

2023年4月20日上午，由全国日用杂品标准化技术委员会主办，中山市深中标准质量研究中心联合广东太力科技集团股份有限公司承办的《日用真空吸盘类产品通用技术要求》国家标准研讨大会，在中山召开。全国相关制造企业

代表出席大会，参与日用吸盘类产品标准体系构建研讨及《日用真空吸盘类产品通用技术要求》国家标准制定的启动研讨。

本次会议针对日用真空吸盘类产品提出一系列通用技术要求，包括承重抗拉牢固度（对粗糙瓷砖、粉刷墙面等不同基材）、环境适应性（湿热、严寒循环）、抗老化性（日晒、热氧化）、抗跌落（不同角度、坚硬地面）、抗疲劳（重复拆装、循环承重）等，设计合理的试验方法，对产品品质作出严格规范；另外，对产品的不同吸附能力进行分级，以应对不同的使用场景和消费需求，重构技术指标体系，提升产品可靠性，增强产品的市场认可度，提升消费体验。

太力集团副总裁饶志明表示，集团深耕家居收纳领域20年，以创新驱动企业高质量发展，通过先进的新材料研发技术和创新生产工艺，不断对技术进行研发革新，成功主导了《真空压缩收纳袋》行业标准的制定，进一步规范、服务和引领行业发展。2023年，大力牵头制定《日用真空吸盘类产品通用技术要求》国家标准，以及《布艺收纳箱》等行业标准，是该集团在真空收纳领域发展的又一个重要里程碑。

行业标杆　从"领跑"标准到"领跑"产品和服务

中山市深中标准质量研究中心常务副主任、标准化高级工程师叶俊文表示，龙头企业牵头制定国家标准，经济效益层面上，从"领跑"标准到"领

◇真空压缩袋18次入太空，"中山造"以标准引领创新

跑"产品和服务，再到"领跑"品牌，通过不断树立行业标杆，增强企业竞争力；社会效益层面上，以高标准推动产业提质增效及高质量发展，推动全产业学标准、讲标准、用标准，营造标准创新良好氛围，对助力消费潜力释放、产品质量提升发挥重要作用。"制造企业不仅是标准的执行者，更是标准的制定者、推动者和受益者，标准的制定与应用离不开企业的主导和参与。"

叶俊文介绍，日用消费品领域的国家标准和行业标准项目，近年来立项通过的几率很低，此次太力集团申报的2个项目能顺利获得国家标准委和工信部批准立项，实属不易，这也证明了中山企业的研发制造能力和标准化水平十足。太力集团牵头制定的《日用真空吸盘类产品通用技术要求》《布艺收纳箱》两项标准在申报前期即获得本地标准化技术机构中山市深中标准质量研究中心团队提供的协助。

通过标准制定等标准化工作引领制造业高质量发展，既是落实工业立市、制造业当家的应有之义，也是推动中山市高质量发展的关键之举。

中山市深中标准质量研究中心为中山市市场监督管理局与深圳市标准技术研究院合作共建的社会化运作事业单位，自2022年11月获批设立以来，在制造业标准建设方面通过开展标准制定、标准化试点示范、标准化活动、标准与知识产权融合研究等为中山制造业高质量发展助力，全面支撑中山市质量强市战略、标准化战略实施，以及推进知识产权与标准融合建设。

除了承办日用吸盘类产品标准体系研讨活动暨《日用真空吸盘类产品通用技术要求》国家标准研讨会议，在印刷领域，该中心即将承办全国印刷机械标准体系和印刷领域首个"碳达峰、碳中和"国家标准研讨会议，通过标准化活动引领中山各行业制造企业抢占全国标准话语权。

而在标准化试点示范方面，该中心拟联合中山纺织工程学会申报广东省休闲服装智造服务标准化试点项目，推进休闲服装制造业企业智能化改造标准研究及应用进程，通过标准化手段带动休闲服装产业链上下游的整体升级转型，发挥标准化示范效应，为中山制造业高质量发展贡献标准力量。

标准建设　推动全社会学标准、讲标准、用标准

在标准与知识产权融合研究方面，与科研院所、高校、龙头企业联合申报专利导航服务基地建设项目并获得立项，携手市知识产权保护中心承办"2023

年中山市知识产权论坛——高标准保护与高质量发展"。同时,为企业提供专利转化标准技术服务,帮助企业将自主知识产权技术转化为先进技术标准,推进全市知识产权战略和标准化战略融合发展。

多年来,中山市积极推进实施标准化战略,以标准引领创新,有效推动中山综合竞争力提升,促进经济社会高质量发展。中山市先后出台《关于深入实施标准化战略的意见(2021—2025年)》等系列标准化政策,统筹推进标准化发展,明确"十四五"期间各领域高质量发展标准体系建设重点任务,推动建立更加健全的、具有中山特色的高质量发展标准体系。

中山市深中标准质量研究中心规划3年内将完成不少于10个重点项目,包括提升中山产业竞争力,开展关键技术领域标准研究,构建完善重点产业标准体系;服务中山企业参与市场竞争,支撑优质企业参与国际标准、国家标准和行业标准制修订;帮扶中山战略性新兴产业相关企业将专利技术转化为先进标准,打造标准"领跑者"等。

根据中山市市场监管局提供的数据,截至2023年4月,中山全市企事业单位参与制修订国际标准25项、国家标准894项、行业标准445项、地方标准171项、团体标准332项,鼓励企业制定融入自主知识产权的先进技术标准279项,培育企业标准"领跑者"71项,标准体系建设涵盖现代农业、先进制造业、现代服务业、社会公共事业等多个领域,不断促进中山产品和服务提质提效,助力"中山标准"掌握行业话语权和主动权。

同时,在推进国家、省级标准化试点示范项目建设中,中山市累计承担标准化试点示范项目36个,其中在建试点示范项目11个,创历史新高。项目涉及智慧政务、家电、化妆品等多个领域,充分发挥带动效应,以高标准推动产业提质增效高质量发展,推动全社会学标准、讲标准、用标准,营造标准创新良好氛围。

【对话】

太力集团副总裁饶志明:以标准引领助推日用消费品产业高质量发展

太力集团副总裁饶志明表示,要通过标准引领不断树立行业标杆,助推中山日用消费品产业高质量发展,增强产业质量竞争力。

◇太力集团副总裁饶志明

牵头制定行业标准，探索国际标准化可能

南都：太力集团多年来深耕真空收纳领域，如何做到牵头制定多项国家和行业标准？

饶志明：太力集团拥有太力收纳、太力保鲜、太力户外、太力防护四大产品矩阵，包括真空压缩袋、吸盘、无骨帐篷、真空食品袋、太力扶手等一系列产品。我们不仅是中国航天产品研制合作企业，我们的产品还被中国人民解放军广泛使用。未来太力将在真空技术领域持续深耕，为世界亿万家庭带来高品质生活。

我们持续加大研发投入，由技术创新能力构建企业竞争力，截至目前，我们已在全球拥有500多项专利，曾荣获"国家级知识产权优势企业""国家高新技术企业""国家行业标准制定企业"称号。产品全方位满足居家、旅行等场景的收纳、规划和整理应用。

同时，我们通过牵头制定高水平标准，致力于探索创立国际标准化的可能，树立行业标杆，助推中山日用消费品产业高质量发展，增强产业质量竞争力。

太力集团先在2021年5月开始牵头完成制定QB/T 5856—2022《真空压缩收纳袋》行业标准；2022年11月至2023年3月，太力集团再次获批承担日用消费品领域国家标准和行业标准制定项目；2023年4月，太力集团承办的全国性《日用真空吸盘类产品通用技术要求》国家标准研讨大会、《布艺收纳箱》行业标准制定大会在广东中山顺利举行。

南都：太力集团生产的真空压缩袋，如何做到18次进入太空，为航天员们在太空旅途中的饮食起居生活提供洁净保障？

饶志明：在太空失重状态下，航天员饮食起居过程中所产生的食物残渣容易"飞"在空中，不仅会滋生细菌而且还会产生挥发性气体，危及航天员的工作空间和生存环境。因此，各种食物残渣都要及时收纳进压缩袋里，以确保仪器设备和航天员的安全。由于航天环境的特殊性，上太空的真空压缩袋都要根据用途特别定制，还必须保证产品100%合格。

比如一个二型压缩袋，是用来收集航天员吃剩的一些食物，仅仅是这样一个小小的真空密封收纳装置，都需要经过逾5000余次的检测和3000余次试验才能顺利"升空"。这个压缩袋和民用的压缩袋不一样，它是用特殊材质制造而成的，不仅具有很高的耐穿刺性，而且还具备良好的阻隔性，像一些尖锐的物品放到里面，它不仅不会被尖角刺穿，而且还能把食物残渣的异味也阻隔在其中。

不同类型的真空压缩袋分别对应着不同的作用，有的用于处理食物残渣，有的用于收纳航天员的衣服行李，有的用于处理航天员起居所产生的生活垃圾以及排泄物。

当前我们还在不断地研发创新，以提升现有产品的质量。下一步我们将加强与高校合作，并加大新材料、新技术的研发投入，打造出更多更好的产品，帮助航天员创造洁净无菌的"太空之家"。

打造全球直播基地，建立"直播矩阵"

南都：2020年，太力全球直播基地正式成立，直播基地目前发展如何？

饶志明：近年来，数字经济迅猛发展，太力集团也在如何加快企业数字化转型、发展电商直播业务方面进行了多种形式的探索。想要抓住电子商务迅猛发展的机遇，就应该在一定范围内形成数字经济集聚，打造全方位的数字生态系统。

2019年，太力集团就开始着手成立自己的直播团队，通过建立"直播矩阵"，打通"人""货""场"的销售路径，实现了线上销售额的迅速增长。

2020年，太力全球直播基地正式成立，这是一个服务于全球直播电商，提供数字化定制场景的孵化平台，涵盖淘宝、抖音、京东、亚马逊等全球主流直播业务，拥有20多个涵盖现代化家居实景、工厂、实验室、卖场等不同场景且设备齐全的独立直播间。我们通过数字分析工具和算法，全渠道分析消费者数据，多维度管理用户信息，构建品牌精准营销体系，提高用户复购率，并逐步降低品牌营销成本。

目前，太力国内线下终端网点突破4000家，线上销售覆盖国内外大中平台，同时拥有集数据挖掘、算法分析、数据模型创建于一体的全方位数字化运营团队和AI人工智能团队，并组建了一支近100人的直播团队，搭建了1500平方米的直播摄影基地。

打造商学院，培养壮大人才队伍

南都：2020年，太力商学院成立，该学院的成立如何赋能企业高质量发展？

饶志明：人才是企业发展的重要因素。太力商学院内设党建室、图书角、自由活动空间、4间专业课室及能容纳300余人的学术报告厅。通过制定"太力星"项目，引进与培养大学生人才，整合内部讲师资源、外部特聘专家资源，打造全方位赋能学习途径，不断提升人才综合能力，实现专业人才梯队的建设与储备，从而为公司、为社会创造更大的价值。

在建设人才队伍的道路上，太力集团始终坚持外引内培。在与高校合作方面，太力集团不断深化产教融合，先后邀请中山大学、华南农业大学、电子科技大学中山学院等学校的师生到集团进行参观交流。

结合企业与高校实际需求，太力集团与多所学校共建校企合作基地，与华南农业大学等多所学校推进教学实践基地的建设，利用本身数字化、智能化驱动电商直播快速发展的经验，与火炬职业技术学院初步洽谈直播课程建设等方面的深度合作，共同培养直播带货人才。

第十节　这家中山美妆企业面膜产能全球第一

"高品质美妆看中山!"这是美妆行业内形成的一种共识。在中山,有面膜产能规模排名全球第一的诺斯贝尔、平均不到1秒就有1支芦荟胶走下生产线的完美、润唇膏中国市场占有率高达60%的曼秀雷敦、旗下产品远销全球30多个国家和地区的爱护、家喻户晓的"黑人牙膏"、中山最大的彩妆类化妆品出口企业馥琳……一批行业领先的企业和国际知名品牌带动了中山美妆产业年产值持续增长,从2018年的104亿元增长到2022年的约130亿元,增幅达25%,产值位居全省地级市第一。

"中山美妆"是如何做到的?"中山美妆"发展趋势如何?如何继续实现高质量发展?中山市化妆品行业协会会长、诺斯贝尔化妆品股份有限公司CEO范展华,分析探讨了"中山美妆"如何在国内外市场展现更大的竞争力和影响力。

实力　中山2008年已获"中国化妆品之都"称号

早在2008年,中山市就获得"中国化妆品之都"称号。中山市委、市政府高度重视化妆品产业高质量发展,多个镇街也将化妆品产业作为重点发展产业。中山化妆品产业具有良好的产业研发与制造优势,以及健全的集产、学、研、用等于一体的化妆品产业链。在牙膏、面膜、彩妆等领域培育出好来化工、诺斯贝尔、馥琳等一批行业领军企业及完美、曼秀雷敦等国际知名品牌,打造了全国最早、最全、最大的气雾剂产业链。全国排名前50的品牌中,近一半的品牌与中山生产企业合作。诺斯贝尔是国内最大的化妆品ODM企业,面膜产能全球第一;好来化工占据全国牙膏市场销售量榜首。

中山市还出台了《实施重点产业链链长制工作方案》《中山市推动化妆品产业高质量发展行动方案》等方案,提升化妆品监管能力和监管效能,用高质量的化妆品监管推进化妆品产业高质量发展。据介绍,近年来,全市化妆品产

◇作为一家面膜代工生产企业，诺斯贝尔过去三年营收年均增长率超30%。图为诺斯贝尔研发中心

业实现了逐年稳健发展，产值呈现持续快速增长态势，从2018年的104亿元增长到2022年的约130亿元。目前，中山拥有化妆品生产制造企业71家，年产值超亿元的企业有15家，超20亿元的企业有4家。

产能　生产自动化，创下日产650万片面膜纪录

诺斯贝尔化妆品股份有限公司（以下简称"诺斯贝尔"）创立于2004年，目前位列全球四大化妆品ODM企业之一、中国本土第一，面膜产能规模排名全球第一，产品销往全球40多个国家和地区，服务国内外200多个知名品牌客户。在2022年广东省制造业500强企业排名中，位列166位，连续六年被《化妆品报》评为中国化妆品制造商TOP排行榜第一名。

在超过120 000平方米的诺斯贝尔GMP标准厂房里，不时有货车进进出出，无尘车间一个挨着一个，透过洁净的玻璃墙可以看到各种不停运转着的机器，日产650万片面膜的纪录就在此创下。

日产650万片面膜的产能规模并非一日达成，这是诺斯贝尔在自动化生产领域深耕近十年的结果。在2015年，当时正值面膜品类发展的快速上升期，作为一家面膜代工生产企业，诺斯贝尔过去三年营收年均增长率超30%，在此利好趋势下，诺斯贝尔果断出击，宣布计划在三年内投入技改资金1.2亿元，实

施"机器换人"项目。

当时整个化妆品行业的技术改造水平较低，存在机器人密度低、自动化难实现等问题，没有企业敢冒险投入大量资金到未成熟的领域。诺斯贝尔率先在业内启动全自动生产计划，选择下重本引进国内首台全自动面膜生产机器，当时约每台800万元的机器，诺斯贝尔一次购买了6台。砸钱买效率，为诺斯贝尔带来了明显的产能提升。据介绍，新的自动生产线能集成四五套传统工序，操作人员从原来一条生产线50人缩减至6人，自动化后的实时检测功能让产品合格率高达99.99%，一年之后，面膜产能更是提升了60%。

从那时起，诺斯贝尔的化妆品生产技术水平和产能规模达到了国内领先水平，自动化生产的步伐从此稳步前进。目前，诺斯贝尔已拥有超过200人的专业研发团队和工业4.0智能化生产车间。

增效　化妆品行业制造企业实施数字化转型

诺斯贝尔智能制造的发展，是近年来中山美妆企业掀起数智化转型的一个缩影。

中山推动化妆品行业制造企业进行数字化转型、智能化改造。推动龙头骨干企业、重点产业链核心节点企业等实施全流程数字化升级，并依托企业自身数字化智能化示范应用项目，整合资源、开放技术和服务能力，建设化妆品行业的数字化服务平台。

在智能制造浪潮的影响下，中山爱护日用品有限公司也紧跟时代步伐，推进生产自动化、智能化。作为一家追求高质量发展的广东本土母婴企业，爱护公司中山生产基地建立了洁净生产环境，拥有23条生产线，这是全国科技领先、高自动化、系统化的母婴健康护理产品生产基地，也是全国最大的婴童洗衣液生产基地。基地生产车间全面引进德国西门子的高自动化智能设备，大幅度提高了生产效率。

在好来化工（中山）有限公司牙膏生产中心的制管车间，机械手臂不停运转，一条生产线每分钟可生产500多支牙膏管，9条生产线的车间只需几名技术人员，主要负责各类数据的实时监控，以确保生产的正常进行。

从2017年至今，完美公司共投入资金4亿多元进行数字化智能化升级改造，引入了10多款基于集成架构的信息化系统，不断进行数字化智能化转型升级。2023年，完美公司成为全国保健食品、化妆品行业首家通过智能制造能力成熟度三级认证的智能化工厂。

隐身于多家高端美妆品牌背后的"智"造能手中山市馥琳化妆品有限公司，研发生产了很多在国外线下商超专柜和线上渠道畅销多年的王牌明星产品。馥琳拥有独立的生产设备技术团队，团队除了对外购的自动化设备进行改造，还会联合设备厂商共同设计开发制造适合馥琳的自动化设备。

目标　加快产业创新步伐，塑造"中山美妆"品牌

近年来，中山不断加大政策扶持，加快推动化妆品产业转型升级和高质量发展，加快产业创新步伐，提升中山化妆品的竞争力，从而带动产业积极良性的发展。2022年3月印发的《中山市推动化妆品产业高质量发展行动方案》提出，中山将以高质量发展为目标，坚持数字化、标准化、绿色化发展方向，将中山打造成为集高端研发、规范生产、优质服务为一体的国内知名的化妆品先进制造示范区及持证人创新发展引领区；力争到2025年全市化妆品产业销售收入达250亿元，培育年销售收入超过50亿元的本地龙头企业1—2家、年销售收入20亿—50亿元的本土企业2—3家。

根据该行动方案的部署，中山将完善化妆品产业发展顶层设计，打造化妆品全链条产业集聚区；以高质量发展为目标，加强规划扶持，实施商标品牌培育；构建研发设计、检验检测、智能制造、市场营销、文化传播等融合发展的化妆品产业链；建设具有研发创新、先进制造和品质优良等特质的高质量体系。

中山将积极拓展化妆品产业高质量发展新空间，利用中山市香山化妆品产业研究院为全市化妆品产业高质量发展提供政策建议及咨询服务；加快谋划建设健康医药产业园等十大万亩级主题产业园；将"现代时尚产业集群"纳入新时代中山现代产业集群"十大舰队"，重点发展化妆品、个人护理品等细分领域，促进美丽时尚产业创新发展。

此外，中山还将通过品牌战略提升"中山美妆"品牌效应，主要为打造化妆品全链条的产业集聚区，完善"一都多点"（中国化妆品之都和各镇街）的产业空间布局。其中，在火炬开发区建设高水平的化妆品检验检测公共服务平台，在翠亨新区（南朗街道）打造化妆品产业研发、生产科技孵化园，在三乡镇打造美容仪、化妆品包装材料等化妆品相关产品和服务的现代化专业园区。

【对话】

中山市化妆品行业协会会长、诺斯贝尔化妆品股份有限公司CEO范展华：用"中国创新"带动"全球创新"

以更环保的原材料践行可持续性发展理念，参与制定行业团体标准，迎接供应链逐步中国本土化的趋势，配合政府"中山美妆"区域品牌的推出，能让辖区内的企业共享品牌效应的好处……这是中山市化妆品行业协会会长、诺斯贝尔化妆品股份有限公司CEO范展华对中山美妆行业在新一轮高质量发展进程中的计划和目标。

◇中山市化妆品行业协会会长、诺斯贝尔化妆品股份有限公司CEO范展华

创新　带给全世界消费者更好的产品体验

南都：近年来，诺斯贝尔有哪些举措，推动企业走高质量发展道路？

范展华：高质量发展关注效率，注重可持续发展。产品创新方面，我们优先推荐使用环境友好原料、可降解材料、可替换装等，比如今年5月上海CBE美博会我们展出了一个"植物泥"的涂抹面膜系列新品，就是采用迷迭香、燕麦、大米等植物提取后的余料来代替矿物泥，不仅有很好的肤感，也让可持续发展的理念在产品中实际落地。

市场推广方面，我们和客户一起积极推动纯净美妆产品的宣传，国内首个Clean Beauty的团体标准也是诺斯贝尔参与制定的。

生产制造方面，近3年来，诺斯贝尔投入3亿元去做数智化升级，从智能制造自动化设备，到全流程的数字化管理系统，到环境保护的污水污泥处理体系，诺斯贝尔运营引入"精益管理"理念，完善工作流程，通过规模经济的效应，降本增效，提升品质和综合效益。诺斯贝尔多方面发力建设，坚持走高质量发展道路，希望成为化妆品制造行业的标杆。

南都：未来，诺斯贝尔有怎样的发展目标及趋势？

范展华：近期，LVMH、欧莱雅、特斯拉、雀巢等国际品牌高管团队访问中国市场，不少美妆国际大牌释放出供应链逐步中国本土化的信号，同时中国美妆品牌出海也非常活跃，诺斯贝尔作为全球四大、中国本土第一的化妆品ODM企业，会做足准备去迎接这波趋势。

2023年，诺斯贝尔将"创新驱动、效率为王、业绩有我"确立为经营关键词，科研创新一直是诺斯贝尔的发展源动力，过去我们用天丝面膜、超细纤维面膜、冻干面膜、次抛精华等差异化品类敲开了国内外大牌的合作大门，我们有很多的差异化品类，接下来会从成本、工艺、生产等多方面深挖品类，充分发挥每个领先品类的价值。

B端的生意是偏理性的，我们会通过规模效应降低成本，贯彻落实"精益管理"理念，优化流程，充分发挥部门间的协同效应，提高效率，用更加创新、更具性价比的产品服务市场，从产品开发端，致力于带给全世界消费者更好的产品体验。

不足　要继续提升国内外的品牌知名度

南都：目前中山美妆行业的发展情况如何？有哪些发展瓶颈？

范展华：目前国内有化妆品企业5512家，广东一省占据半壁江山，化妆品企业占全国的55.2%。经过数十年的发展，"中山美妆"初步形成完善的产业链，包括从研发、设计、生产、销售到售后的全过程，孕育了很多细分领域的"隐形冠军"。无论是美妆产品的形态、功效，还是安全性，中山美妆企业的研发水平、制造水平都已经与国际接轨，但国内外的品牌知名度有所欠缺。2023年5月26日首次召开了中山美妆产业大会，在政府部门的推动下，"中山美妆"区域品牌的推出，能让辖区内的企业共享品牌效应的好处，让更多人知道"中山妆"、爱上"中山妆"。

南都：化妆品行业有怎样的发展趋势？

范展华：越来越多的中国美妆品牌走出国门，中国化妆品正迈向更自信、更成熟的阶段。中国海关总署的数据显示，2022年中国化妆品出口增速首次高于进口增速。中国品牌的崛起，中国元素是非常重要的因素，"中国特色"将成为行业很好的一个发展方向，国潮、国风美妆也是近年来的热点之一，功效护肤的背景下，源自中国本土的中国成分，还有融入中国历史文化的产品特色以及中国科研技术成果等，也越来越多地被市场认可。

以面膜为例，冻干面膜是"中国技术"的一类表达，国外没有，是由中国企业研发、生产和推广后，才得以在化妆品市场得到广泛认可和使用。运用静电纺丝技术的速溶精华面膜也是非常好的例子，干态膜布喷雾后速溶吸收，让重组胶原蛋白更容易渗透，同时长效紧致修护，针对不断进阶的抗衰需求，创新形式的产品，我们中国的技术也在不断探索。

近些年来，诺斯贝尔也一直在坚持"中国成分"的开发，除了自己研究，也和高校、原料商做联合开发，推动产学研项目的合作，例如银耳多糖的应用、松茸菌丝体的扩大生产等，让中国民众认知度高同时又具有良好功效的成分得到更多应用，妆食同源的理念认同让这些产品获得很好的市场反馈，也让更多消费者认可国货美妆品牌，这是诺斯贝尔这样的幕后供应链企业乐于看到的未来。

未来　广泛传播"中山美妆"等于高品质

南都： "中山美妆"要继续高质量发展，需要哪些方面的坚守及突破？

范展华： 首先，中山的化妆品企业要继续发挥中山美妆产业集群的优势，专注自身发展的同时，也要抓住时代的脉搏，树立全局观，关注国内外行业动态，坚持以创新驱动自身的发展，用"中国创新"带动"全球创新"。其次，我们要不断加强产品品质，推进品牌国际化交流，才能在国际市场上具有更大的竞争力和影响力。最后，要注重品牌建设，主动成为"中山美妆"的品牌讲述人，积累行业名声，形成品牌合力，反哺区域品牌，让更多的人知道"中山美妆"等于高品质，进一步擦亮"中山美妆"这张名片，形成良性循环。

第十一节 紧抓"双碳",续写江门造纸业新时代故事

2023年5月初,一摞摞印有"碳中和"标签的碳中和复印纸,从位于江门市新会区的广东银洲湖纸业基地发往全国各地。早在2022年1月,亚太森博(广东)纸业有限公司(以下简称"亚太森博")就发布量产全国首款碳中和复印纸,成为江门造纸业推动高质量绿色发展的标志性事件之一。

濒临倒闭的小厂成功赴港上市、发布量产首款碳中和复印纸、机制纸及纸板产量连续保持5%以上增速、谋划打造千亿元产业集群……近年来,江门市造纸及纸制品产业逆势上扬,保持高速增长。

作为江门市15条重点产业链之一,江门市造纸及纸制品业如何抓住"双碳"契机,加快推动产业转型升级?江门将如何打造全国重点造纸产业基地,续写江门造纸业新的"百年故事"?笔者走进江门,探寻江门市造纸及纸制品业谋求高质量绿色发展的密码。

百年积淀 造纸业成长为江门市优势特色产业之一

江门有"中国第一侨乡""中国侨都"的美誉,是海外华侨华人观察广东乃至中国的重要窗口,祖籍江门的华侨、华人和港澳台同胞共有530多万人,遍布全球107个国家和地区。"侨"资源优势,为江门近现代工业发展提供了强有力的资源和资金支持。

江门造纸业肇始于20世纪初。1911年,归侨余觉之集资创办了江门制纸股份有限公司,这是江门第一家机械造纸厂。新中国成立后,江门制纸股份有限公司开展公私合营试点,后来又更名为"广东省江门造纸厂"。

改革开放后,江门造纸厂迎来高速发展,成为广东省乃至全国造纸业的标杆工厂,能够生产各种薄页纸、高级纸、加工纸以及造纸机械设备,被国务院发展研究中心授予"中国生活用纸产能最大品种最齐全的生产基地"称号。工

厂机制纸年产量一度达到4.3万吨，员工人数增至2900人。

进入21世纪后，伴随着广东省乃至全国造纸行业竞争加剧，江门造纸厂由盛转衰，并于2006年宣告关闭，但江门造纸业百余年的积淀，以及造纸厂一批技术骨干，成为江门造纸业再度"燎原"的火种。

维达国际控股有限公司（以下简称"维达"）就是江门本土成长起来的纸业巨头之一。作为中国卫生用纸行业销量最大的巨头之一，维达的前身是一家濒临倒闭的小厂。在集团主席李朝旺的带领下，维达推出了中国内地首款高档盒装面巾纸"威牌"。2007年，维达赴港上市，成为江门首家上市民企。

以维达为代表的造纸企业，顺利完成了江门造纸业新老交替的历史任务，接过了再出发的"接力棒"。如今，造纸及纸制品产业已成长为江门市优势特色产业之一。据官方数据，2022年，江门市造纸及纸制品产业链实现工业产值376.89亿元，现有规模以上企业142家，拥有维达纸业和亚太森博等链主企业以及雅图仕印刷、中顺纸业等一批龙头和骨干企业。

目前，江门已发展成为广东省三大造纸基地之一，同时还是中国印刷产业基地，在造纸、纸制品和印刷等方面具有较强的产业基础，在生活用纸、文化用纸、包装用纸等方面具有较大的产业优势。

谋局升级　广东银洲湖纸业基地年造纸产能达259万吨

2021年8月，《广东省制造业高质量发展"十四五"规划》（以下简称《规划》）发布，江门成为省全部20个战略性产业的布局城市，其中8个战略

◇位于广东银洲湖纸业基地的亚太森博

性产业把江门标注为"核心城市",为江门新一轮制造业高质量发展指明了前进方向、注入了强大动力。其中,现代轻工纺织是十大战略性支柱产业之一,江门是其布局的核心城市,而造纸业是现代轻工纺织的重要细分领域。《规划》提出,江门以银洲湖纸业基地为核心,着力发展特种纸及生活、办公、文化、新闻、卷烟、包装用纸等产品。

◇亚太森博现代化生产车间

江门市坚持"工业立市""制造强市",通过深入实施"链长制"助力千亿元级产业集群发展。2021年,江门聚焦省20个产业集群的细分领域,选取新能源电池、新一代信息技术、生物医药、轨道交通等新兴产业,以及金属制品、食品、造纸及纸制品等传统特色优势产业,由市领导担任15条重点产业链"链长",明确了各产业重点发展方向,落实"一链一策、一企一策",以链促群,促进战略性产业集群加速崛起。

造纸及纸制品是江门市15条重点产业链之一,目前江门市依托广东银洲湖纸业基地,谋求打造千亿元级造纸产业集群。广东银洲湖纸业基地位于江门市新会区双水镇,于2004年3月设立,规划面积24平方千米,配套建设热电厂、工业污水处理厂及给水厂等,与湛江制浆造纸基地、东莞造纸及纸制品基地同属《珠江三角洲地区改革发展规划实施纲要》中规划的广东省三大造纸基地。目前基地已累计完成投资超200亿元,涵盖造纸及纸制品、制糖产业,年造纸产能达259万吨,集聚了亚太森博、维达纸业、中顺纸业、华泰纸业等一批近30家龙头和骨干企业。

近年来,在政府惠企政策、技术革新、增资扩产等因素影响下,江门造纸和纸制品业呈现快速增长态势。2020年,江门造纸和纸制品业增长17.5%,是全市增长最快的行业。据国家、省、江门市统计局数据,2022年,全国和广东省机制纸和纸板产量同比呈现小幅下降,但江门机制纸和纸板产量达265.79万吨,增长5.9%。2023年以来,江门造纸及纸制品业依旧保持较高增长。数据显示,2023年第一季度,江门机制纸及纸板产量达61.72万吨,同比增长8.2%,

增速在江门市20多个主要工业产品中排第四。

在增资扩产方面，亚太森博、中顺纸业、维达纸业等公司近年均有新动作。作为江门市造纸及纸制品产业链"链主企业"，亚太森博目前正加快推进增资200亿元的配套项目相关工作，年产45万吨文化纸项目已建成试产，年产3.2万吨无纺布及0.5万吨制品项目已投产，年产10万吨生活用纸项目已建成投产，燃气热电项目（一期）正在建设中。

绿色革命　纸业基地启动"双碳"智慧园区标杆工程

实现"碳达峰、碳中和"，是贯彻新发展理念、构建新发展格局、推动高质量发展的内在要求，是党中央统筹国内国外两个大局作出的重大战略决策。2021年底，江门市政府和香港科技大学（广州）发起，联合深圳航天工业技术研究院、国家能源集团、中创新航科技股份有限公司等创新主体共建江门双碳实验室，推动"双碳"前沿技术攻关、未来产业落地布局。

近年来，结合国家发展战略，在江门各级政府大力支持下，江门造纸及纸制品业抓住"双碳"契机，正在加快推动转型升级和绿色高质量发展。

在"双碳"战略深入推进的背景下，亚太森博加大投入技术改造，不断提升企业核心竞争力。目前，亚太森博拥有具备绿色低碳元素的厂房和现代化生产线，实现了污水深度处理和废气超低排放、流水线全自动、控制数字化等。对纸机热交换塔冷凝水回收、密封水系统回收、白水多盘分级处理回用等项目的改造，使水循环利用率高达94.5%，单位产品取水量降为5.93吨，用水效率大幅提升，亚太森博荣获工业和信息化部、水利部、国家发展改革委、市场监管总局联合授予国家水资源管理领域的最高荣誉——"2022年重点用水企业水效领跑者"称号。

亚太森博无疑是江门造纸及纸制品业推动高质量绿色发展的一个缩影——通过技术革新，实现节能减耗和绿色环保。作为江门市承接现代优质造纸业的平台，从产业集聚到绿色发展，广东银洲湖纸业基地通过"集中供热、集中供水、集中治污、集中物流、集中废弃物综合利用"的循环经济模式，于2012年、2014年先后获评国家首批工业循环经济重大示范工程、国家循环经济试点示范单位。

新会区提供的数据显示，2018—2021年，广东银洲湖纸业基地的企业"双碳"技改类项目达到30项，总投资11.5亿元，为加快打造"双碳"园区创造了良好的条件。目前，广东银洲湖纸业基地启动了"双碳"智慧园区标杆工程，通过引入风光互补、生物质能、储能系统等清洁能源替代技术，以及5G和AI等信息化手段，对清洁能源进行管理、调度、优化，实现节能减排目的。江门市亦将争取省政府支持，推动银洲湖纸业基地建设成为全国重点造纸产业基地。

【对话】

亚太森博（广东）纸业有限公司董事总经理洪庆隆：加快数智化转型，推出多款碳中和产品

作为新加坡金鹰集团在中国南方的首个生产基地，经过二十余年发展，亚太森博（广东）纸业有限公司（以下简称"亚太森博"）如今年产150万吨高档文化用纸，是中国最大的高档文化纸生产商之一，并入围2022年广东省制造业100强企业。亚太森博董事总经理洪庆隆畅聊金鹰集团投资江门，以及近年推动高质量绿色发展的故事。

◇亚太森博（广东）纸业有限公司董事总经理洪庆隆

谈江门区位优势　更靠近市场与客户，最大限度降低物流成本

南都：亚太森博为什么选择落户江门？

洪庆隆：我们选择落户江门，主要出于两方面考虑。首先是看重江门独特的区域优势，江门地处粤港澳大湾区和珠三角核心地区，也是公司重点客户所在地，因此在江门投产设厂，可以更靠近市场、更靠近客户；其次是江门有着较长的海岸线，河道众多，公司落户的广东银洲湖纸业基地面朝入海口，背靠粤港澳大湾区发达的陆路交通，毗邻广州、珠海及港澳机场，海、陆、空交通网完善，可以最大限度降低物流成本。

南都：落户江门后，亚太森博发展情况如何？

洪庆隆：20年前，亚太森博落户江门新会，前10年由于各种因素交织，发展速度一直提不起来，在2005年建设投产了一条年产仅4万吨的复印纸切纸

线，此后一直处于停滞状态。直到2009年，在广东省委、省政府的支持下，公司开始迈开步伐向前发展。2010年，公司第一条生产线破土动工建设，2012年7月正式投产，标志着亚太森博在新会的项目开始提速发展。这也意味着亚太森博在中国文化纸领域开始崭露头角。

谈发展水平　国内市场占比超30%，市场占有率连续多年第一

南都：亚太森博入围了广东省制造业500强企业的前100名，作为江门造纸及纸制品产业链的龙头企业，亚太森博目前在业内处于怎样的发展水平？

洪庆隆：过去10年，是亚太森博高速发展的10年。目前，亚太森博高档文化纸在江门实际年产能达到了150万吨，产品市场份额也持续提升，自2017年以来，在中国高档复印纸市场占比已经超过30%，连续多年夺得中国市场占有率第一的位置。

与此同时，亚太森博母公司新加坡金鹰集团对新会基地作了重新规划，把新会基地作为集团综合园区发展，2019年至今，先后投资建设了两期水刺无纺布项目和生活用纸项目。截至目前，金鹰集团累计在江门投资超100亿元。2020年7月，亚太森博与江门市政府签订了增资200亿元的合作框架协议，发展跃上新台阶。

南都：在江门投资兴业20多年，你最大的感受是什么？

洪庆隆：这些年来，江门的营商环境不断优化，对企业运营有着众多积极影响。江门政府为企业制定促进发展的政策，真金白银投入扶持企业研发、创新以及开拓市场。2020年以来，亚太森博在三期、生活用纸、无纺布等项目建设过程中，政府给予了极大的支持，三期项目仅用16个月的时间就实现了从破土动工到投产，大大超越行业平均建设速度，生活用纸和无纺项目在政府的支持下，建设大步迈进。在公司众多技术改造项目中，政府不仅出台政策支持，还专门安排人员上门讲解政策，安排技术官员指导企业操作，对符合条件的技改项目给予资金支持，扶持企业改造、创新。

谈发展规划　未来5年将陆续建成年产30万吨生活用纸项目

南都：未来有何发展规划？

洪庆隆："十四五"规划期间，亚太森博在造纸板块也不断升级改造以

及向下游延伸。年产30万吨、投资超过30亿元的生活用纸项目，首期年产10万吨生活用纸项目首条生产线已于2022年9月初试产，未来5年内该项目将会陆续建成投产。

2022年初，江门市印发《江门市2022年新春暖企惠企十条》，鼓励制造业企业增产增收，加大企业融资支持力度，为企业发展注入强劲动力。亚太森博自增资扩产200亿元纸业、无纺布、清洁能源等一揽子项目以来，得到江门市政府的大力支持，从项目前期开始，政企之间不断沟通，到企业的开工日期，市政府成立专班"手把手"服务企业，建立服务工业200强工作小组，定期开展暖企调研，全程支持解决项目过程中遇到的问题，并助力企业快速获取施工许可等各项证照。此外，在生活用纸项目的能耗指标方面，新会区、江门市出具"项目支持函"，为项目取得省能源局批复提供支持；政府部门还主动对接企业融资需求，确保项目的建设资金链充足；鼓励企业申报江门市工信局有关制造业企业增产增收的奖补，经验收评定拟予以100万元的奖补。

南都：作为传统产业，你认为造纸业如何实现高质量发展？

洪庆隆：广东制造能力强、市场需求大、辐射能力强，金鹰集团非常看好广东发展。粤港澳大湾区致力于打造国际一流湾区和世界级城市群，建设世界新兴产业、先进制造业和现代服务业基地，金鹰集团也将抓住粤港澳大湾区建设的重大历史机遇，进一步加大在粤投资力度，为广东高质量发展作出新贡献。

亚太森博将坚持绿色低碳理念，推出更多碳中和产品，加快企业智能化、数字化转型，为广东高质量发展贡献力量。

在节能环保方面，我们会继续加大精益管理的投入，继续降低吨产品的水耗、电耗、气耗，提高产品的竞争力。在温室气体排放方面，我们会响应国家的"3060"碳达峰、碳中和政策，发展新能源以及清洁能源。2023年，我们会建设光伏二期项目以及天然气发电厂项目。在新产品开发方面，我们会推出多款碳中和产品，加大碳中和产品的研发力度。在数字化转型方面，我们会继续加大数字化、智能化的投入。

未来，在新加坡金鹰集团的布局下，亚太森博计划把江门新会基地打造成为一个含纸张、无纺布、LNG（液化天然气）发电等产品种类多样化、配套功能齐全的生产园区。

第十二节 实力"出圈"，江门"小金属"锻造"大产业"

国内首创记忆合金芯应用到卫浴产品、产品重金属析出接近零、实现智能卫生间零触控……这是全国厨卫五金十强、广东制造百强——广东华艺卫浴实业有限公司在高质量发展道路上对产品创新交出的答卷。

江门是老牌工业城市，悠久的工业历史让江门建立了齐全的工业产品门类和完备的工业体系，培育出完善的金属制品产业链。江门市五金不锈钢、五金卫浴在广东乃至国内外均有一定知名度和较强竞争优势，通过依托专业镇，突出产业特点，不断完善产业链，产业集聚效应日渐凸显。

作为江门市15条重点产业链之一，江门市金属制品产业在复杂多变的市场竞争中，如何发挥自身优势进行科技创新，解决行业痛点，实现从"制造"到"智造"、从"产品"到"品牌"的转型升级？让我们走进江门，剖析江门市金属制品产业年产值近700亿元的创新发展之路。

培育出完善产业链　2022年工业产值690亿元

金属制品是江门市四大工业支柱产业之一。前瞻产业研究院数据显示，江门市金属制品是全市工业产值最高、占全市工业比重最高的产业，江门市的金属制品产业资源和发展基础较好，江门市是中国卫浴五金产业基地之一，是中国不锈钢制品的发源地、钢铁加工中心。

20世纪70年代，新会五金不锈钢产业以生产小五金、铝制品等较低档的产品起步；同一时间，开平市水口镇的五金卫浴产业开始起步，随后鹤山市址山镇开始发展五金卫浴产业。如今的新会司前、开平水口、鹤山址山已成长为聚点成链的金属制品产业带，是全国闻名的水暖卫浴生产基地、广东省三大不锈钢生产基地之一。

据江门市工信局的数据，2022年，江门金属制品产业实现工业产值690.69亿元，工业增加值142.82亿元；2023年1—2月，工业产值86.53亿元，增加值17.76亿元。金属制品产业2022年重点项目34个，总投资403.57亿元，2022年计划年度投资51.63亿元，实际完成年度投资64.19亿元，占计划年度投资的124.33%，比时间进度快24.33个百分点。34个项目投资完成进度均快于时间进度。

目前，江门金属制品产业包括五金不锈钢、五金卫浴、集装箱三个细分产业。江门市五金不锈钢、五金卫浴在广东乃至国内外均有知名度和竞争优势，通过依托专业镇，突出产业特点，不断完善产业链，产业集聚效应日渐凸显。此外，中集集团新会基地是中集集装箱板块布局在粤港澳大湾区重要的产业基地和最重要的创新孵化基地之一。五金不锈钢产业主要分布在新会区司前镇。新会区共有不锈钢企业500多家，产值近200亿元，产品远销全球100多个国家和地区。2021年，新会区获得"中国不锈钢制品生产基地·新会"的称号。

区域品牌渐成　产品出口到200多个国家和地区

作为江门市的传统产业，五金卫浴产业近年来规模不断扩大，产业链不断延伸，产业集聚度不断提高，区域品牌逐渐形成，已形成一条涵盖"原材料供应—产品研发设计—产品加工—核心部件生产—产品的加工机械制造—龙头企业引领—参与国标制定—品牌销售"的完善产业链。

据江门市工信局介绍，五金卫浴产业主要分布在开平市水口镇与鹤山市址山镇，其中开平市水口镇水暖卫浴在国内外享有盛名，水口镇现有水暖卫浴生产及研发、生产、销售、贸易等相关企业3000多家（含个体工商户）。水口镇被誉为国内集中度最高、产业链最完善、产业规模最大、企业整体素质最高和发展潜力最大的卫浴生产和水龙头出口重镇，在国内外同行业有较高的知名度，产品出口全世界200多个国家和地区，先后被授予"中国水龙头·卫浴制造基地""中国水暖卫浴生产基地""中国水暖卫浴五金出口基地""广东水暖卫浴国际采购中心""国家外贸转型升级专业型示范基地"等称号。

从区域布局看，开平市水暖卫浴产业主要布局在水口和月山两镇。其中，水口镇现有水暖卫浴生产及研发、生产、销售、贸易等相关企业3000多家（含个体工商户），水口镇主要生产水暖卫浴五金系列制品及其配件产品，形成了金属制品（水暖卫浴）产业链。2022年，水口镇实现工业总产值117.89亿元。据开平市相关部门介绍，目前，开平市有金属制品规模以上企业163家，产值超亿元企业28家，超10亿元1家；涌现出华艺、希恩、伟祥、朝阳、迪丽奇等知名企业；现有省级"专精特新"企业18家，省级工程技术研究中心11家，江门市"倍增计划"企业8家。

产业转型升级　加快建设国际卫浴创新基地

江门水暖卫浴产业集群是国内产业规模最大、产业链最完善、发展潜力最大的水暖卫浴器材产地。此前，江门通过"点"上抓企业品牌培育，"线"上抓产业链质量提升，"面"上抓质量服务建设，围绕水暖卫浴产业集群同时出台7份质量规划、质量提升文件，建立"链长制"、产业链"五个一"工作体系，推动企业单一品牌向区域品牌转变，聚焦质量协同服务，坚持线上线下联动，助力水暖卫浴产业提质增效。

2022年12月，《开平大型产业集聚区产业发展规划》发布，针对水暖卫浴产业，提出推动水暖卫浴产业转型升级。依托华艺卫浴、金牌洁具等卫浴企业，巩固水龙头、花洒等王牌产品市场优势，提升陶瓷洁具、水龙头、淋浴喷头等主要产品的市场规模。鼓励企业通过兼并重组、上市融资等方式做大做强，支持本地龙头企业加快向产品设计、技术研发、质量检测、成套技术集成

◇江门五金卫浴产业的龙头企业华艺卫浴以"智造"产品"出圈"

等高附加价值环节转型升级。

2023年3月开平市发布的《开平市先进制造业发展"十四五"规划》（以下简称"《规划》"）在产业发展重点中明确提出，推动水暖卫浴产业质效提升，加快建设国际卫浴创新基地，引导企业生产高档水暖配件、智能卫浴等高附加值产品，加快发展自主品牌，打响"中国卫浴博览城"品牌。

《规划》明确，大力发展具有智能感应、环保、抗污、抗菌等特殊功能的新型水暖卫浴产品和高档智能厨卫产品；重点发展智能浴室柜、感应式水龙头、抽拉式水龙头、恒温花洒等代表性新型卫浴产品；全面推进清洁生产，支持企业应用减污、节水、节能等先进工艺技术和设备。同时，《规划》提出要强化本地卫浴产业链建设，大力引进培育机械、基础件、铜材等配套环节企业，提高水暖卫浴五金标准配件和非标配件的生产水平，加强水口镇、月山镇等产业集聚地的物流、产品设计、检验检测等专业服务业配套。

深耕技术创新　龙头企业紧跟市场"智造"发力

行业转型升级离不开制造龙头企业的推动带领。近年来，作为江门五金卫浴产业的龙头企业——广东华艺卫浴实业有限公司（以下简称"华艺卫浴"）深耕技术创新，以"智造"产品出圈。华艺卫浴创立于20世纪90年代，位于中国水暖卫浴产业基地——开平市水口镇。经过20多年的沉淀与发展，该公司现已发展成一家集研发设计、模具制造、成品生产和市场营销于一体的大型卫浴企业，2022年产值达14亿元。

"公司在科技创新研发投入上基本都是按需投入、不设上限，近几年科技创新研发投入均占销售收入的3.5%以上。"广东华艺卫浴实业有限公司质量技术总工程师丁言飞介绍说，"目前实现国际PCT发明专利、国外发明专利、国内发明专利及其他知识产权800多项，均得到有效的成果转化。"现年53岁的丁言飞进入华艺卫浴已经有18年，在不断地科研探索中与公司共成长，成为该公司的首席质量官、质量技术总工程师。2023年，他获得"广东省五一劳动奖章"。

近年来，丁言飞一直深耕卫浴科研，科研成果得到国家行业协会的肯定及广泛应用。而他所在企业华艺卫浴也成为全国行业内首家"中国出口质量安全示范企业"，丁言飞还带领团队攻克了新一代环保黄铜水龙头关键技术、4D打

智造广东

◇位于江门台山工业新城的广东海亮铜业有限公司生产车间

印专用材料与变体结构智能打印调控技术等科研项目的"卡脖子"技术难题。

随着消费者需求的不断升级,智能产品的自主研发也逐渐成了各大品牌的核心竞争力。"人们在使用淋浴花洒时,可能会遇到过这样的情况:当家中其他水龙头也同时打开时,花洒的出水会忽冷忽热,水温过热的瞬间,还可能把人烫伤。"丁言飞说,"为了解决这个问题,公司与多家知名高校及科研院所合作,共同研究将形状记忆合金这一热敏材料运用到花洒中,实现了恒温淋浴,大大提升了消费者的使用体验。"

多款革命性产品的诞生,使华艺卫浴的品牌实力更加凸显。丁言飞介绍,近期华艺公司在饮用水安全原材料的研发上下足了功夫,目前的技术已经能使重金属接近零析出。产品上市后,将让世界看见中国智造的力量。"我们去年的研发投入接近7000万元,涵盖了从原材料到智能化产品等一系列研发。我们还会在饮用水安全方面,在研发的道路上一直走下去。"丁言飞说。

【对话】

广东华艺卫浴实业有限公司质量技术总工程师丁言飞：立足高品质，实现新增长

广东华艺卫浴实业有限公司质量技术总工程师丁言飞表示，要以高品质产品为突破点，适应新一代消费群体需求，从而实现新增长。

谈市场　广交会成交订单销售额约1000万美元

◇广东华艺卫浴实业有限公司质量技术总工程师丁言飞

南都：华艺卫浴参加刚刚落幕的广交会，展馆面积多大？产品有多少款？有怎样的特色？销售情况如何？和往年相比有怎样的变化？

丁言飞：华艺卫浴2023年第133届广交会展馆面积是90平方米（10个展位，每个展位是9平方米），携包括智能卫浴在内的260个新品面向世界参加广交会。今年的产品除传统卫浴产品之外，我们在设计上更新颖、更智能，比如增加了语言交互产品、多功能恒温产品，智能化更高，朝着打造知名品牌的方向发展。本届广交会的成交带来的销售额约1000万美元，和往届相比最明显的是采购商和参展商人数双双增加。华艺卫浴是卫浴行业较早参加广交会的一批，20世纪90年代初公司刚成立没几年就开始参加广交会，一年两届，除受新冠疫情影响的那几届没有线下展，所有线下广交会我们都有参加。

谈现状　适应新一代消费群体需求，实现新增长

南都：作为江门卫浴产业的龙头企业，华艺卫浴目前发展现状如何？

丁言飞：目前虽受国际形势复杂变化、经济下行等诸多因素影响，但我们企业在国际市场上稳扎稳打、披荆斩棘，同时也非常重视国内市场。在构建以国内大循环为主体、国内国际双循环相互促进的新发展格局下，目前订单情况一切正常，我们着力在高质量发展中奋勇争先。

南都： 目前公司在国际市场面临怎样的挑战？如何发挥自身产品的竞争优势？

丁言飞： 企业能否在强手如林的国际市场竞争中立于不败之地，取决于企业竞争力的强弱。我们理解，所谓竞争力就是指企业配置和使用生产要素的能力。企业竞争力表现在很多方面，比如质量、成本、某种核心技术、获取资源的能力、开拓市场的能力等。当然，对于我们企业来说，并非每一种竞争力都同等重要。我们在产品的技术研发、设计和质量稳定性方面保持着长期竞争优势，明显优于同行且不易被竞争对手模仿。

南都： 那么在新形势下如何布局国内市场？取得了怎样的成绩？

丁言飞： 随着国内消费升级，国民对于高品质的国货需求有所提升，这对行业里具有高品质的民族品牌来说是一个很好的发力机会。我们以高品质产品为突破点，适应新一代消费群体需求，从而实现新增长。

在产品上，我们推出"因地制宜，因需而生"的定制空间及智能坐便器、智能龙头、智能花洒等产品，牢牢占据年轻消费者最关注的定制与智能两个制高点，支撑华艺品牌升级。

针对渠道，华艺工装、零售、电商三管齐下：与全国知名房地产开发商展开业务合作，随着国家精装房的比例越来越高，我们非常重视精装房项目；零售方面，扩大覆盖网点的面积；电商方面，拥抱新零售，力争实现网络销售量与口碑的双丰收。

谈未来　要把华艺卫浴推向国内一线品牌

南都： 未来发展有怎样的规划？

丁言飞： 未来可期，华艺卫浴能够走向世界，归根到底还在于自身"硬气"。我们的产品是匠心智造，精工品质，以缔造舒适生活为准则。我们还将继续研究用户的生活习惯，持续创新。在品牌层面，华艺的全新形象已在全国各地纷纷上线，合作的高铁列车已经在运行中……一切正有条不紊地进行着，一个全新的华艺展现在眼前。我们要把华艺卫浴推向国内一线品牌，不管用多长时间，我们的目标坚定不移。

南都： 2023年，江门明确将坚持制造业当家，争当广东制造业高质量发展的主力军。作为江门传统产业的代表性企业，你认为公司将从哪些方面发力实现高质量发展?

丁言飞：华艺卫浴作为水口水暖卫浴行业协会会长单位，在为行业、为政府做好技术支撑的同时，我们有责任、有义务进一步发挥标准的引领作用，在加快完善国家相关标准的基础上，进一步加强本地行业团体标准建设，不断提高标准的先进性、有效性和适用性，尽快实现内外销产品技术标准水平一致。通过国际互认解决标准一致性问题，为水口水暖卫浴行业在质量、技术、标准、检验检测等方面提供更好的服务，做到固根基、扬优势、补短板、强弱项，推动实现"品牌产品—品牌企业—品牌产业—区域品牌"的发展模式，带动镇域、市域乃至省域经济高质量发展。

附录　2023年智造广东大事记

1月3日

广东省委经济工作会议召开。会议强调，要坚持实体经济为本、制造业当家，推动制造强省建设迈出新步伐。

1月28日

广东省委、省政府在广州召开新春开年第一会——全省高质量发展大会，为全省经济高质量发展描绘奋进蓝图。

当日下午，惠州举行《惠州市制造业高质量发展三年行动方案（2023—2025年）》新闻发布会，提出到2025年，全市工业总产值突破2万亿元，工业增加值占地区生产总值比重超50%。

1月29日

广州、深圳、珠海、佛山等多地先后举行重大项目集中开工或签约活动，其中广州第一季度共开工、签约项目460多个，总投资超6800亿元；深圳举行2023年首批重大项目开工活动，266个项目总投资约3 295.3亿元；珠海第一季度开工重点项目186个，总投资916亿元；佛山第一季度共安排新开工重大项目103个，总投资850.03亿元。

2月1日

东莞市政府"一号文"《关于坚持以制造业当家　推动实体经济高质量发展的若干措施》正式发布，聚焦制造业当家"大产业、大平台、大项目、大企业、大环境"五大方面，推出20条政策、75项措施。

2月3日

江门市推动高质量发展（第二次）现场会暨2023年第一季度重大项目集中签约开工活动举行，江门市推动制造业、工业地产以及工业配套项目等三大类共200个重点项目开工、投产，计划投资额1445亿元，其中制造业项目投资额接近1000亿元。

2月10日

东莞召开经济高质量发展"2+2"政策新闻发布会，围绕"坚持制造业当家、推动民营经济高质量发展、构建'大招商'格局、提供高品质低成本快供给产业空间"出台"2+2"政策。

2月28日

2023惠州招商大会举行，达成166宗签约项目，投资总额1251.88亿元，集中布局先进制造业、高科技产业、现代服务业等领域。

3月10日

佛山市2023年企业家大会召开并发布《关于高质量推进制造业当家的行动方案》，出台30条举措，为制造业高质量发展提供动力支撑。该方案提出，到2026年，佛山工业总产值超过3万亿元；到2030年，工业总产值达到4万亿元。

3月15日

《江门市制造业数字化转型三年行动计划（2023—2025年）》正式印发，为江门制造业数字化转型描绘蓝图，提出力争到2025年打造5个省、市级产业集群数字化转型项目。

3月28日

江门市人民政府印发关于促进制造业高质量发展的若干措施的通知，提出打造全省新一轮制造业高质量发展主力军主战场，到2025年，制造业增加值占地区生产总值比重提高到40%；培育形成先进材料、现代轻工纺织、现代农业与食品、新一代电子信息、新能源5个产值超1000亿元的战略性产业集群。

3月30日

2023年中山全球招商推介大会暨第十届中山人才节开幕。中山首次面向全球招商，在已确定签约落地的超900亿元项目中，约750亿元为制造业项目，占比约为83%。

5月24日

深圳市2023年第二季度新开工项目集中启动活动举行，新开工项目共263个，总投资约3491.8亿元。

5月30日

2023京惠产业协作招商对接会在北京举行，共签约项目86个，投资总额超786亿元。同日，珠海高新区举行5月重点项目入驻签约仪式，落地重点项目16个，涵盖集成电路、新能源、智能制造、生物医药与医疗器械等领域。

5月31日

深圳正式印发《深圳市加快推动人工智能高质量发展高水平应用行动方案（2023—2024年）》，统筹设立规模1000亿元的人工智能基金群，积极打造国家新一代人工智能创新发展试验区和国家人工智能创新应用先导区，努力创建人工智能先锋城市。

6月1日

广东省政府新闻办公室举行《中共广东省委 广东省人民政府关于高质量建设制造强省的意见》新闻发布会。意见提出，着力实施大产业、大平台、大项目、大企业、大环境"五大提升行动"，推动制造业高端化智能化绿色化发展，确保制造业重点产业链自主可控和安全可靠，加快实现由制造大省向制造强省跨越。

6月6日

《中山市促进制造业龙头骨干企业加快发展政策措施》正式印发，提出从人才激励、加快数字化转型和智能化改造、支持创新发展等多方面扶持制造业龙头骨干企业，力争到2025年，培育营业收入1000亿元级制造业龙头骨干企业

1家，500亿元级2家，100亿元级以上10家，50亿元级以上30家。

6月9日

广州市政府召开"高质量发展·看制造"新闻发布会，下一步广州将重点打造数字经济核心产业、智能网联和新能源汽车、绿色石化和新材料、生物医药与健康、现代高端装备等新五大支柱产业。

6月14日

深圳市20个先进制造业园区土地整备暨"工业上楼"项目现场推进会举行，旨在着力提高工业用地节约集约利用水平，做大做强"20+8"战略性新兴产业集群和未来产业，为建设全球领先的重要先进制造业中心提供有力的空间保障。

6月16日

广东省工业和信息化厅联合省有关单位将在珠三角以及粤东粤西粤北地区送政策上门，召开政策宣讲培训系列会议。推出"制造业当家22条"百问百答，深度解读"制造业当家22条"。

7月31日

2023年肇庆市制造业项目建设"大会战"动员大会召开。会上，《肇庆市制造业项目建设"大会战"工作方案》公布。肇庆将充分发挥项目建设对稳投资、保增长的拉动作用，举全市之力推动制造业招商项目快速落地见效。

8月3日

广东省发展改革委、广东省商务厅、广东省工业和信息化厅、广东省自然资源厅、广东省生态环境厅、广东省交通运输厅等联合印发《关于以制造业为重点促进外资扩增量稳存量提质量的若干措施》（以下简称"《若干措施》"）。《若干措施》提出，深入实施新版外资准入负面清单，加快推进制造业领域开放举措落地见效；推动制定自贸试验区跨境服务贸易负面清单，进一步推进服务业领域扩大对外开放；建立省重大外资项目工作专班机制，依法依规给予项目规划、用地、环评、能耗等政策支持；优先推荐纳入省重大外资项目工作专班且总投资10亿美元以上的项目进入国家重大外资项目。

8月7日

清远市发布《广清经济特别合作区广清产业园促进先进制造业发展办法实施细则》，共设企业落户奖、投资发展奖、成长壮大奖、经济贡献奖、企业上市奖、研发创新奖、企业人才奖等七大类奖励。

8月12日

"广东省制造业数字化转型50人会"（以下简称"50人会"）启动会议暨"行业平台赋能产业链供应链数字化转型"圆桌会在广州举办。"50人会"由省内外50名具有实体产业升级情怀、产业数字化底层逻辑、生态协同合作能力的企业家和行业专家共同发起成立，将汇聚"政产学研用"等各方力量，组织各类行业交流活动，打造全省性交流合作平台。

8月15日

广州市人民政府官网公布了《广州市人民政府办公厅关于推动新型储能产业高质量发展的实施意见》（以下简称"《实施意见》"）。《实施意见》明确了广州的发展目标：新型储能技术创新和产学研融合发展水平显著提高，产业链上下游协同发展水平大幅提升，应用场景和商业模式不断拓展，检验检测认证和技术标准体系更加完善，产业综合竞争力进一步凸显；力争全市新型储能产业营业收入到2025年达到600亿元，到2027年达到1000亿元。

（备注：以上信息截至2023年8月16日）